EUROPAVERLAG

BERND INGMAR GUTBERLET

»*Der Staat bin ich!*«

Legenden, Lebenslügen
und
gestürzte Helden der Geschichte

EUROPAVERLAG

Inhalt

Wo die Vergangenheit irrlichtert

Sehr viel mehr, als wir gemeinhin denken, begleitet die Geschichte unsere Gegenwart. Ob Straßenschilder, TV-Serien oder in Redewendungen – die Vergangenheit ist im Alltag stets präsent. Meist gehen wir wie selbstverständlich mit historischen Figuren, mit fernen Ereignissen und jahrhundertealten Entwicklungen um, weil wir zu wissen glauben, wie es einstmals gewesen ist. Doch in unserem historischen Gedächtnis tummeln sich zahlreiche Irrtümer. Mal sind sie harmlos, weil es sich um liebenswerte Legenden oder Histörchen ohne größere Bedeutung handelt. Sie können aber auch folgenreicher sein, wenn sich beispielsweise ganze Gesellschaften auf vermeintlich Gesichertes stützen, das sich als Lebenslüge entpuppt. Dann führen sie uns noch in der Gegenwart in die Irre, weil wir von falschen historischen Voraussetzungen ausgehen.

Historische Irrtümer können sehr hartnäckig sein. Wenn sie zur nationalen Folklore gehören, sind sie wichtiger Teil der kollektiven Selbstwahrnehmung. Wurden vermeintliche Helden über die Jahrhunderte immer weiter idealisiert, verleiht ihnen die beständige Wiederholung unbewiesener Geschichten einen trügerischen Wahrheitscharakter. Oder Historisches wird aus politischen oder strategischen Gründen verfälscht und geht nach und nach ins kollektive Gedächtnis ein. Dann wieder lernen Schüler, was Histo-

7

riker längst als falsch entlarvt haben – doch die neuen Erkenntnisse schaffen es nicht in die Schulbücher, nicht in die Medien, nicht ins Allgemeinwissen.

Dieser zweite Band der Reihe über historische Irrtümer verschiedenster Art beschäftigt sich mit den Legenden, Lebenslügen und vermeintlichen Helden der Geschichte. Denn nicht jede lieb gewonnene Anekdote ist verbürgt, auch wenn wir sie für authentisch halten. Nicht jeder Nationalheld ist so makellos, wie Geschichtslehrer glauben machen. Und so manche verbreitete Ansicht über historische Entwicklungen und Ereignisse entpuppt sich als kollektive Lebenslüge, die der Tagespolitik dienen mag, aber unhistorisch ist.

Die Legenden der Geschichte zu entlarven, unsere Lebenslügen zu enttarnen und vergötterte Helden zu stürzen ist nicht nur unterhaltsam, sondern ebenso lehrreich. Die Beschäftigung damit macht wachsamer in einer Zeit, in der Geschichte für politische Zwecke verfälscht und missbraucht wird. Gleichzeitig erweist sich, wie überaus lebendig und kurzweilig die Vergangenheit ist, denn immer wieder gibt es neue Erkenntnisse und immer wieder muss vermeintlich Wahres revidiert werden.

Legenden

Unermesslich reich an Abbildern

Reich wie Krösus – das ist noch heute ein sprichwörtlicher Ausdruck für Geld im Überfluss, für sagenhaften Reichtum. Zweieinhalb Jahrtausende nach dem Leben und Wirken des Mannes, auf den der Vergleich zurückgeht, weiß noch immer jeder, was damit gemeint ist, denn in vielen Sprachen hat es der antike König ins Vokabular geschafft. Aber schon bei der Zuordnung des Namens hapert es, denn mehr als das Etikett, der reichste Mann seiner Zeit gewesen zu sein, ist selten bekannt. Und war Kroisos, der lydische König des 6. vorchristlichen Jahrhunderts, wirklich reicher als alle anderen?

Die historische Landschaft Lydien liegt in Kleinasien am östlichen Mittelmeer, im Westen der heutigen Türkei. Während der kurzen Zeit seiner größten Ausdehnung reichte das lydische Imperium von der Ägäis bis an die Westgrenze des Perserreiches (östlich von Ankara), von Marmara- und Schwarzem Meer im Norden bis zur Mittelmeerküste im Süden beim heutigen Antalya. Vermutlich war die Entwicklung ähnlich der in Griechenland: Kleinere Herrschaftszentren bildeten sich heraus, aus denen die Siedlung Sardes (östlich des heutigen Izmir) hervorstach und eine Vormachtstellung in Lydien errang. Mit dem lydischen König Gyges im 7. Jahrhundert v. Chr. gehen vage Geschichten und Legenden ins Handfestere, weil Nachweisbare über. Gyges errang den Thron mit gewaltsamen Methoden, deren genauere Natur nicht ganz klar ist, und regierte mehrere Jahrzehnte lang. Er begründete die dritte und letzte lydische Herrscherdynastie der Mermnaden, die ihr Land zwischen der griechischen Welt im Westen sowie Assyrern und Persern im Osten zu positionieren suchten. Zahlreiche Erwähnungen der Geschichtsquellen umliegender Regionen belegen, wie die Mermnaden durch diplomatische und militärische Aktionen von sich reden machten.

Seine Blüte erlebte das Königreich Lydien unter König Alyattes II. (ca. 610–560 v. Chr.) und seinem Sohn Kroisos (ca. 560–541 v. Chr.), die sich als Herren über das westliche Kleinasien durchsetzten. Verbunden damit war eine Ausdehnung des Reiches, das nun ungefähr sechsmal größer war als Attika, das Herrschaftsgebiet des Stadtstaates Athen. Sardes scheint in dieser Zeit einen Zustrom von Menschen erlebt zu haben, die Hauptstadt wurde befestigt, der internationale Handel florierte wie nie zuvor. Lydien profitierte dabei nicht zuletzt von seiner günstigen Lage an wichtigen Handelsrouten und vom natürlichen Goldreichtum des Landes. Berühmt und bei gegnerischen Heeren ungeheuer gefürchtet war die lydische Kavallerie. Auch die Kunst erlebte einen Aufschwung, aus ihr spricht der rege kulturelle Austausch eines kosmopolitischen Reiches mit Griechenland, Ägypten oder den Assyrern. Insbesondere bei den Griechen waren die Lyder für Musik und Tanz beliebt und geschätzt. Ihre große Zeit endete jedoch bereits mit Kroisos, der wie so viele erfolgsverwöhnte Eroberer der Weltgeschichte den Bogen überspannte und an seinem Übermut kläglich scheiterte. Zunächst gelang ihm jedoch, was seine Vorgänger mit Ausnahme seines Vaters Alyattes nicht vermocht hatten: Er zwang die griechischen Städte der kleinasiatischen Mittelmeerküste dauerhaft zu Tributzahlungen.

Dass Kroisos es aber bis ins 21. Jahrhundert zum Status des sprichwörtlich reichsten Mannes überhaupt gebracht hat, verdient jedoch genauere Betrachtung. Wie andere antike Herrscher war der Lyder durchaus sehr reich, zumal er davon profitierte, dass sein Land viel Gold aus Flüssen (vor allem aus dem Paktolos, heute Sart Çayı) und in Bergwerken förderte. Auch die Siege über die kleinasiatischen Griechenstädte und die daraus erwachsenden Tributzahlungen und Steuerleistungen sowie erfolgreiche Feldzüge nach Osten zur Ausdehnung des Reiches bis zur Grenze des Perserreiches am Fluss Halys (heute Kızılırmak) vermehrten sein Einkommen. Der Vater der Geschichtsschreibung Herodot berichtet in seinen in der ersten Hälfte des 5. Jahrhunderts v. Chr. verfassten *Historien* von einem Besuch des Atheners Solon am Hofe des Kroisos, der sich wegen seines Reichtums für den glücklichsten aller Menschen hielt. Doch Solon, einer der sieben Weisen Griechenlands, fuhr dem stolzen König mächtig in die Parade, als er ihm auf die Frage, wieso er ihm darin nicht zustimme, antwortete: »Ich sehe wohl, dass du sehr reich und ein großer König bist. Deine Frage aber kann ich nicht beantworten, bevor ich nicht weiß, ob dein Leben bis zu Ende glücklich gewesen ist. Der Reichste ist nicht glücklicher als der Arme, der nichts hat als sein tägliches Brot, wenn es ihm nicht vergönnt ist, seinen Reichtum bis an sein Lebensende zu genießen. [...] Vor seinem Ende aber dürfte man nie sagen, dass einer glücklich wäre, sondern höchstens, dass es ihm gut ginge.«

Dass es aber gleichwohl Kroisos war, der es als Inbegriff von Reichtum bis in den modernen Sprachgebrauch schaffte, hat nach aller Wahrscheinlichkeit einen ganz anderen Grund: Lydien führte als erstes Land das Münzgeld ein, also geprägte Geldstücke, die wegen ihrer Gold-Silber-Legierung nach dem griechischen Wort für Bernstein auch Elektronmünzen genannt werden. Und schon mit ihrem Namen »Kroiseiden« verweisen sie auf den berühmten König. Lydische Münzen verbreiteten sich durch den Handel weit in der antiken Welt, sie waren als verlässliches Zahlungsmittel geschätzt. Auf ihnen prangte neben Stier und Löwe das Siegel des Kroisos. Seine Münzen trugen also die Kunde vom lydischen

Reichtum in die Welt und machten den vermeintlich unermesslich reichen König sprichwörtlich. Der reichste Mann seiner Zeit aber ist Kroisos nicht gewesen, und sowieso war er gemessen am Reichtum anderer Herrscherkollegen ein vergleichsweise kleiner Fisch. Besonders die persischen Könige, die über ein ungleich größeres Reich geboten und auf ganz andere Ressourcen zurückgreifen konnten, übertrafen ihn um ein Vielfaches.

Übrigens erwies sich auch, dass sein Leben trotz der erfolgreichen Jahre alles andere als glücklich ausging: Als habe sich Solons doch eher philosophische Mahnung in bare Münze verwandelt, verlor Kroisos nicht nur durch einen schicksalhaften Vorfall seinen Sohn Atys, obwohl ihm das im Traum geweissagt worden war und er alle erdenklichen Vorsichtsmaßnahmen zu seinem Schutz ergriffen hatte. Auch seinen politischen Untergang und das Ende seines Reiches musste er erleben, denn unglücklicherweise legte er es darauf an, das mächtige Perserreich niederzuzwingen. Ob ihn allein Eroberungsdrang dazu bewog oder familiäre Bindungen zum benachbarten medischen König, der sein Schwager war und gegen den Perserkönig Kyros II. eine Niederlage erlitten hatte, ist nicht ganz klar. Wie auch immer: Bevor er das Wagnis einging, befragte er immerhin diverse Orakel der Mittelmeerwelt nach seinen Erfolgsaussichten. Zwei ähnlich lautende Weissagungen, nämlich wenn er den Grenzfluss Halys überschreite, werde er ein großes Reich zerstören, legte er in seinem Sinne aus. Die Weissagung sollte sich bewahrheiten, aber Kroisos versetzte nicht etwa dem Persischen Reich den Todesstoß, sondern seinem eigenen. Nicht einmal seine bewährten Reitertruppen kamen richtig zum Einsatz, denn Kyros ließ seinen Soldaten Kamele vorausreiten, die die lydischen Pferde in Panik versetzten. Mitte der 540er-Jahre v. Chr. ging die Hauptstadt Sardes unter – der lydische König war nach Vorstößen nach Persien für den Winter dorthin zurückgekehrt und hatte seine Söldner zum größten Teil entlassen. Kyros aber stellte ihm nach, bezwang mühelos die dezimierten lydischen Streitkräfte und obsiegte. Ob Kroisos die vernichtende Niederlage überlebte, ist nicht ganz klar. Die einen schreiben, er sei vom siegreichen Perserkönig hingerichtet worden, die anderen berichten von einer Begnadigung. So oder so: Das Glück hatte Kroisos ebenso verlassen, wie er seines Reichtums verlustig gegangen war.

Kräftemessen auf Schlachtfeld und Sportplatz

Unter der Herrschaft der Perser erlebte Lydien trotz der Abhängigkeit von der Dynastie der Achämeniden zunächst ruhige und gute Zeiten, wenn auch Unabhängigkeit und Einfluss verloren waren. Dann aber wirkte sich das epochale Kräftemessen zwischen Griechen und Persern seit dem 5. Jahrhundert v. Chr. auf Lydien massiv aus. Zwischen den Machtblöcken eingeklemmt, erlitt man, als die friedlichen Zeiten vorbei waren, das Schicksal einer Pufferzone im Fokus von unterschiedlichen Interessen und kriegerischer Machtpolitik.

Große Wendepunkte der Menschheitsgeschichte bieten den Anlass zu fragen, wie es der Welt wohl ergangen wäre, wäre ein zentrales Ereignis anders ausgegangen. Zu solchen Schicksalsereignissen gehören naturgemäß solche, in denen eine Bedrohung endgültig abgewehrt werden konnte, etwa durch das faschistische Deutschland im Zweiten Weltkrieg, durch den napoleonischen Expansionsdrang zu Beginn des 19. Jahrhunderts oder durch die Türken Ende des 17. Jahrhunderts – oder eben viel früher das Perserreich, das im 5. vorchristlichen Jahrhundert versuchte, die griechische Welt im östlichen Mittelmeerraum zu unterwerfen. Weil der klassische Gegensatz zwischen dem Wir und den Anderen die eigene Wahrnehmung der Wirklichkeit prägt, fließt er mit ein in die konjunktivische Einschätzung – über die Jahrhunderte wurde die Abwehr der persischen Invasoren als grundlegend für die weitere Entwicklung betrachtet, bis hin zur Errettung der westlichen Zivilisation, die ansonsten der »persischen Despotie« zum Opfer gefallen wäre. Abgesehen davon, dass den Griechen vermutlich der sich anschließende verheerende Bürgerkrieg erspart geblieben wäre, ist aber keineswegs zwingend, dass »der Westen« aufgehört hätte zu existieren, ehe sein Siegeszug so richtig Schwung hätte aufnehmen können. Die berühmtesten Kernereignisse der Perserkriege sind zwei griechische Triumphe über die Invasoren: Die Schlacht bei Marathon 490 v. Chr. und die Seeschlacht vor der Insel Salamis bei Athen zehn Jahre darauf. Diese Siege über die Perser gingen nach der Neugründung Griechenlands 1830 (bis dahin war es Teil des Osmanischen Reiches) in den Bestand der Nationalmythen des Mittelmeerstaates ein.

Das riesige Herrschaftsgebiet der Perser, einer der am weitesten entwickelten Kulturen der Alten Welt, bildete das bis dahin größte Reich überhaupt. Es reichte von Ägypten bis Indien, vom südlichen Russland bis zum Indischen Ozean. Im östlichen Mittelmeerraum waren die griechischen Städte an der Küste Kleinasiens und die vorgelagerten Inseln zu Vasallen der Perserkönige geworden. Das stellte nicht unbedingt einen Nachteil dar, denn die unterworfenen Völker genossen weitgehende Freiheiten, kulturell und religiös, und ihre Fürsten besaßen einige Entscheidungsfreiheit. Auch profitierten sie von der bemerkenswerten Infrastruktur des Großreiches, das beispielsweise als Erstes überhaupt ein Postwesen einführte. Gleichwohl beschworen griechische Autoren einen Gegensatz von griechischer Freiheit und persischem Despotismus, dies war ideologischer Bestandteil der Auseinandersetzung und hält sich wirkmächtig bis heute. Doch mehr als um Freiheit ging es um Vorherrschaft.

Als der Herrscher der griechischen Stadt Milet (im heute türkischen Kleinasien, südlich von Izmir) sich von den Persern lossagte, begann damit 500 v. Chr. der Ionische Aufstand, den die Athener unterstützten. Zunächst erfolgreich, mussten sich die aufständischen Städte schließlich doch den Persern geschlagen geben; die Kulturmetropole Milet wurde als Aufrührerin 494 v. Chr. völlig zerstört. In einer Vergeltungsaktion schickte sich der persische König Dareios I. an, die Herrschaftsverhältnisse im östlichen Mittelmeerraum ein für alle Mal zu persischen Gunsten zu klären. 490 v. Chr. zog ein Heer bis nach Attika, konnte aber bei Marathon geschlagen werden – überraschend für alle Seiten, zumal die stärkste Militärmacht Griechenlands, Sparta, an der Schlacht gar nicht beteiligt war. Die Spartaner trafen nämlich zu spät ein – wegen des Vollmondes, bei dem sie nicht ins Feld ziehen durften.

Marathon liegt nordöstlich der griechischen Hauptstadt, und hier sah sich im Jahr 490 v. Chr. die Republik Athen unter Miltiades einer Übermacht der Perser gegenüber. Die 10 000 Soldaten der Athener wurden von einer Tausendschaft befreundeter Platäer unterstützt. Gegen alle Wahrscheinlichkeit siegten die Griechen, was ihr Selbstbewusstsein stärkte und ihren Willen, sich weiter gegen die mächtigen Perser zu behaupten. Noch heute kann man in Marathon den Grabhügel für die 192 gefallenen Soldaten der Athener sehen. Marathon besitzt aber auch eine Gedenkstätte für den berühmten Marathonlauf, an der bei den Olympischen Spielen 2004 die Läufer zum Wettkampf antraten.

Als nämlich der Sieg der Athener gesichert war, soll ein Bote namens Pheidippides (bei anderen Autoren Thersippos oder Eukles) in voller Rüstung mitsamt Speer und in Sandalen die gut 42 Kilometer nach Athen gerannt sein, um auf dem Marktplatz den Landsleuten die frohe Kunde zu überbringen. Dort rief er nach der Erzählung des Geschichtsschreibers Plutarch aus: »Freut euch, wir haben gesiegt!«, brach gleich darauf jedoch vor Erschöpfung tot zusammen.

Aus dieser Legende ging die moderne olympische Disziplin des Marathonlaufes hervor, die seit den ersten Spielen der Neuzeit, 1896 in Athen, ausgetragen wird: Ein Langstreckenlauf von zunächst 40 Kilometern, was der Distanz zwischen Marathon und dem Zentrum von Athen entspricht. Die heutige Wettkampflänge von 42,195 km wurde erst 1924 festgelegt. Seither laufen die Leichtathleten eine Strecke, die der Entfernung zwischen Windsor Castle und dem White-City-Stadion entspricht und auf die Spiele in London 1908 zurückgeht. Den ersten olympischen Marathonlauf 1896 gewann ein griechischer Schafhirte namens Spyridon Louis in knapp drei Stunden, ganz überraschend als Außenseiter der 25 Teilnehmer. Er wurde prompt als Volksheld gefeiert. Da tat es wenig zur Sache, dass der Mann im Team der Vereinigten Staaten angetreten war, weil die griechische Sportwelt ihn nicht ernst genommen hatte. Nationalheld ist Spyridon Louis in Griechenland bis heute, und das Athener Olympiastadion der Spiele von 2004 wurde auf seinen Namen getauft.

Der Schafhirte war aber nicht nur der Sieger des ersten olympischen, sondern des ersten Marathonlaufes überhaupt, denn die Legende vom Boten nach der Schlacht besitzt keine historische Grundlage, da sind sich die Fachleute ziemlich einig. Mehrere Umstände lassen die Geschichte höchst unwahrscheinlich erscheinen: Zum einen gibt es einen Hauptinformanten über die Schlacht, nämlich den berühmten Geschichtsschreiber Herodot. Der aber erwähnt den Boten der Siegesnachricht mit keinem Wort. Das ist ausgesprochen verdächtig, denn sein Bericht verklärt die Großtat der Griechen gegen die übermächtigen Perser, wo es nur geht – da hätte er sich den Verweis auf den tapferen Soldaten, der sein Leben opfert, um die Nachricht vom Sieg nach Athen zu bringen, ganz bestimmt nicht entgehen lassen. Viel später erst haben Autoren den Marathonläufer in ihre Schlachtbeschreibung eingebaut, nachgewiesen zuerst im 2. Jahrhundert n. Chr., also mehr als ein halbes Jahrtausend später. Der Geschichtsschreiber Plutarch immerhin verweist in seinem Bericht auf eine sehr viel ältere Schilderung, die aber nicht überliefert ist. Des Weiteren ist die Geschichte vom Schlachtboten, der gerade noch seine Nachricht übermitteln kann und dann tot zusammenbricht, ein häufig bemühter Topos im antiken Griechenland. Und schließlich wäre da noch ein eher banaler, aber deshalb nicht weniger überzeugender Umstand: Es gab gar keine Notwendigkeit, einen Boten zu Fuß nach Athen zu schicken. Zur damaligen Zeit hatten die Griechen längst die Übermittlung von Nachrichten per Signalgebung eingeführt. Und so dürften sie ihre Mitbürger auch sehr viel schneller und ohne den Tod eines weiteren Soldaten über den Sieg informiert haben.

✳ ✳ ✳

Nach der Schmach des Jahres 490 zog sich Persien zunächst aus Griechenland zurück, rüstete jedoch sogleich wieder auf. Aber erst als 486 v. Chr. Dareios I. gestorben und sein Sohn Xerxes I. König geworden war, wurde ein abermaliger Griechenlandfeldzug in Angriff genommen. Xerxes hatte nichts weniger im Sinn, als das gesamte Griechenland seinem riesigen Reich einzuverleiben, und ging die Sache planvoll und methodisch an. Zum Beispiel ließ er eigens für den Truppentransport auf der Halbinsel Chalkidike einen Kanal bauen. Im Sommer 480 v. Chr. überschritt sein Heer auf Pontonbrücken die Dardanellen, die damals Hellespont hießen; seine Flotte folgte entlang der ägäischen Nordküste. Bei den Thermopylen nördlich von Delphi siegte Anfang August in mehrtägiger Schlacht das persische Heer, die gleichzeitige Seeschlacht am Kap Artemision an der Nordwestküste Euböas ging unentschieden aus. Die griechische Flotte entging ihrem Untergang gerade so.

Jetzt stand die Sache Spitz auf Knopf. Mehr als zwei Dutzend griechische Stadtstaaten inklusive der Militärmacht Sparta taten sich zusammen, um den Entscheidungskampf zu bestreiten. Bei aller Entschlossenheit dürfte so mancher es mit der Angst zu tun bekommen haben, denn die Truppen des Xerxes schienen den alliierten griechischen Streitkräften um ein Vielfaches überlegen. Das Perserreich befand sich auf der Höhe seiner Macht; alle Verbündeten, darunter die weiterhin botmäßigen der unterworfenen kleinasiatischen Griechenstädte, steuerten Kontingente bei: Außer Persern dienten in Heer und Flotte Phönikier, Ionier, Karer, Kaspier, Äthiopier, Inder, Araber, Meder und viele andere mehr. Auch die befragten Orakel vermochten keine rechte Zuversicht bei den griechischen Alliierten aufkommen zu lassen – den Athenern riet ein Spruch, ans Ende der Welt zu fliehen.

Das alles verhieß nichts Gutes. Unvermeidlich, dass der nun folgende Schicksalskampf vielfachen Niederschlag bei griechischen Historikern und Dramatikern fand – und die Legende hervorbrachte, die Griechen hätten über eine eigentlich unüberwindbare persische Übermacht gesiegt. Damit wurde aus einem als epochal verstandenen Ereignis ein besonders heroisches, errungen gegen alle Wahrscheinlichkeit. Nach antiker Darstellung lag der persische Sieg eigentlich auf der Hand, denn sensationelle 1,7 Millionen Soldaten umfasste das Heer des Xerxes, berichtet Herodot. Um die unüberschaubare Menge, die Xerxes an dem Fluss Strymon (heute Strymonas bzw. Struma) östlich der Chalkidike einer Musterung unterzog, überhaupt zählen zu können, drängte man zehntausend Mann eng zusammen, markierte den Raum und berechnete die Gesamtzahl, indem man nach und nach alle Soldaten hindurchschickte. Dazu kamen außerdem 80 000 Reiter und weitere 20 000 Soldaten mit Kamelen bzw. Streitwagen. Eine gigantische Zahl, die spätere Schreiber auf 700 000 oder 800 000 Mann korrigierten. Selbst diese Zahl ist enorm.

Wegen der persischen Bedrohung war Athen spätestens Anfang September evakuiert worden. Ende des Monats befand sich die Akropolis in feindlicher Hand, wurde geplündert und in Brand gesetzt. Der Kriegsrat der Griechen sprach sich für eine Seeschlacht in der Meerenge von Korinth aus, änderte dann aber auf Betreiben des Themistokles die Pläne und beließ die Kriegsflotte in Salamis. Die felsige, karge Insel liegt westlich vor Athen, getrennt vom Festland nur durch einen schmalen Streifen Wasser, keine zwei Kilometer breit, und in diesen Verhältnissen und durch umsichtiges Handeln vermochten die Griechen die persische Übermacht zu besiegen. Als schlachtentscheidend wird allerdings die Tatsache angesehen, dass die Griechen um ihre Freiheit und gegen Versklavung kämpften, dass also der wichtigste Vorteil ein psychologischer war. Wie auch immer, den Perserkönig, der auf einem eigens gebauten Thron auf dem Berg Egaleo (heute ein Stadtteil Athens) sitzend das Geschehen verfolgte, verließ die anfängliche Euphorie, als sich die Größe seiner Flotte immer mehr als Nachteil erwies. Als die Schlacht für ihn verloren war, zog er gen Norden zu den Dardanellen, ohne sein Ziel aufgegeben zu haben – er verfügte ja noch über seine Streitmacht zu Lande. Aber auch zwei letzte Schlachten – zu Lande 479 v. Chr. am Nordhang des Kithairon-Gebirges bei Platäa, wo die Spartaner und ihr überragender Feldherr Pausanias sich überaus eindrucksvoll bewährten und die Sache entschieden, und zur See bei Mykale vor der Ostküste von Samos – verloren die Perser vernichtend, die Auseinandersetzungen gingen allerdings noch einige Zeit weiter.

Je grandioser der Sieg beschrieben wurde, desto heldenhafter nahm sich der heroische Freiheitskampf aus. Folglich frisierten Herodot und seine Nachfolger die Zahlen der gegnerischen Truppenstärke massiv – zu allen Zeiten beeindrucken Rechenvergleiche mit hohem Gefälle. Damit lassen sich die verschiedenen Niederlagen im Ionischen Aufstand oder in den Perserkriegen selbst mühelos entschuldigen, die Siege aber werden zu übermenschlicher Größe erhöht. Mögen die Griechen auch alle inneren Kräfte mobilisiert haben, weil es um alles oder nichts ging – militärisch waren sie den Persern durchaus einigermaßen gewachsen. Ganz abgesehen davon, dass die Griechen keine Gelegenheit hatten, die feindliche Truppenstärke durch Nachzählen zu bestimmen, und Herodot auch keine verlässlichen Gewährsmänner dafür zur Verfügung standen, sind die Zahlen nicht einmal als Schätzungen brauchbar. Nüchterne Forschungen haben ergeben, dass das persische Heer vermutlich 50 000, allenfalls 100 000 Mann umfasste – eine größere Zahl wäre bei üblichem Gefolge mitsamt Tieren auf dem Weg durch Kleinasien und entlang der Nordküste der Ägäis gar nicht zu verpflegen gewesen. Auf dem Weg von der Stadt Sardes in Kleinasien, wo Xerxes seinen Feldzug begann, bis nach Athen auf geschätzten 170 Tagen wären für die Versorgung eines Heeres der behaupteten Größe Getreide, Tierfutter und Trinkwasser in ungeheuren Mengen nötig gewesen, ein Vielfaches dessen, was logistisch möglich war. Auch der Umfang der Flotte muss weitaus kleiner gewesen sein, als die griechischen Schreiber angeben. Herodot spricht von 600 Schiffen, die der Perserkönig vielleicht theoretisch hätte aufbieten können, aber das hätte die Handelsflotte des Perserreiches so sehr beansprucht, dass Handel und Versorgung arg gelitten hätten – ganz abgesehen davon, dass die Zahl der Soldaten und Besatzungen bei Weitem übersteigt, was sich beim zu vermutenden Umfang der damaligen Bevölkerung hätte rekrutieren lassen, selbst wenn man auswärtige Söldner einberechnet. Die Forschung geht daher mehrheitlich davon aus, dass die Truppen der Perser den Griechen an Zahl zwar überlegen waren, aber in einem Maß, das den griechischen Sieg bemerkenswert, aber eben nicht übermenschlich machte.

Die Geschichte der Kriege schreiben die Sieger, und die griechischen Geschichtsschreiber machten ihre Sache, politisch gesehen, vortrefflich. In diesem Fall aber fehlt noch eine persische Version des Geschehens als Gegendarstellung. Das griechische Bild der Perserkriege aber, vom demokratischen Kampf gegen Tyrannei, in dem der Freiheitsdrang eines Kulturvolkes gegen eine dekadente Despotie aufbegehrt und obsiegt, herrscht in der westlichen Welt bis heute vor. Vor allem die Schlachten von Marathon und Salamis wurden, bei aller welthistorischen Bedeutung, mythisch überhöht, die Sieger vergöttlicht und die Gräber ihrer Gefallenen zu Altären erklärt. Platon bezeichnete die Helden von Marathon als »Väter der Freiheit, unserer und insgesamt aller auf diesem Festland«, und Plutarch geht sehr viel später so weit, die errungene Freiheit sei von den Griechen an die gesamte Menschheit weitergegeben worden. Überall in Griechenland erinnerten Denkmäler und Trophäen, Gedenktage und Feste an die ruhmreichen Siege, landauf, landab war ein Kriterium in der Einschätzung von Landsleuten, wie es ihre jeweilige Polis wohl mit den Persern gehalten habe: standhaft oder korrumpiert? Vielleicht auch, um diese gespaltene Vergangenheit zu überdecken, definierten sich die Griechen seither als einig Gegenbild zu den Persern, die nunmehr als die Barbaren schlechthin galten – was aber nicht verhinderte, dass wenige Generationen nach den Perserkriegen das Orientalisch-Persische zur Modeerscheinung wurde. Der vereinte Kraftakt wurde politisch instrumentalisiert, als im Peloponnesischen Krieg Griechenland einen schrecklichen Bürgerkrieg erlebte, um im Kampf gegen ausländische Invasoren auf die nunmehr verlorene Einheit von Hellas einzuschwören.

Diese vereinfachende Sichtweise übernahmen Alexander der Große, als er das Perserreich erklärtermaßen als Revanche für die Kriege des frühen 5. Jahrhunderts niederrang, und später die Römer, die sich ohnehin als Erben der Griechen und Makedonier verstanden – eben auch in der Verteidigung des Westens gegen alles Barbarische. Im 19. und 20. Jahrhundert griffen europäische Historiker diese ideologische Sichtweise auf und verankerten sie im Weltbild des Westens. Der Philosoph Georg Wilhelm Friedrich Hegel befand 1837 gar: »Denn es sind welthistorische Siege: Sie haben die Bildung und die geistige Macht gerettet und dem asiatischen Prinzipe alle Kraft entzogen.«

Kommen wir noch einmal auf die Olympischen Spiele zurück, das berühmteste Erbe der griechischen Antike. Wenn heute alle vier Jahre irgendwo in der Welt die Spiele stattfinden, kann man mitunter in der Zeitung lesen, welche Länder eigentlich besser nicht teilnehmen sollten oder gar ausgeschlossen wurden – weil sie gerade Krieg führen. Zur Zeit des Kalten Krieges, als sich NATO und Warschauer Pakt argwöhnisch gegenüberstanden, hat es mehrere politisch motivierte Boykotte gegeben, beispielsweise 1980. Damals nahm ein großer Teil der westlichen Länder nicht an den Spielen in Moskau teil, weil die Rote Armee im Jahr zuvor in Afghanistan einmarschiert war. Auch 1936, als das nationalsozialistische Deutschland in Berlin strahlende Spiele feierte und der Welt ebenso gekonnt wie erfolgreich vorgaukelte, ein entspanntes, weltoffenes und liebenswertes Land zu sein, war im Vorfeld vor allem in den Vereinigten Staaten gefordert worden, nicht daran teilzunehmen. Weitere Boykotte gab es 1956, 1972 sowie 1976. Und 1984, als nach der Sowjetunion die USA mit Los Angeles als Gastgeber an der Reihe waren, verpassten die Staaten des Warschauer Paktes unter Federführung des Kreml dem Westen einen Denkzettel, indem sie ihrerseits die Teilnahme aussetzten. Und schließlich 2014: Als der russische Präsident Putin die ukrainische Krim besetzen ließ und annektierte, erschien dieser Bruch des Völkerrechts direkt nach Abschluss der Winterspiele in Sotschi besonders perfide. Zwietracht in der olympischen Familie wird jedes Mal heftig beklagt, denn die Olympischen Spiele der Neuzeit verstehen sich als friedensstiftende Unternehmung. In der Nachfolge der im antiken Olympia abgehaltenen Spiele betrachten sie das als ein ehrenvolles Erbe. Der Begründer der modernen olympischen Bewegung, Pierre de Coubertin, nannte als ein Argument für seine Bemühungen, die Spiele nach mehr als zwei Jahrtausenden wiederzubeleben: »Die Olympischen Spiele feiern heißt, sich auf die Geschichte berufen. Sie ist es, die am besten den Frieden sichern kann.«

Was die Gründung dieses Ideals in Form von sportlicher Betätigung betrifft, greift man weit zurück. Angeblich existierte bereits im 8. vorchristlichen Jahrhundert ein Vertrag, den das Orakel von Delphi verlangt hatte: Danach sollte während der Spiele Olympischer Friede herrschen. Die griechische Antike kannte als Beweisstück sogar einen beschrifteten Diskus, den der berühmte Aristoteles höchstselbst in Augenschein genommen haben soll. Allerdings ist schon nicht klar, wann überhaupt die ersten Olympischen Spiele der Antike ausgetragen wurden, denn die vorliegenden Berichte darüber sind äußerst unzuverlässig.

Der allmähliche Aufstieg Olympias vollzog sich im Laufe des 7. Jahrhunderts: Aus einem unter vielen Heiligtümern wurde eines der wichtigsten Griechenlands mit immer populäreren sportlichen Wettkämpfen in drückender Augusthitze. Um 700 v. Chr. wurden Kult- und Sportstätten erheblich vergrößert, weil die Besucherzahlen immer weiter stiegen. Der erwähnte Vertrag ist zwar nicht mit Sicherheit belegt, aber spätere antike Autoren verweisen auf eine solche Vereinbarung – sie mag also späteren Datums sein, aber sie hat zweifelsfrei existiert und ist seit 476 v. Chr. historisch belegt. Es liegt ja auch auf der Hand: Angesichts chronischer Auseinandersetzungen zwischen den Stadtstaaten der antiken Welt wäre ein einvernehmlicher Wettstreit ihrer Athleten anders überhaupt nicht zu bewerkstelligen gewesen. Schon die Anreise aus allen Ecken Griechenlands nach Olympia hätte für alle Beteiligten größte Probleme bedeutet. Unter den Schutz des Zeus gestellt, wurde das gastgebende Elis zur entmilitarisierten Zone: Niemand durfte es mit Waffen betreten, auch durchziehende Truppen mussten dies unbewaffnet tun. Und um Teilnehmern wie Zuschauern eine gefahrlose An- und Abreise zu gewährleisten, verständigte man sich auf Sicherheiten. Der hehre Gedanke eines »Olympischen Friedens« aber, während dessen Dauer die Welt den Waffen entsagt und ihre Jugend versammelt, auf dass diese sich friedlich im sportlichen Wettkampf messe, hat mit der Wirklichkeit der antiken Spiele wenig zu tun. Das ist den Althistorikern seit Langem bewusst, aber in der Öffentlichkeit herrscht die idealistische Vorstellung bis heute vor, wenn es um die Geschichte des großen Sportereignisses geht.

Aber was hat es nun mit dem Irrtum auf sich? Wie so oft liegt die Erklärung im Detail, in diesem Fall in der Übersetzung. Die griechischen Quellen sprechen im Zusammenhang mit den Olympischen Spielen und ihrem ideellen Rahmen keineswegs von Frieden (griech. *eirene*), sondern von Waffenruhe (griech. *ekecheiria*). Wörtlich meint der Begriff das Zurückhalten der Hände. Es ging also nicht darum, einen Friedenszustand herzustellen, bevor an Wettkämpfe zu denken war, sondern um eine Kriegspause, die unter den Schutz des Olympischen Zeus gestellt wurde. Alle vier Jahre wurde in Olympia zum Zwecke der Spiele eine Waffenruhe proklamiert, sodann schwärmten Boten in die griechischen Städte aus, um sie zu verkünden. Die Olympischen Spiele genossen schon in der Antike ein derartiges Prestige, dass jeder Stadtstaat der Aufforderung nachkam und in den folgenden drei bis vier Monaten die Sicherheit aller Sportler, Zuschauer und offiziellen Delegationen gewährleistete, ob sie nun aus Naxos oder Sizilien kamen. Mehr bedeutete dieser Waffenstillstand nicht – also keineswegs, dass überall in der antiken Welt Kämpfe und Konflikte eingestellt oder vertagt worden wären. Da es allein um den Schutz der Spiele und ihrer Teilnehmer ging, konnten in gebührlicher Entfernung durchaus Kriege wüten. Das ist auch nicht wirklich verwunderlich: Zum einen gehörten kriegerische Auseinandersetzungen quasi zum Alltag, zum anderen kämpfte man stets in den Sommermonaten, und da fanden ja auch die Spiele statt.

Allerdings gab es tatsächlich einen Versuch, innergriechische Streitereien künftig prinzipiell friedlich beizulegen. Hintergrund waren besagte Perserkriege des frühen 5. Jahrhunderts, die das griechische Festland fast seine Unabhängigkeit gekostet hätten. Die griechische Zwietracht hätte die vereinte Anstrengung, die zum Sieg über die Perser nötig war, fast vereitelt, und um es nicht noch einmal so weit kommen zu lassen, sondern die Einheit zu bewahren, wollte man in Olympia ein innergriechisches Schiedsgericht etablieren. Diese Praxis währte aber nur sehr kurz, weil die Interessen der verschiedenen griechischen Städte schon bald wieder auseinanderdrifteten. Das Ideal dahinter blieb jedoch präsent – und ist es in anderer Form bis heute.

Das Neutralitätsgebot und die Waffenruhe wurden bis zum Peloponnesischen Krieg (431–404 v. Chr.) bis auf eine Ausnahme eingehalten. In diesem Bürgerkrieg aber wurde es schwierig, wie bisher kriegerische und sportliche Dinge gleichzeitig zu trennen und zu vereinbaren. Im Zuge dieses großen Krieges gab Elis im Nordwesten der Peloponnes, wo die Spiele stattfanden, seine Neutralität auf und schlug sich gegen Sparta auf die Seite Athens. Der ersten Regelverletzung folgte die zweite auf dem Fuße: Sparta rückte in Elis ein. Zu diesem Zeitpunkt war zwar der olympische Waffenstillstand längst ausgesprochen, aber die Spartaner flüchteten sich in das Argument, diese Nachricht sei in Sparta noch gar nicht angekommen. Nach dieser Version wären die olympischen Friedensboten und die spartanischen Truppen zwischen Sparta und Elis aneinander vorbeigelaufen, was eine ziemlich lahme Ausrede war. In den Augen ihrer Feinde hatten die Spartaner allen heiligen Gepflogenheiten krass zuwidergehandelt, weshalb sie, die auch nicht einlenken wollten, von den 90. Olympischen Spielen 420 v. Chr. ausgeschlossen werden sollten. Es war ein ziemliches Geschachere unter allen Beteiligten, auch die Eleer nutzten skrupellos das Prestige der Spiele und des Heiligtums Olympia, um den Spartanern zu schaden. Der Krieg von bislang ungekannten Ausmaßen, der ganz Griechenland in Atem hielt, hatte zu einer schändlichen Missachtung der Olympischen Spiele geführt, die immerhin unter dem Schutz des höchsten Gottes standen. Wenige Jahrzehnte zuvor noch hatte man ein panhellenisches Schiedsgericht in Olympia eingerichtet, nun versagte man dem Heiligtum jeden Respekt. Die Kontrahenten zeigten kein Einsehen, am Ende musste Sparta zähneknirschend auf die Teilnahme an den Spielen verzichten. Als der Krieg mit dem Triumph Spartas und der Niederlage Athens geendet hatte, zogen die Sieger unter König Agis abermals nach Elis und rächten sich für die Schmach: Die Eleer mussten öffentlich bekunden, seinerzeit im Unrecht gewesen zu sein, und den Spartanern für alle Zeiten die Teilnahme an den Spielen zusichern.

Noch einmal wurde das olympische Waffenstillstandsgebot in der Antike spektakulär gebrochen: 364 v. Chr. hielten die Arkadier, Spartas nördliche Nachbarn, Olympia besetzt und rissen die Leitung der Spiele an sich, wogegen sich die Eleer militärisch wehrten. Ausgerechnet die heiligen Spielstätten wurden zum Schauplatz eines blutigen Kampfes – angeblich, während auf den Rängen Zuschauer sportlichen Wettstreit erwarteten. Nach der militärischen Entscheidung wurde um die sportlichen Siege wie gewohnt gerungen, als wäre nichts geschehen. Diese 104. Olympischen Spiele wurden erst im Nachhinein für ungültig erklärt, als selbst den siegreichen Besatzern Olympias mulmig geworden war und sie mit Recht um ihr Ansehen fürchteten. Und doch erweist sich daran, dass die Griechen es mit der Unantastbarkeit eines Olympischen Friedens oder Waffenstillstands nicht allzu ernst nahmen, wenn Pragmatismus oder Eigennutz im Spiel waren. Insofern unterscheidet sich die Antike von der Moderne gar nicht so sehr.

Aber auch wenn die Vorstellung, die Völker der Welt sollten wenigstens für die Zeit der Spiele in Frieden miteinander leben, nicht den antiken Rückhalt besitzt, der bis heute gern unterstellt wird, ist das Ideal des Olympischen Friedens natürlich kein bisschen weniger wertvoll. Es ist aber auch gar nicht unbedingt notwendig, sich deswegen auf die antiken Vorläufer unserer Spiele berufen zu können, denn der Friede ist stets erstrebenswert und ein Wert an sich. Der olympische Gedanke der Neuzeit tut also gut daran, sich dieses moderne Ideal zu bewahren und es anzustreben.

Orientalisch ausgeschmückt

Dass es im Märchen nicht um die akkurate Darstellung von Geschichte geht, weiß eigentlich jedes Kind. Das hindert uns jedoch nicht daran, in manchem Fall die märchenhafte Darstellung einer historischen Persönlichkeit in unser Geschichtsbild zu übernehmen – durchaus ähnlich der Wirkmächtigkeit ihrer Darstellung im Film, man denke nur an den unvergesslichen Peter Ustinov als Kaiser Nero in *Quo vadis?* oder Daniel Day-Lewis als Abraham Lincoln. So geht es auch mit dem berühmten Kalifen Harun ar-Raschid, der uns vor allem als märchenhafte Gestalt aus *Tausendundeine Nacht* geläufig ist, aber tatsächlich gelebt hat. Allerdings haben die beiden Figuren, historisch und literarisch, nicht allzu viel miteinander gemein. Und obwohl die westliche Welt Harun ar-Raschid, Kalif von Bagdad, als Vertreter eines goldenen Zeitalters kennt, er der bekannteste Vertreter seiner Dynastie ist und den Beinamen »der Rechtgeleitete« erhielt, wird er in der islamischen Welt bedeutend weniger geschätzt. Aus gutem Grund.

Während heute mancher Muslim aus dem Orient den Lockungen des Westens verfällt – oder sie im Gegenteil als verwerflich verteufelt –, war es in früheren Jahrhunderten der Orient, der die Fantasie der Menschen im Abendland beschäftigte. Alles Morgenländische schien märchenhaft: die fremde Religion des Islam, die prächtigen Höfe der Sultane, die exotischen Speisen und verwunschenen Basare, die Kleidung und die so ganz anderen Sitten. Gekonnt ausgeschmückte Reiseberichte und andere literarische Zeugnisse waren es, die dem Abendland die Kultur des Orients vermittelten. Der französische Schriftsteller Paul Valéry nannte jenes Orientbild, das auf Hörensagen, Träumerei und literarischer Fantasie beruht, »l'orient de l'esprit«. Und nichts hat in Dauer und Breitenwirkung mehr Einfluss entwickelt als die berühmte Märchensammlung *Tausendundeine Nacht*.

Bei diesen Märchen handelt es sich um eine umfängliche Erzählsammlung, in die Geschichten aus verschiedenen östlichen Kulturräumen Eingang fanden: Persische, indische, ägyptische und arabische Erzähltraditionen kommen zusammen, um nur einige zu nennen. Die heute in der westlichen Welt geläufige Version wurde vermutlich im 16. oder 17. Jahrhundert in Ägypten zusammengestellt. Die erste französische Ausgabe von *Tausendundeine Nacht* vom Anfang des 18. Jahrhunderts spielte bei der Verbreitung in Europa eine Schlüsselrolle, rasch gefolgt von Ausgaben in anderen europäischen Sprachen und einer ganzen Welle davon inspirierter orientalischer Romane. Knapp 200 Jahre später schrieb der österreichische Dichter Hugo von Hofmannsthal in der Einleitung zu einer Ausgabe von *Tausendundeine Nacht:* »Hier ist Buntheit und Tiefsinn, Überschwang der Phantasie und schneidende Weltweisheit; hier sind unendliche Begebenheiten, Träume, Weisheitsreden, Schwänke, Unanständigkeiten, Mysterien; hier ist die kühnste Geistigkeit und die vollkommenste Sinnlichkeit in eins verwoben.«

Eine ganze Welt also eröffnen die Erzählungen, aber eben eine märchenhafte. Kalif Harun ar-Raschid taucht in gleich mehreren Märchen der Sammlung auf und gewann mit ihnen eine solche Popularität, dass er in Kunst und Literatur seit dem 18. Jahrhundert zur festen Größe wurde. Er gilt in der westlichen Welt bis heute als gerechter Herrscher, großzügig und gewitzt – und natürlich bei prachtvoller Hofhaltung all den Glanz und die Exotik verkörpernd, die das Orientbild verlangt. Berühmt sind seine angeblichen Inkognito-Gänge durch Bagdad, von denen er sich bei »beklommener Brust« Abhilfe versprach. Auf ihnen spürte er, als Kaufmann verkleidet, neugierig, aber fürsorglich seinem Volk hinterher, stellte die eigene Bodenständigkeit unter Beweis und ließ sich schon mal von Kinderweisheit zum Nachdenken und Handeln anregen. Eine Anekdote weiß zu berichten, der Kalif habe, als man ihm ein überaus kostbares Gericht nur aus Fischzungen (in ihrer Masse hübsch zur Fischform angerichtet) servierte, eine gleichwertige Summe Geldes an die Armen verteilen lassen. Ein Salomon unter den Feinschmeckern also, aber vor allem eben ein Ausbund an Gerechtigkeitssinn, Weisheit und Tugend.

Zur Zeit Karls des Großen, um das Jahr 800, war Harun ar-Raschid, Kalif von Bagdad, der mächtigste Herrscher der arabischen Welt. Kaiser und Kalif hatten Berührungspunkte, weil beide eine religiös fundierte Reichsidee verkörperten. Während die römische Kirche dabei auf antike Strukturen zurückgreifen konnte, sprengte der islamische Expansionsdrang alles Bisherige: Von der Arabischen Halbinsel bis zum Schwarzen und Kaspischen Meer im Norden, bis zum Indus im Osten, über Ägypten und Nordafrika bis nach Spanien im Westen verlief der Siegeszug der islamischen Eroberer. In der Schlacht bei Tours und Poitiers 732 stießen die beiden Reiche und Weltreligionen schließlich aufeinander, als das Frankenreich dem islamischen Eroberungsdrang zumindest in Europa eine Grenze setzte. Im Unterschied zum Christentum legte der Islam zwar keinen umfassenden Missionseifer, aber dafür einen ausgeprägten Machtdrang an den Tag. Zur persönlichen Begegnung Haruns mit seinem Herrscherkollegen Karl kam es nie, wohl aber zum Austausch von Gesandten, die Berichten zufolge im Jahr 802 dem Kaiser neben einer Masse weiterer kostbarer Präsente ein besonders sensationelles Geschenk überbrachten: einen weißen Elefanten namens Abul Abbas, den ersten seiner Spezies, der nördlich der Alpen auftauchte.

Harun war der fünfte Kalif in der Reihe der Abbasidenherrscher und regierte in Bagdad von 786 bis 809. Schon sein Weg an die Macht entspricht nicht gerade dem Bild des Märchens: Zunächst ließ der 22-Jährige seinem Bruder den Vortritt, übernahm aber schon bald die Herrschaft des Reiches, als der Bruder aus ungeklärten Gründen früh verstarb. Harun wurde mit dem plötzlichen Tod in Verbindung gebracht, seine Mutter stand im Verdacht, für ihren Sohn Gift zur Anwendung gebracht zu haben. Die Abbasiden, die sich auf ihre Abstammung von einem Onkel des Propheten Mohammed berufen konnten, waren Mitte des 8. Jahrhunderts aus innerarabischen Machtkämpfen siegreich hervorgegangen und lösten die ein Jahrhundert während Herrschaft der Omaijaden ab. Sie führten Verwaltungs- und Steuerrecht sowie ein Justizsystem mit Kadis in allen größeren Städten ein, wodurch sie die Grundlagen für eine islamische Staatlichkeit schufen. Zunehmend entrückt und beim Gewähren von Audienzen hinter einem Vorhang verborgen, ließen die Kalifen das Land von Wesiren regieren. Unter Harun am zunächst einflussreichsten war die afghanischstämmige Adelsfamilie der Barmakiden, denen er viel verdankte. Und doch entledigte sich Harun ihrer Dienste im Jahr 803 mit brutaler Härte, selbst seine eigenen Lehrer und engste Vertraute kamen dabei zu Tode.

Die Herrschaft über das Abbasidenkalifat übernahm Harun zu dessen Glanzzeit, als es von Marokko bis nach Indien reichte. Seine Hauptstadt Bagdad, 762 gegründet und Nachfolgerin von Damaskus, ließ er zu einer prächtigen Residenz ausbauen. Die glanzvolle Metropole war mit bis zu einer Million Einwohnern die damals größte Stadt der Welt. Harun ar-Raschid verbreitete Glanz und Pomp, schuf hingegen nichts von Dauer, denn der Glanz war überschattet von politischer Instabilität und Spannungen. Sein größter militärischer Triumph gelang ihm, bevor er Kalif wurde, als er bis zum Bosporus vorrückte und mit reicher Beute zurückkam. Doch das Erreichte war letztlich vergeblich, denn das Reich war so groß, wie es schwer regierbar war, und innenpolitisch erwies sich Harun als nicht übermäßig erfolgreich. An den vielen Enden des Reiches kam es immer wieder zu Machtkämpfen und Aufständen, gegen die die schwache Zentralgewalt mehrmals einzuschreiten versuchte. Das Problem hatte Harun von seinen Vorgängern geerbt, aber auch er vermochte es nicht zu lösen. Im weitläufigen, schwer zu kontrollierenden Reich agierten die Provinzen zunehmend unabhängig, mal mit, häufiger ohne den Segen des Kalifen. Noch dazu war die Hauptstadt Bagdad beherrscht von Intrigen und Machtkämpfen zwischen Parteiungen, denen jeweils ein Sohn des Kalifen angehörte: Nummer eins und Nummer zwei der Thronfolge. Eine faktische Reichsteilung noch zu Haruns Lebzeiten führte nach seinem plötzlichen Tod während einer Rebellion in Samarkand alsbald zu Bürgerkrieg und Wirtschaftskrisen, zur Verwüstung Bagdads und schließlich zur allmählichen Auflösung des Großreiches der Abbasiden.

Die historische Person des Harun ar-Raschid entspricht also keineswegs dem Bild, das in *Tausendundeine Nacht* von ihm gezeichnet wird. Er war alles andere als ein weiser und sanfter Herrscher, sondern wie andere Kalifen ein brutaler Despot – und selbst darin nicht so meisterhaft, dass er dem allmählichen Niedergang seines Reiches erfolgreich entgegengewirkt hätte. Er setzte auf Gewalt und Mord als Mittel, um seine Herrschaft auszuüben und zu festigen, nahm es dagegen mit Ehrenwort und Versprechen nicht so genau, wie der edle Fürst aus den Märchen vermuten ließe, die auch sein notorisches Misstrauen und seine Überheblichkeit unerwähnt lassen. Für die Pracht seines Hofes in Bagdad und später in seiner Residenzstadt ar-Raqqa sowie die Förderung von Kunst und Wissenschaft ist er nicht zu Unrecht berühmt – aber der Preis dafür waren Zugeständnisse an die Provinzen, die sich der Kalif mit Tributzahlungen vergüten ließ.

Dass er so prominent in *Tausendundeine Nacht* auftritt und damit berühmt wurde, hat aber seinen Grund: Harun ar-Raschids

Herrschaft steht für eine goldene Zeit, die verloren schien, als die Märchen entstanden: die kulturell glanzvolle Epoche der Abbasiden, der »gesegneten Dynastie«, als die islamische Welt im Kalifen von Bagdad noch den einen, einenden Herrscher besaß, Gott und dem Propheten zur Ehre gereichend. Diese alsbald verklärte Blütezeit endete mit Haruns Tod und den nachfolgenden Machtwirren, die den Abstieg des Abbasidenreiches beschleunigten.

Showdown vorm Burgtor

Drei Nächte und drei Tage hatte der König im Büßergewand vor den Toren gestanden, barfuß, in bitterster Winterkälte. Es war Ende Januar 1077, als Heinrich IV., deutscher König, nach Italien gereist war, um den Papst in tiefer Reue dazu zu bewegen, Exkommunikation und Kirchenbann zurückzunehmen, die der Heilige Vater über den widerspenstigen Herrscher ausgesprochen hatte. In den Augen des Papstes, der den uneingeschränkten Anspruch erhob, geistliches Oberhaupt der Christenheit zu sein, war der deutsche König häufig ungehorsam gewesen. In den Augen der Öffentlichkeit stellte die Exkommunikation einen Skandal erster Güte dar, die Welt schien aus den Fugen geraten – ein Zeitgenosse schrieb, der unerhörte Vorgang habe die gesamte römische Welt erbeben lassen. Konkreter Anlass für den folgenreichen Kirchenbann war die Besetzung des begehrten Mailänder Bischofssitzes. Zum Eklat war es gekommen, weil Heinrich den Einspruch Gregors gegen seine Personalpolitik ignoriert hatte. Es ist das erste und wohl berühmteste Großereignis des Investiturstreits, wie das jahrzehntelang andauernde Kräftemessen zwischen religiöser und weltlicher Macht, zwischen Papst und König bzw. Kaiser, genannt wird.

Ein Kirchenbann war damals eine ernst zu nehmende Angelegenheit: Er bedeutete nicht einfach die Verweigerung des heiligen

Abendmahls oder des Beichtsakraments. Es war vielmehr der Ausschluss aus der Gemeinschaft der Gläubigen: Geistlich gesehen, hatte der König selbst sozusagen den wenig attraktiven Status eines Vogelfreien. Ein Herrscher konnte sich das nicht leisten, da seine Autorität erheblich beschädigt wurde. Die Untertanen befreite der Bann vom Treueid dem König gegenüber; sogar der Aufenthalt mit ihm unter einem Dach war nach dem Bannspruch, streng genommen, verboten. Im Grunde war er gar kein König mehr.

Schon Mitte Dezember war Heinrich in Speyer aufgebrochen und hatte sich mit Frau und Sohn auf die beschwerliche Reise nach Italien gemacht. Gregor VII. hatte sich zunächst geweigert, ihn in Rom zu empfangen, daher war Heinrich ihm unter großen Mühen entgegengereist. Voller Demut wartete er nun vor der Burg von Canossa, dem Quartier des Papstes, der sich schließlich des armen Sünders erbarmte und ihn in den Schoß der Kirche zurückholte. Heinrichs Bußgang war eine bedingungslose Kapitulation vor der Autorität des Papstes, ein Akt der Unterwerfung.

So weit die Überlieferung. Näher beleuchtet, ist diese altbekannte Darstellung allerdings nicht korrekt und ziemlich tendenziös. Auch wenn man heute noch bei einer reuevollen Abbitte oft im übertragenen Sinn von einem »Bußgang nach Canossa« spricht – so demütigend, wie es scheint, war die Angelegenheit für Heinrich nicht. Er dürfte auch kaum drei Tage lang ununterbrochen in der Kälte verharrt haben, bis die päpstlichen Ratgeber Gregor überredet hatten, dem König die Absolution zu erteilen. Vielmehr hat er an drei aufeinanderfolgenden Tagen im Büßergewand beim Papst vorgesprochen und war erst am dritten eingelassen worden. In der Tat hatte sich der bis zum Starrsinn eigenwillige Gregor erst auf längeres Drängen seiner Ratgeber bereit erklärt, den König einzulassen.

Zwar sind die äußeren Daten der Beschreibung richtig, aber das Bild des Königs als reuiger Sünder ist nur ein Aspekt des Geschehens. Mittelalterliche Politik war zu großen Teilen Symbolpolitik. Mit dem Auftreten im Büßergewand entsprach Heinrich den kirchlichen Bestimmungen der Bußpraxis, um so die Aufhebung der Exkommunikation zu erreichen und sein Königsamt wieder voll ausüben zu können. Ehrenrührig war ein solcher Schritt aber nicht. Heinrich zeigte sich demütig und trug dadurch einen Sieg davon: Denn abgesehen davon, dass der Papst selbst ihm die Absolution erteilte, wendete Heinrich auch eine drohende Gefahr ab. Der Heilige Vater befand sich nämlich auf dem Weg nach Augsburg, wo am 2. Februar ein Reichstag stattfinden sollte. Die mit Heinrich tief zerstrittenen deutschen Fürsten beabsichtigten, den Papst für ihre Position und gegen den König zu gewinnen. Das hätte den König mehr als kalte Füße im Schnee gekostet – vermutlich die Krone für immer. Doch so war Heinrich den Fürsten zuvorgekommen und hatte mit seinem »Bußgang« einen Coup gelandet, der ihm politisch nutzte: Der Papst reiste nicht nach Deutschland, Heinrich war sozusagen rehabilitiert und hatte seine Handlungsfähigkeit wiedergewonnen. Er hatte einen taktischen Sieg errungen, auch wenn er als reuiger Büßer dastand. Da tat es erst mal wenig zur Sache, ob er dem Ansehen und dem Status des deutschen Königtums durch die symbolische Unterwerfung unter den Papst Schaden zugefügt hatte. Der Konflikt schwelte ohnehin weiter: Heinrich bekam es mit einem Gegenkönig zu tun, und 1082 exkommunizierte ihn Papst Gregor VII. abermals. Am Ende jedoch gewann Heinrich die Initiative zurück, wurde 1084 Kaiser des Heiligen Römischen Reiches und blieb es, bis sein Sohn Heinrich V. ihn 1105 zur Abdankung zwang.

Genagelt – verschickt – umstritten

Um die Mittagsstunde des 31. Oktober 1517, dem Sonnabend vor Allerheiligen, machte sich der Wittenberger Theologieprofessor und Augustinereremit Martin Luther auf zur Schlosskirche. Sein Famulus Johannes Schneider (Johannes Agricola) begleitete ihn. Der Gang vom Schwarzen Kloster dauerte eine Viertelstunde, dann erreichte Luther die nördliche Eingangstür der Kirche. Mit wenigen Hammerschlägen befestigte er ein Papier am Portal, das die gesamte Kirche, ja das gesamte Abendland in kürzester Zeit in den Grundfesten erschüttern sollte: die berühmten 95 Thesen, die das Ablasswesen der katholischen Kirche auf das Schärfste kritisierten.

Das Ablasswesen, mit dem bußbereiten Christen Sünden und Sündenstrafen im Jenseits erlassen werden konnten, war zu dieser Zeit regelrecht verkommen. Gierige Kirchenleute profitierten von der Angst der gutgläubigen einfachen Christen vor dem Fegefeuer. Um den sicheren Schrecken des Schmorens abzukürzen, bevor der paradiesische Himmel seine Pforten öffnete, kauften die Menschen Ablassbriefe. Jeder nach seinen finanziellen Möglichkeiten – und nach Selbsteinschätzung über die Schwere der angehäuften Schuld, also die mögliche Zeit, die das arme Seelchen dereinst im Fegefeuer würde verbringen müssen. Der sächsische Kurfürst beispielsweise hatte sich mit knapp 19 000 erworbenen Reliquien einen Ablass von fast zwei Millionen Jahren zusammengekauft. Seine Reliquien lagerten in eben dieser Wittenberger Schlosskirche, an deren Portal Luther seine Thesen schlug. Und dabei mit jedem Hammerschlag der Autorität Roms einen weiteren Schlag versetzte – mit Auswirkungen, die vorerst niemand ermessen konnte, auch der gelehrte Doktor nicht.

Konkreter Anlass für Luthers Demonstration war aber nicht das verlotterte Ablasswesen an sich, sondern der sogenannte Petersablass, mit dem der Papst den kostspieligen Bau der Peterskirche finanzieren wollte. Dabei ging es um eine regelrechte Abzockerei, bei der die Gläubigen sogar für lange verstorbene Angehörige, die mutmaßlich längst die Qualen des Fegefeuers erlitten, Ablassbriefe kaufen konnten. Das erzürnte Luther und andere sehr, denn damit entfiel eine wesentliche Bedingung für die Vergebung der Sünden: die Reue, denn schließlich konnten die Toten sie ja nicht einmal heucheln. Außerdem war der Petersablass wie ein großkapitalistisches Geldgeschäft organisiert: Der Hohenzollernabkömmling Albrecht, ein Bruder des brandenburgischen Kurfürsten Joachim I. und Erzbischof von Magdeburg, finanzierte mit den »Tantiemen« aus den Ablassgeldern und mithilfe der »Fugger-Bank« in Augsburg sein Vorhaben, auch noch Erzbischof von Mainz zu werden – ein Begehr, das sich der Papst ebenfalls vergolden ließ.

Das alles steigerte den Zorn von Martin Luther, Dozent an einer gerade zwanzig Jahre alten Universität im »sächsischen Urwald«, wie Zeitgenossen spotteten. Und so begann die Reformation, die eine bis heute wirksame Spaltung der Kirche nach sich ziehen und Deutschland in den nächsten 130 Jahren und immer wiederkehrenden militärischen Auseinandersetzungen fast zerreißen sollte.

Ein Historiker bezeichnete einmal den 31. Oktober 1517 als »allergewissestes Datum der Geschichte der Kirche«. Noch heute feiert die evangelische Kirche den 31. Oktober als Reformationstag. Bis 1957 hatte auch niemand an dem Datum gezweifelt. Besonders im 18. Jahrhundert nahmen sich zahlreiche Künstler des Motivs an, das Magister Luther bei seiner folgenreichen Tätigkeit am Nordtor der Wittenberger Schlosskirche zeigt.

1957 aber trat ein Kirchenhistoriker eine Lawine los, als er die an sich bereits skandalträchtige Frage stellte, ob denn Luther seine Thesen auch wirklich an jenem Tag an die Kirche genagelt habe. Aus diesem Datumsstreit aber, der für die Feiertagsregelung protestantischer Länder immerhin nicht unwesentlich ist, entwickelte sich rasch ein viel grundlegenderer Gelehrtenstreit, mit dem sich bald sogar der hoch seriöse Historikertag befasste: Hat Martin Luther seine Thesen wirklich mit eigener Hand an die Tür der Wittenberger Schlosskirche genagelt? Noch heute gehen die Meinungen auseinander, was denn nun tatsächlich im Herbst 1517 geschehen ist.

Für die Feiern zum Reformationstag ist diese Frage nicht ganz so bedeutsam, wie es zunächst scheint, denn unzweifelhaft bleibt, dass Luther seine 95 Thesen am 31. Oktober an den Erzbischof von Magdeburg und seinen Landesherrn, den sächsischen Kurfürsten, geschickt hat. Dies war sozusagen der amtliche Dienstweg – und deshalb kann dieser Tag in jedem Fall seine Gültigkeit als Startschuss für die Reformation behalten. Aber auch das Anbringen der Thesen ans Kirchenportal war ein naheliegendes und damals gebräuchliches Mittel der Publikation – wie heute am Schwarzen Brett oder gut verlinkt im Internet: Jeder kam daran vorbei und konnte lesen – jedenfalls wenn er Latein verstand. Die Thesen richteten sich schließlich an lateinkundige Theologen und Kirchenmänner, von denen es in der Universitätsstadt genügend gab.

Allerdings gibt es keinerlei Beweis dafür, dass Luther diesen Akt der Veröffentlichung so vollzogen hat. Jahrhundertelang saßen die Historiker einer Überlieferung auf, die sich inzwischen als unglaubwürdig erwiesen hat. Luther selbst hat nämlich nie davon berichtet, wie er mit dem Hammer und einem prekären Dokument in der Hand zur Kirche lief. Der Gelehrte Melanchton erzählt zwar davon, allerdings in einem Bericht, der von falschen Informationen nur so strotzt. Und der Augenzeuge, der treue Famulus Johannes Schneider? Er soll die Episode bestätigt haben, aber das entsprechende Dokument wurde lange Zeit falsch gelesen – mittelalterliche Handschriften sind mitunter schwer zu entziffern. Hinzu kommt, dass Luthers Aussagen über den Beginn der Reformation den überlieferten Abläufen eindeutig widersprechen, denn er hat später versichert, den Dienstweg eingehalten und den Adressaten seiner Klage Gelegenheit gegeben zu haben, sich zu verhalten – er hat ihnen also Zeit gegeben, um sich mit den Vorwürfen auseinanderzusetzen. Genau diese Zeit hätte ihnen gefehlt, wenn die Kritik an der kirchlichen Ablasspraxis schon von aller Welt zu lesen gewesen wäre, noch bevor sie den eigentlichen Adressaten vorlag.

Die Zeugnisse über den Thesenanschlag an der Wittenberger Schlosskirche stammen allesamt aus der Zeit nach Luthers Tod. Zeitgenössische Belege dafür gibt es nicht. Daher spricht alles dafür, dass die Nachwelt das so vielsagende wie einprägsame Bild des entschlossen hämmernden Luther bereitwillig und gutgläubig für bare Münze genommen hat. Aber auch heute noch ist dieses Bild so beliebt, dass Historiker wie Protestanten erregt reagieren, wenn man den Wahrheitsgehalt der Überlieferung infrage stellt. In den 1960er-Jahren begann ein regelrechter Historikerstreit über diesen angeblich sichersten Fakt der Kirchengeschichte. Im Jahr 2007 erhielt der Streit abermals neue Nahrung, als eine zeitgenössische Notiz auftauchte, die den Thesenanschlag ans Wittenberger Kirchenportal doch noch zu beweisen schien. Ein weiteres Mal wurden Tagungen ausgerichtet und Argumente ausgetauscht. Nur handelt es sich bei dem nunmehr vermessenen Vermerk Georg Rörers, eines Luther-Sekretärs, wieder nicht um einen Augenzeugenbericht. Er wurde vielmehr mindestens ein Vierteljahrhundert nach dem Weltereignis verfasst – als die Monumentalisierung Luthers und seines Handelns längst in vollem Gange war. Rörers Notiz widerspricht wie die anderen vermeintlichen Belege den Aussagen des Reformators selbst – und der bleibt der verlässlichste Informant über die Vorgänge am 31. Oktober 1517.

Das unvollendete
Weltwunder

Als nach der Jahrtausendwende mit erheblichem Tamtam die Kür der »neuen Weltwunder« ausgerufen wurde und weltweit Werbekampagnen zur Teilnahme an der globalen Internetaktion anliefen, kam das bekannteste indische Bauwerk mühelos in die engere Wahl und wurde schließlich als eins von sieben Bauwerken geadelt: der Tadsch Mahal am Fluss Yamuna in Agra. Jahr für Jahr wird er von Millionen Touristen besucht, allesamt tief beeindruckt von der Prachtentfaltung indischer Moguln im Allgemeinen und der romantischen Hingabe des Shah Jahan an seine Lieblingsfrau Mumtaz Mahal im Besonderen: Sie verstarb früh, und der Großmogul ließ ihr Mitte des 17. Jahrhunderts ein beeindruckendes Mausoleum bauen. Eleanor Roosevelt, Frau des US-Präsidenten Franklin D. Roosevelt, befand, der weiße Marmor symbolisiere die Reinheit wahrer Liebe. Allseits wird die Perfektion des Bauwerks gerühmt – aber ist es überhaupt vollendet? Eine hartnäckige Legende besagt, der Bauherr habe ein Pendant auf der anderen Flussseite begonnen, aber nicht vollenden können: eine exakte Kopie des existierenden Tadsch Mahal, allerdings ganz aus schwarzem Marmor gefertigt – als Mauseoleum für sich selbst. In den 1990er-Jahren wurden sogar Ausgrabungen am mutmaßlichen Ort vorgenommen, um der Sache auf den Grund zu gehen. Gefunden hat man allerdings nichts. Ist der strahlend weiße

Tadsch Mahal also unvollkommen oder war ein Komplementärbau nie geplant?

Die islamischen Herrscher Indiens begannen bereits im frühen 13. Jahrhundert, monumentale Grabmale zu errichten, und diese Tradition führten die Großmogul, unter ihnen als bekanntester Shah Jahan, seit dem 16. Jahrhundert fort. So viele Mausoleen wie in Indien finden sich in keinem anderen Land, obwohl diese Art pompöser Begräbniskultur eigentlich weder Hinduismus noch Islam vorsehen: Nach hinduistischem Ritual werden die Toten verbrannt, und ihre Asche wird in alle Winde verstreut – der Leichnam gilt als unrein. Der Koran wiederum verbietet individuelle Grabmale als unislamische religiöse Verehrung von Toten. Die Herrscher Indiens störte das nicht sonderlich, ganz im Gegenteil: Unter den Moguln entwickelten sich die Mausoleen zu den Lieblingsbauwerken des Subkontinents, auch die Oberschicht ließ sie in großer Zahl errichten.

Shah Jahan kam 1627 an die Macht und führte sein Land auf Grundlage der Vorarbeit seines Großvaters Akbar an die Spitze von Ruhm und Macht. Sein Reich umfasste ein Gebiet halb so groß wie der europäische Kontinent, es erstreckte sich von Afghanistan bis Assam, von Kaschmir bis zum Fluss Godavari. Auswärtige Besucher während seiner Regierungszeit zeigten sich nicht nur von der Pracht des Hofes, sondern auch von der Wirtschaftskraft des Landes, den sicheren Straßen, der guten Verwaltung und Rechtsprechung beeindruckt. Die letzten Jahre des großen Fürsten verliefen jedoch weniger glanzvoll, sein Sohn Aurangzeb ließ ihn 1658 gefangen nehmen und schwang sich zum alleinigen Herrscher empor. Die Festung, in der Shah Jahan fortan sein Leben fristete, lag in Sichtweite des Tadsch Mahal, und so konnte er wenigstens das Mausoleum seiner Frau sehen, weshalb er angeblich den größeren Teil seiner Zeit auf dem Festungsturm zubrachte. Bis zu seiner Absetzung aber tat sich Shah Jahan als Bauherr hervor; sein bevorzugter und von ihm besonders geschätzter Baustoff war weißer Marmor. Für Paläste, Gartenanlagen, Moscheen und schließlich eine ganz neue Hauptstadt gab er den Auftrag: Shahjahanabad außerhalb von Delhi, das die alte Hauptstadt Agra ablöste. Unter den von ihm errichteten diversen Mausoleen nimmt der Tadsch Mahal den ersten Platz ein.

1612 hatte Shah Jahan zum dritten Mal geheiratet, und Mumtaz Mahal wurde zu seiner Haupt- und Lieblingsfrau. Pflichtgemäß rühmten die Chronisten sie als ideale Frau, schön und liebenswert, fromm und treu, und die Beziehung der beiden als besonders innig, tief und für beide erfüllend. 14 Kinder gebar sie ihrem Gemahl, und die Geburt des letzten kostete sie schließlich das Leben. Mit 38 Jahren starb sie 1631, nach 19 Jahren Ehe und nur gut drei Jahre nach dem Regierungsantritt ihres Mannes. Der Verlust brachte den Großmogul schier um den Verstand, sein Bart wurde über Nacht grau, sein Kummer kannte keine Grenzen. Der gesamte Hof musste trauern, während der Witwer keinen Trost fand. Er erwog gar die Abdankung zugunsten seiner Söhne.

Seine verstorbene Gefährtin ließ er provisorisch in den Gärten von Zainabad beisetzen, wo sie gestorben war, und begann umgehend mit der Planung für ein standesgemäßes Grabmal. Die angesehensten Fachleute des Landes wurden herangezogen, unter deren Leitung angeblich 20 000 zwangsverpflichtete Arbeiter den Bau errichteten. Am zwölften Todestag der Mumtaz Mahal wurde das vielleicht berühmteste Mauseoleum der Welt eingeweiht. Es heißt, Shah Jahan habe jedes Mal bitterlich geweint, wenn er das Grab seiner großen Liebe besuchte. Der Tadsch Mahal aber gilt seither als Bauwerk, dessen perfekte und verschwenderische Ausführung der Anmut und stillen Größe der Frau entspricht, für die es als steinernes und den Tod überdauerndes Liebesbezeugnis errichtet wurde.

Aber Shah Jahan wäre nicht der Mann gewesen, der er war, hätte er mit dem Grabmal für seine Frau nicht auch sich selbst und seiner Herrschaft ein Denkmal gesetzt, das noch heute beeindruckt. Die staunenden Besucher lagen durchaus im Kalkül des Bauherrn, den zutiefst befriedigt hätte zu wissen, dass sie auch im 21. Jahrhundert noch in Scharen anreisen. Moderne Forscher gehen gar davon aus, Shah Jahan habe von Anfang an mehr an seinen eigenen Nachruhm als den seiner Frau gedacht. Die Zeugnisse über eine ganz besondere Liebe dürften nämlich maßlos übertrieben sein, denn sie stammen vor allem aus wenig verlässlichen Quellen zeitgenössischer Chronisten. Ausländische Diplomaten hingegen, die den Großmogul persönlich kannten, zeichneten in ihren Berichten ein ganz anderes Bild: das eines unsympathischen und machtgierigen, selbstsüchtigen, eitlen und prunkverliebten Tyrannen. Auch mit seiner Zuneigung war es danach nicht so weit her. Während einerseits kolportiert wurde, der Witwer habe sich seit dem Tod seiner geliebten Frau keiner anderen sexuell genähert, berichten europäische Beobachter von sexuellen Eskapaden ohne Ende. Die Wahrheit liegt vermutlich irgendwo zwischen diesen Extremen. Und das berühmteste Mausoleum der Welt ist nicht nur ein Begräbnisort, sondern auch ein Monument der Herrschaft Shah Jahans.

Mumtaz Mahals Mausoleum steht auf einem ausgedehnten rechteckigen Grundstück, umgeben von einer Mauer mit säulengesäumten Pavillons in jeder Ecke. Herzstück der Anlage ist der Garten, der auf die Paradiesgärten verweist. Auf dem Weg hindurch rückt das eindrucksvolle Hauptgebäude näher, 58 Meter hoch und auf einer quadratischen Marmorplattform von 100 Meter Seitenlänge errichtet, an deren Ecken vier schlanke Minarette stehen. Die Fassade ist als Verweis auf das Paradies mit floralen Ornamenten verschwenderisch dekoriert und mit aufwendig ausgeführten arabischen Schriftzeichen schwarz auf weißem Marmor geschmückt. Wegen des islamischen Bilderverbots wurden insbesondere Koranzitate gerne als Schmuckelemente eingesetzt. Der Tadsch Mahal hat mit 25 Koranzitaten, darunter ganze Suren, mehr Inschriften als jedes andere muslimische Bauwerk zu bieten. Die Grabkammer im Zentrum, ein achteckiger großer Saal, ist Ziel und Höhepunkt des

Besuchs. Die Kuppel darüber ist ein weiteres Sinnbild für das himmlische Paradies, in das Mumtaz Mahal eingegangen ist.

Zweifellos gehört der Tadsch Mahal in die Riege der vorzüglichsten Bauwerke der Menschheit und ist zu Recht bis heute in aller Welt berühmt. Da nimmt es nicht wunder, dass die eine oder andere Legende darum gesponnen wurde. Die von einem zweiten Mausoleum auf der gegenüberliegenden Flussseite besitzt keinerlei Grundlage außer einem Reisebericht des Franzosen Jean-Baptiste Tavernier, der den Tadsch Mahal 1665 besuchte. Tavernier war bedeutender Diamantenhändler, leidenschaftlicher Forscher, Abenteurer und Reisender und verdiente nicht schlecht an den Büchern, die er über fremde Länder schrieb und die noch zu seinen Lebzeiten in viele Sprachen übersetzt und immer wieder neu aufgelegt wurden.

Zwischen 1630 und 1668, also zu Lebzeiten von Shah Jahan, bereiste Tavernier fast ganz Asien. Er bereicherte die europäischen Kenntnisse über die von ihm besuchten Länder ungemein, allerdings nahm er es dabei nicht bei allem ganz genau – im Fall des vorgeblich unvollständigen Gesamtkunstwerkes Tadsch Mahal schreibt er ziemlich vage von einem begonnenen Grabmal am anderen Flussufer, das aber aufgrund familiärer Machtkämpfe nicht vollendet worden sei. Von einem identisch aussehenden zweiten Tadsch Mahal ist da noch nicht die Rede. Tavernier könnte durchaus gut informiert gewesen sein – nur es gibt es außer seinem Bericht keine einzige weitere Quelle für ein zweites Grabmal. Aus dieser dünnen Behauptung ohne jede Grundlage wurde wohl im romantischen 19. Jahrhundert die Legende eines baugleichen schwarzen Mauseoleums, das den Tadsch Mahal als »Gesamtkunstwerk« vollendet hätte. Shah Jahan starb zwar bald nach dem Besuch des Franzosen, wurde aber nicht in einem eigenen Mausoleum, sondern im Tadsch Mahal an der Seite seiner geliebten Frau beigesetzt, wo man dem fürstlichen Paar noch heute einen Besuch abstatten kann.

Säckeweise schwarzes Gold

Als die Türken 1683 Wien belagerten, führten sie nicht nur Waffen und den nötigsten Proviant mit sich, sondern auch säckeweise Kaffee. In der arabischen Welt war das Getränk längst zum beliebten Genussmittel aufgestiegen, dessen belebende Eigenschaften man schätzte. Und als die türkischen Truppen die Belagerung abbrachen und überstürzt abzogen, ließen sie außer Waffen auch Dutzende Säcke voller gelber Bohnen zurück, die den Einheimischen unbekannt waren – ungerösteter Kaffee. Die Wiener hielten den Inhalt für Kamelfutter und begannen, die Säcke zu verbrennen. Ein kundiger Mensch jedoch, der Übersetzer Georg Franz Kolschitzky, kam zufällig des Weges und roch den verführerischen Duft der jetzt teilweise gerösteten Kaffeebohnen. Er wusste, welche Kostbarkeit da dem Scheiterhaufen übergeben worden war, denn er hatte den Orient bereist. Kolschitzky schritt energisch ein, verhinderte die Brandschatzung – und ermöglichte dem »Türkentrank« seinen Siegeszug durch die Alte Welt. Schon bald darauf eröffnete er das erste Wiener Kaffeehaus: Es hieß »Zur blauen Flasche«, lag nahe dem Dom im damaligen Schlossergassel und machte erst die Wiener und anschließend ganz Europa mit dem »Wein des Islam« bekannt.

Diese Legende ist so hübsch wie einprägsam, was zu ihrer Verbreitung beigetragen haben dürfte. Und schließlich ist die Wiener Kaffeehauskultur ein fester Begriff der Kultur- und Gastronomiegeschichte – warum also sollte es sich nicht so zugetragen haben, wie die Legende berichtet?

Nun, das Café »Zur blauen Flasche« hat es tatsächlich gegeben. Der Rest dieser Geschichte dürfte aber ebenso erfunden sein wie die vielen anderen Legenden, die rund um die Welt über den Kaffee, seine Entdeckung und seine Verbreitung erzählt werden. Wien kann auch nicht für sich in Anspruch nehmen, das erste Kaffeehaus Europas beherbergt zu haben. Der Siegeszug des Cafés in Europa begann bereits 1647 in Venedig, begünstigt durch die Handelsbeziehungen der Lagunenstadt zum Orient. Aber auch andere Städte besaßen vor Wien Kaffeehäuser: London, Paris, Marseille, Amsterdam ... Selbst das erste Kaffeehaus des deutschsprachigen Raumes stand nach dem aktuellen Stand der Forschung nicht in Wien. Erstaunlich, aber der früheste Nachweis für ein solches Etablissement führt nach Bremen, wo der Niederländer Jan Jantz van Huesden bereits 1673 vom Stadtrat die Erlaubnis erhielt, eine Kaffeeschänke zu eröffnen.

Zunächst gelang es den Kaffeehäusern nicht, das neuartige Getränk nachhaltig bekannt zu machen. Die Sitte, Kaffee zu trinken, entwickelte sich außerdem von oben nach unten auf der sozialen Leiter. In Paris beispielsweise wurde es 1669 *tout chic*, Kaffee zu trinken. Als Jahrzehnte früher Kaufleute aus Marseille die braune Bohne an die Seine gebracht hatten, hatte sich kaum jemand interessiert für das bittere Getränk, das man daraus zubereitete. Man blieb lieber bei der süßen Schokolade. Als aber der Gesandte des Osmanischen Reiches die französische Hauptstadt mit einem längeren Besuch beehrte, gaben die feinen Kreise ihre noble Zurückhaltung auf, denn Suleiman Aga inszenierte den Kaffeegenuss auf vollendet vornehme Weise. Der orientalische Prunk wurde durch ihn zur Pariser Mode, und dazu gehörte nun einmal Kaffee. Vielleicht verhalf dem neuen Heißgetränk auch zum Durchbruch, dass der muslimische Edelmann zu den zierlichen Tässchen eine große Zuckerdose reichte.

Zurück nach Deutschland: Weder Bremen noch das fünf Jahre später eröffnete Hamburger Kaffeehaus verhalfen dort dem Kaffee zum Durchbruch. Erst als das Leipziger Bürgertum Gefallen an der braunen Bohne fand und daraus eine lokale Mode machte, begann die Verbreitung des Kaffees in Nord- und Mitteldeutschland. Nach Süddeutschland gelangte der Kaffee aber in der Tat aus Wien, und zwar auf der Route Regensburg–Nürnberg–Würzburg–Stuttgart. Und auch das Verdienst, dem neuen Getränk eine eigene Kultur gegeben zu haben, die Kaffeehauskultur, mit ihren verschiedenen Sorten und dem Café als Ort der Muße, des Gesprächs und des kreativen Rückzugs – wird man Österreich nicht streitig machen können.

Der Satz der Sonne

Ludwig XIV., Sonnenkönig und Bauherr von Versailles, ist neben Napoleon der wahrscheinlich bekannteste aller französischen Herrscher. Ob im Positiven oder Negativen, Ludwig gilt als der vorzügliche Vertreter des Absolutismus – der monarchischen Regierungsform, in der alle Macht vom Herrscher ausgeht. Überall in Europa ahmten größere und kleinere Fürsten seine Regierungsart nach, sei es äußerlich mit dem Bau repräsentativer Paläste und der Unterhaltung eines prachtvollen Hofes oder politisch mit einem absoluten Machtanspruch. Ludwigs XIV. angeblicher Ausspruch, »L'État c'est moi – Der Staat bin ich«, wird bis heute als Essenz der Regierungsauffassung des Absolutismus verstanden. Der Herrscher ist Zentrum der Macht und maßgebliches Gesetz, er ist außer Gott nur noch seinem Gewissen verantwortlich. Aber hat Ludwig XIV. von Frankreich diesen Satz auch tatsächlich gesagt?

Nach dem Tod von Kardinal Mazarin übernahm Ludwig XIV. 1661 die Alleinregierung – dargestellt in einem berühmten Gemälde der Grande Galerie von Versailles, auf dem der König symbolisch für die Staatsgeschäfte ein Steuerrad in der Hand hält. Ludwig regierte als absoluter Monarch ohne die Beteiligung der Stände, entmachtete Parlamente und oberste Gerichtshöfe, disziplinierte den widerspenstigen Adel. Er ließ Versailles bauen, das weniger als Bühne bloßer Prachtentfaltung gedacht war denn als programmatischer Ausdruck für seinen Herrschaftsanspruch. Der Ausspruch »L'État c'est moi« scheint also bestens geeignet, die Regierungszeit Ludwigs XIV. zu charakterisieren. Aber war Ludwig über seinen absoluten Anspruch hinaus so selbstherrlich und überheblich, dass dieser Satz auch seiner Selbstwahrnehmung entsprach?

Ludwigs Memoiren, die er für die Erziehung des *Dauphin*, des französischen Thronfolgers, erstellen ließ und persönlich bearbeitete, sind eine Art frühes politisches Testament. Sie strotzen zwar von Selbstlob, von Überheblichkeit distanziert sich der König jedoch. Über das Verhältnis zu seinen Untertanen schreibt er, ihre Achtung und ihr Gehorsam seien kein freiwilliges Geschenk. Vielmehr sei es »das Entgelt für die Gewährung von Gerechtigkeit und Schutz, die sie von uns erwarten. Wie sie uns ehren sollen, sollen wir über sie wachen und uns vor sie stellen.«

Ludwig betont außerdem, er benötige den Rat anderer und ihren Widerspruch, auch wenn er alle Entscheidungen schließlich alleine treffe – ein Grundsatz, den er während seiner langen Regierungszeit auch befolgte. Er empfiehlt seinem Nachfolger keine überhebliche Haltung ohne Achtung vor anderen, sondern Zurückhaltung und dass er sein Wort halte. Der Weg zum Ruhm sei der der Vernunft. Bei aller Herrlichkeit und Pracht, die Ludwig entfaltet, und aller Selbstgewissheit seiner Position als absoluter Monarch ist Ludwig ein Gegner despotischer Willkürherrschaft und sieht sich mit Regeln und Pflichten konfrontiert. Staatsräson heißt das oberste Prinzip, dem sich auch der Monarch zu unterwerfen hat; seinem Volk hat er beispielsweise durch eine sittenhafte Lebensführung ein Vorbild zu sein. Auch in anderen seiner Schriften bezeichnet sich Ludwig als den Untertanen und Gott verpflichtet.

Passt es also zu diesem König, dass er bei allem absoluten Selbstverständnis vom Gottesgnadentum einen solchen Ausspruch tut und damit nahelegt, er könne unumschränkt alles tun, was ihm beliebt? Im Sinne einer »abstoßenden Selbstvergötterung«, wie ein Historiker einmal schrieb, und sich den Staat schlichtweg einverleibend? Das klingt unwahrscheinlich, zumal der Überlieferung nach Ludwig diesen Satz als junger König und vor der Übernahme der Alleinregierung geäußert hat.

Ludwig war 1655, als 16-jähriger König, in Jagdkleidung und mit Reitgerte vor dem widerspenstigen Pariser Parlament erschienen, das sich neuen Steuerabgaben für den Krieg gegen Spanien widersetzte. Mit seinem selbstbewussten Ausspruch soll er alle Einwände der anwesenden Herren vom Tisch gefegt haben.

Die historischen Quellen belegen in der Tat diesen ungewöhnlichen Auftritt des Königs im Parlament ohne die übliche Vorankündigung und in unpassender Jagdbekleidung. Ebenfalls anders als sonst sprach nicht Kardinal Mazarin in seinem Namen, sondern der König selbst. Ludwig trat selbstbewusst bis überheblich auf und verbot dem Parlament weitere Beratungen. Nicht ganz klar ist jedoch, ob Ludwigs Äußerungen von ihm selbst stammen oder von Mazarin vorformuliert waren. Was aber kein Augenzeuge des Vorfalls erwähnt, ist der berühmt gewordene Ausspruch »L'État c'est moi« – auch nicht für einen späteren Zeitpunkt der Regierung Ludwigs. Aber auch wenn Ludwig diesen Satz offenbar nie gesagt hat und er auch nicht seinem monarchischen Selbstverständnis entsprach, trifft er auf die tatsächliche Regierungspraxis durchaus zu. Er muss also weder aus der Geschichte Ludwigs XIV. noch aus der Geschichte des Absolutismus völlig getilgt werden.

Anekdotisch überhöht

Ein weiterer Vertreter des Absolutismus, der sich allerdings der Aufklärung verpflichtet sah, war der preußische König Friedrich II., wahlweise als »der Große« oder »der Alte Fritz« bezeichnet. Im Jahrhundert nach dem Sonnenkönig regierend, ist seine Bekanntheit seinem Ruhm als »Großer« ebenso sehr wie seiner Popularität als knorriger Alter zu verdanken. Den Ruhm verdiente er sich mehrfach: als König, unter dem sein Reich zur europäischen Großmacht aufstieg und dafür dem europäischen Platzhirsch Habsburg wagemutig das reiche Schlesien entriss; als diskutierter Intellektueller, viel gelesener Schriftsteller und Kulturgröße seiner Zeit. Populär war er schon zu Lebzeiten, doch der größere Teil des Bildes, das von ihm bis heute fortlebt, entstand lange nach seinem Tod und hat mit dem historischen Friedrich nicht allzu viel zu tun.

Friedrich II. regierte fast ein halbes Jahrhundert (1740–1786) und betrieb in dieser Zeit rege PR in eigener Sache, wofür das Potsdamer Schloss Sanssouci Anschauungsmaterial liefert. Wer zuvor Versailles besucht hat, ist zunächst enttäuscht, denn es ist eher klein für ein Königsschloss und nicht ausgelegt für eine prunkvolle Hofhaltung, mit der sich barocke Fürsten damals umgaben. Friedrich lebte in seiner durchaus luxuriösen Königsdatsche eher privat. Er sah sich gerne als würdigen Nachfolger antiker Philoso-

phen, der auf einem Weinberg wohnte, daher die berühmten Süd-
terrassen mit Wein und Feigenbäumen. Wichtiger als Prunk und
Repräsentation waren ihm sein Garten und seine Hunde. Nicht
zuletzt ging es ihm aber darum, einen Unterschied zu machen zu
den Vorgängern in seiner Familie und zu den anderen Fürsten seiner Zeit. Keiner sollte sein wie er.

Antike Philosophen propagierten ein einfaches und anspruchs-
loses Leben, und Friedrich ließ die Welt gerne glauben, ebenso an-
spruchslos ginge es auch beim preußischen König zu. Überhaupt
sei er eher widerwillig König und mache den Job aus Pflichterfüllung, obwohl er viel lieber der Welt entsagen und ein ganz einfaches Leben leben würde. Natürlich passten dazu das vergleichsweise kleine Schloss und der fehlende Hofstaat vortrefflich. Doch
die erklären sich vielmehr damit, dass Friedrich überaus misstrauisch war und schlechte Kindheitserinnerungen hatte – an
einen betriebsamen Hof, in dem er sich ständig belauert und
ausspioniert fühlte, zu Recht übrigens. Er umgab sich daher mit
Leuten, denen er vertraute, doch selbst die hielt er auf Abstand,
wenn es ums Regieren ging. Die Welt sollte aber denken, der preußische König lege auf nichts Prunkvolles Wert, entsage sich dem
allzu Weltlichen und halte sein Geld zusammen. Allerdings wissen
wir heute, wie viel Geld Friedrich ausgab für Dinge, die ihm wichtig waren. Eine Menge Steuergeld verschlangen seine Bauprojekte,
deren prunkvollstes Beispiel am westlichen Ende des Parks von
Sanssouci zu sehen ist: das Neue Palais. Auch für Kunst öffnete der
König gerne seinen Geldbeutel, ebenso wie für eine kulinarische
Leidenschaft: Er liebte Früchte, und im Frühling bezahlte er durchaus mal eine größere Summe, um auf kostspieligem Weg die ersten
Kirschen aus Spanien nach Potsdam bringen zu lassen.

Jahrzehnte nach Friedrichs Tod, als im 19. Jahrhundert Preußen Deutschland immer mehr dominierte und der Hohenzollern-
könig Wilhelm I. schließlich mit Gründung des Deutschen Reiches 1871 Kaiser wurde, stilisierte man dessen Urgroßonkel

Friedrich mit Bedacht zum Vorbildkönig. Mit ihm, so die Lesart damals, begann die deutsche Mission Preußens, die sich mit der Übernahme der deutschen Kaiserkrone vollendete. Bruchstücke aus Fritzens PR-Arbeit in eigener Sache wurden mit Anekdoten und bildlichen Darstellungen unterfüttert und weitere Elemente hinzugefügt. So entstand das Gesamtkunstwerk eines vorbildhaften Königs, der sich für sein Volk und die staatliche (später: nationale) Sache aufopfert, asketisch lebt und unermüdlich arbeitet, den eine väterliche Nähe zum Volk auszeichnet, und zugleich das reiche Spektrum eines europaweit geschätzten Kulturschaffenden. Disziplin und Todesmut zeichneten ihn ebenso aus wie Demut vor dem Recht sowie Pflichterfüllung jenseits aller persönlichen Neigung. Wenig tat da zur Sache, dass Friedrich sich für eine nationale Sache nicht interessierte, die französische der deutschen Sprache vorzog und das Volk durchaus auf Abstand hielt.

Wenn an sonnigen Tagen die Touristen Potsdam bevölkern und das Schloss Sanssouci des berühmtesten Preußenkönigs besuchen, stutzen sie meist angesichts eines Bauwerks gleich daneben, das nicht so recht zu den friderizianischen Bauten passt: die alte Windmühle. Sie erinnert an eine Begebenheit, die in den Anekdotensammlungen über den Alten Fritz ihren festen Platz eingenommen hat. Danach störte den königlichen Häuslebauer Friedrich bei der Gestaltung des Parks eine auf dem erwählten Gelände stehende Windmühle. Er ließ den Müller zu sich rufen und bot ihm an, auf eigene Kosten an anderer Stelle eine neue Mühle bauen zu lassen und eine großzügige Entschädigung zu zahlen, wenn der Mann seinen alten Besitz aufgebe. Der Müller lehnte jedoch ab, weil die Mühle alter Familienbesitz war und er sie später einmal an seine Kinder weitergeben wollte. Daraufhin wies Friedrich ihn verärgert zurecht, dass er, immerhin König, die Mühle auch ohne jede Entschädigung niederreißen lassen könne. Der Müller antwortete:»Ja, Eure Majestät. Wenn das Kammergericht in Berlin nicht wäre!« Woraufhin der König schwieg und die Mühle stehen blieb. So weit diese Anekdote, die illustrieren soll, dass es im Preußen des großen Friedrich so rechtsstaatlich zuging, dass sich ein Müller vor den Launen seines Herrschers nicht fürchtete – und dass dieser den Willen und das Recht des kleinen Mannes anerkannte. So schön diese kleine Geschichte auch ist – auch sie entspricht nicht der Wahrheit. Tatsächlich nämlich wollte Friedrich die Mühle gar nicht abreißen lassen, sondern sie in der im ländlich-romantisierenden Stil geplanten englischen Parkanlage als authentischen Blickfang erhalten. Dafür gewährte der König dem Müller sogar Steuerfreiheit, und er durfte seiner Arbeit in königlicher Gesellschaft nachgehen. Und die heute bestaunte Mühle ist auch nicht die aus der Zeit des Alten Fritz. Die damalige Bockwindmühle des Müllers Graevenitz war kleiner als die heutige Holländermühle, die 1945 kurz vor Kriegsende abbrannte und erst nach 1983 wieder aufgebaut wurde.

Wahrscheinlich stand für die touristentaugliche Anekdote der Rechtsstreit eines anderen Müller in den 1770er-Jahren Pate. Weit entfernt von Potsdam, im heute polnischen Oderbruch, betrieb der Müller Arnold eine Wassermühle, die aufgrund der Karpfenzucht eines Adeligen an Wassermangel litt. Der Müller ging vor Gericht, das aber der Klage nicht stattgab. Auch weitere Eingaben bis hinauf zum König verliefen für den Müller nachteilig – bis schließlich der König mehrere mit dem Fall befasste Richter kurzerhand einsperren und dem Müller Schadenersatz zahlen ließ.

* * *

So wie sich Friedrich als Philosoph betrachtete und als allem Weltlichen abgeneigt stilisierte, so wollte er auch wie eine antike Geistesgröße begraben werden: einsam, ohne großen Pomp, weder in einem prächtigen Mausoleum noch in einer stolzen Kirche. Direkt neben dem intimen Weinbergschlösschen Sanssouci ließ er in den 1740er-Jahren auf der Terrasse seines Sommerrefugiums auch gleich eine bescheidene Grabstätte errichten. Aufschlussreich ist aber, dass die einfache Grabanlage von in einem Halbrund angeordneten Statuen eingerahmt ist – marmorne Büsten römischer Kaiser, die eindrucksvoll bezeugen, dass hier nicht irgendein Philosoph seine Grabstätte hat.

In dieser Gruft und nach den Vorgaben seines Testaments wurde Friedrich, neben seinen geliebten Hunden, allerdings erst 1991 beigesetzt. Seither liegen auf dem schlichten Grabstein zumeist ein paar Kartoffeln, denn Friedrich der Große gilt nicht nur als derjenige, der Preußen in einen »Big Player« europäischer Politik verwandelte, nicht nur als Musikliebhaber und Hundefreund, Frauenverächter und Feingeist, sondern als der verdiente Mann, der in seinem Reich den Kartoffelanbau durchsetzte. Ein im 19. Jahrhundert überaus populäres Gemälde mit dem Titel »Der König überall« zeigt den Alten Fritz auf einer seiner zahlreichen Inspektionsreisen durch die preußischen Provinzen. Im Oderbruch, das der König hatte trockenlegen, kultivieren und besiedeln lassen, befiehlt er seinem Kutscher anzuhalten und nimmt auf einem Kartoffelfeld, wo die Ackerfrucht gerade gelesen wird, die Ernte in Augenschein. Demutsvoll hält ihm der Bauer ein paar Knollen entgegen, denn den Anbau der amerikanischen Pflanze, die sich als so segensreich erwies, verdanken die Menschen ihrem König.

So jedenfalls lautet die Botschaft dieses Gemäldes. Bis heute gilt Friedrich als der Wohltäter, der gegen größte Widerstände der skeptischen Bevölkerung die neue Pflanze flächendeckend anbauen ließ und dadurch künftigen Hungersnöten vorbeugte. Ein bisschen wie ein Messias wirkt der Landesvater, wenn er visionär auf die Erdäpfel setzt, die doch allenthalben abgelehnt werden. Eine noch immer populäre Anekdote erzählt vom König, der die Kartoffel dadurch interessant machte, dass er Soldaten zur Bewachung der Felder aufbot, um mit vermeintlicher Geheimniskrämerei und Exklusivität sein neugieriges Volk für die Knolle zu interessieren. Aber stimmt das verbreitete Bild vom Preußenkönig als verdientem Kartoffelbringer?

In der Tat war Friedrich an der Landwirtschaft interessiert – aus privater Leidenschaft für alles Obst ebenso wie aus beruflichen Gründen als Landesvater, dem an der gesicherten Versorgungslage seiner Untertanen und Steuerzahler gelegen war. Denn als wichtigstes Kapital verstand er das Volk, das ernährt werden musste, damit es sich vergrößerte. Dem Freund und Philosophen Voltaire schrieb er einmal: »Die Landwirtschaft ist die erste aller Künste; ohne sie gäbe es keine Kaufleute, Dichter und Philosophen. Nur das ist wahrer Reichtum, was die Erde hervorbringt.« Um das an Rohstoffen arme Preußen wirtschaftlich voranzubringen, versuchte er sich an neuen Wegen, auch in der Landwirtschaft, zum Beispiel beim Anbau von Tabak, Futterklee oder Maulbeerbäumen zur Seidenraupenzucht. Und die Kartoffel betrachtete er ebenfalls als eine vielversprechende neue Ackerfrucht.

Die ersten Kartoffeln brachten Mitte des 16. Jahrhunderts spanische Eroberer nach Europa. Die exotische Pflanze landete zunächst vor allem in den fürstlichen Parks und botanischen Gärten der Alten Welt. Ein flächendeckender Anbau stand da noch nicht an, man erfreute sich einfach nur an dem hübschen Gewächs. Aber immerhin gab es in Berlin einen neugierigen Naturforscher, der die Kartoffelpflanze und ihre Knolle genauestens studierte: Johann Sigismund Elsholtz.

Der Feldanbau der Kartoffel auf europäischem Boden begann in Spanien, verbreitete sich dann in die Niederlande und schließlich auf die Britischen Inseln. Von dort gelangte die Kartoffel abermals nach Deutschland, diesmal als Ackerfrucht – aber in bescheidenem Umfang und eher als Tierfutter sowie für den Bedarf der Armen und daher mit entsprechender Geringschätzung derjenigen, die nicht darauf angewiesen waren. Weil man dem Neuen kritisch gegenüberstand, fielen allerlei krude Meinungen auf fruchtbaren Boden – zum Beispiel, die Knolle sei giftig (das ist die Pflanze in der Tat, nicht aber ihre Knolle) oder sie entfessele den Sexualtrieb. In Brandenburg und später in Preußen engagierten sich die Landesherren für die Knolle. Schon Friedrichs Urgroßvater, der Große Kurfürst Friedrich Wilhelm, von seinem Botaniker Elsholtz auf das Potenzial der Knolle aufmerksam gemacht, interessierte sich für den Anbau in größerem Umfang, ebenso sein Vater, der berüchtigte Soldatenkönig Friedrich Wilhelm I. Der ließ sie den Kranken der Berliner Charité vorsetzen und soll angeblich auf gewohnt derbe Weise versucht haben, seinem Volk die »Tartüffel« schmackhaft zu machen. Schwierig war das aber nicht nur, weil das Neue doch stets mit spitzen Fingern angefasst wird. Das damalige Hauptnahrungsmittel war Getreide, das in Dreifelderwirtschaft angebaut wurde, in die sich die Kartoffel schlecht einfügte. Auch die gute Lagerfähigkeit sprach für Getreide, Kartoffeln können da nicht mithalten. Und doch wurden seit Mitte des 18. Jahrhunderts ganz allmählich mehr Kartoffeln gepflanzt. In Preußen versuchte schließlich Friedrich der Große, den Anbau durch behördliche Maßnahmen zu unterstützen und der Kartoffel zum Durchbruch zu verhelfen – aber da sah sich der König nicht nur mit der Widerspenstigkeit des Volkes, sondern noch dazu dem Widerstand seiner Beamten konfrontiert, die den königlichen Willen nach Kräften torpedierten. Selbst die Verwalter der königlichen Domänen, Kronbesitz des Staates, hintertrieben das Anliegen ihres höchsten Dienstherrn.

Friedrich der Große war also nicht nur kein einsamer Kartoffelpionier in Europa, der als Erster und Einziger das Potenzial der Knolle erkannt hätte und deshalb visionär zu wirken versuchte. Nicht einmal in seinem Königreich war er der Erste, sondern konnte auf Vorarbeiten und Erfahrungen von Vater und Urgroßvater zurückgreifen. Aber er investierte einige Bemühungen, um den Kartoffelanbau breitenwirksam voranzubringen. Mit einer

Fülle von Maßnahmen sollte dem preußischen Volk die Knolle nahegebracht werden, von der kostenlosen Verteilung von Saatkartoffeln über Instruktionen zur Aufzucht bis zu Kochrezepten. Doch all das fruchtete nicht recht, daher folgten königliche Dekrete, so 1756 an die schlesischen Landkreise: »Es ist von Uns in höchster Person in Unsern andern Provintzien die Anpflantzung der so genannten Tartoffeln, als ein nützliches und so wohl für Menschen, als Vieh auf sehr vielfache Art dienliches Erd Gewächse, ernstlich anbefohlen. Da wir nun bemercket, daß man sich in Schlesien mit Anziehung dieses Gewächses nicht sonderlich abgiebet. Als habt Ihr denen Herrschaften und Unterthanen den Nutzen von Anpflantzung dieses Erd Gewächses begreiflich zu machen …«

Weitere Anweisungen und sogar Kartoffelstatistiken folgten und lassen erkennen, dass der König sich nicht recht durchzusetzen vermochte – er war ja auch ein überaus ungeduldiger Mensch und hätte dem Projekt vielleicht mehr Zeit geben sollen. Aus späteren Dekreten sprechen Ärger und Frustration über die Beharrungskräfte im Volk und die mangelnde Unterstützung in der Beamtenschaft. Auch im absolutistischen Preußen herrschte der König nicht unumschränkt.

Die Schlesier waren wohl besonders widerspenstig, anderswo sah es etwas besser aus. Und trotzdem kann keine Rede davon sein, Friedrich dem Großen wäre es gelungen, die Kartoffel flächendeckend einzuführen oder gar durchzusetzen. Was den Kartoffelanbau in Deutschland schließlich wirklich voranbrachte, war schlicht und ergreifend der Hunger. Schon vorher hatten regionale Notlagen Hungernde bewogen, es doch mal mit der verschmähten Knolle zu versuchen, aber das blieb auf einzelne Landstriche und auf die kargen Zeiten beschränkt. Weitere Verbreitung erzwangen Missernten bei Getreide Anfang der 1770er-Jahre – doch den eigentlichen Siegeszug der Kartoffel auf deutsche Äcker und in deutsche Kochtöpfe erlebte Friedrich nicht mehr, denn der vollzog sich erst im ersten Drittel des 19. Jahrhunderts, als Getreide immer teurer wurde. Ende des Jahrhunderts gar, einhundert Jahre nach Friedrichs Tod, war Deutschland zum weltweit größten Kartoffelproduzenten aufgestiegen, noch vor England und Frankreich.

Der Mythos vom Alten Fritz als Wohltäter, der seinem Volk die segensreiche Kartoffel bringt, verbreitete sich lange nach seinem Tod. Zu einer Zeit, als die Deutschen dankbar Kartoffeln aßen, wohl wissend, dass sie andernfalls hungern müssten, wurde Friedrich in vielerlei Hinsicht als fürsorglicher Landesvater verklärt, der als »erster Diener seines Staates« rastlos durch die Lande reiste, um für das Wohl seiner Untertanen zu sorgen. Die Kartoffel erwies sich als anschauliches Beispiel in der Volksbildung der preußischen Untertanen, denen so die Segnungen eines doch recht autoritären Staates nahegebracht werden konnten. Auf die Wahrheit kam es da nicht so sehr an.

Die verhasste Festung

Alljährlich im Sommer zelebriert Frankreich seinen Nationalfeiertag. Der Präsident der stolzen Republik nimmt auf den Champs-Élysées eine Militärparade ab, und die Menschen feiern in zahlreichen Festen und Bällen meist unter freiem Himmel den Tag, an dem das revolutionäre Volk das gefürchtete Staatsgefängnis Bastille stürmte: am 14. Juli 1789. Der Historiker Jules Michelet schrieb 1847 von der heroischen Tat, der Uneinnehmbarkeit der Festung, von der allgemeinen Erleuchtung, die im Volk von Paris den gewagten Entschluss hervorrief, die Bastille zu erobern: »Die ganze Welt kannte und hasste die Bastille. Bastille und Tyrannei waren in allen Sprachen zwei gleichbedeutende Wörter. Alle Nationen glaubten sich befreit auf die Nachricht von ihrer Zerstörung.« 1880 wurde der 14. Juli zum französischen Nationalfeiertag erklärt.

Die Erstürmung der Bastille hat ihren Platz im Gedächtnis der Welt als das Schlüsselereignis der Französischen Revolution, als die Erhebung der Massen das Zeitalter der Moderne einläutete. »Zu den Waffen, Bürger!«, beschwört denn auch die *Marseillaise*, die französische Nationalhymne. Aber so universell die Bedeutung der Französischen Revolution auch sein mag und so symbolhaft dabei der Fall der Bastille, so fehlerhaft ist das Bild, das wir von diesem Ereignis am 14. Juli haben.

Zusammengefasst sieht dieses Bild ungefähr so aus: Am 14. Juli begann die Revolution, als fast 1000 Pariser Bürger die Festung Bastille stürmten, weil sie wie keine andere Einrichtung der Stadt das verhasste Regime verkörperte. Fast einhundert Menschen kamen ums Leben, weil aus der Bastion 15 Kanonen erbarmungslos auf das Volk feuerten, ebenso viele wurden verletzt. Doch die Aufständischen ließen sich nicht beirren, nahmen die Bastille ein und befreiten aus den modrigen Kellerverliesen die zahlreichen Insassen – allesamt unschuldige Opfer des Königs und Despoten. Die heroischen Erstürmer wurden vom Volk als Helden gefeiert und erhielten fortan eine Ehrenrente für ihren ruhmreichen Einsatz für die Sache der Revolution. Dieses Bild passt gut in die Überlieferung von einem Tag, der Geschichte machte – immerhin nicht nur für Frankreich, sondern mit erheblicher Ausstrahlung bis heute und in die ganze Welt. Nur ist dieses Bild alles andere als akkurat, denn die Ereignisse des 14. Juli verliefen zwar durchaus dramatisch, aber erheblich weniger heldenhaft.

Zunächst war die Bastille 1789 längst nicht mehr der gefürchtete Kerker, als der sie in die Geschichte eingegangen ist. Dort waren eher vornehme Gefangene untergebracht, die innerhalb der Festungsmauern ein recht angenehmes Leben führen konnten. Die einfachen Einwohner von Paris fürchteten denn auch andere Gefängnisse viel mehr. In der Bastille gab es über die Jahre eine ganze Reihe berühmter Häftlinge, darunter den Marquis de Sade und Voltaire, der dort zwei seiner Werke verfasste. Diese beiden prominenten Gefangenen stehen für die zwei Gruppen von Insassen der Bastille: politische Gefangene wie Voltaire, dessen Schriften der Zensur nicht passten, und Adelige wie der Marquis, dessen wüster Lebenswandel Anstoß erregte. Die meist wohlhabenden Gefangenen konnten in der Bastille standesgemäß wohnen – sie lebten mit Dienerschaft in anständigen Zimmern und durften sich frei bewegen. Sie erhielten Besuch von Freunden und sogar Ehefrauen, wurden mit guten Mahlzeiten versorgt, und ihnen wurden zahlreiche Annehmlichkeiten zuteil. Es gab sogar Ausgangsregelungen für die Insassen, und die Länge der Strafen betrug meist weniger als ein Jahr. Außerdem galt es keineswegs als ehrenrührig, in der Bastille einzusitzen. Die geringe Zahl der befreiten Insassen erklärt sich im Übrigen auch aus der Tatsache, dass in den Jahren vor der Revolution die Willkür der französischen Justiz stark abgenommen hatte. Zum Mythos der Bastille haben gerade in den Jahrzehnten vor der Revolution besonders ebendiese Intellektuellen unter den Insassen beigetragen, weil sie das Gefängnis zum Symbol der staatlichen Despotie erhoben, in dem ein erbarmungsloses, menschenunwürdiges Regiment herrsche.

Die gefürchteten Kellerverliese durften allerdings schon seit über einem Jahrhundert nicht mehr benutzt werden. Die Bastille hatte einst zur Pariser Stadtbefestigung gehört. Acht Türme von 23 Metern Höhe und dicke Mauern überragten den breiten Wassergraben, dazu gehörte eine dreieckige Bastion. Weil die Stadt längst über ihre alten Grenzen hinausgewachsen war, wirkte die steinerne Bastion wie ein merkwürdiges Relikt inmitten der rundherum entstandenen Wohnbauten.

Die Bastille war daneben alles andere als uneinnehmbar, denn sie war in den vorangegangenen Jahrhunderten mehrmals nach kurzer Belagerung eingenommen worden. Eine abgeriegelte Festung war die Bastille ebenfalls nicht: Ihr Vorhof war in das Stadtviertel integriert, dort gab es vom Lokal bis zum Perückenmacher und Parfumhändler allerlei Läden. Selbst mit den 15 Kanonen hatte es längst keine martialische Bewandtnis mehr – sie wurden nur noch bei festlichen Anlässen zu Salutschüssen eingesetzt. Auch ohne die Revolution waren die Tage der Bastille gezählt. Weil das Gefängnis kaum noch genutzt wurde und sein Unterhalt viel zu teuer war, war ein Abriss längst beschlossen. Es gab bereits verschiedene Pläne für eine neue Bebauung des Areals, von denen einer nach dem Abriss auch rasch umgesetzt werden konnte.

Die Erstürmer der Bastille hatten es daher gar nicht in erster Linie auf die Befreiung der Gefangenen abgesehen, denen man sich wahrscheinlich ohnehin kaum sonderlich verbunden fühlte. Fast wäre unter den Befreiten der Festung der Marquis de Sade gewesen, und dem Adeligen mit höchst zweifelhaftem Lebenswandel brachten die Aufständischen wohl kaum viel Sympathie entgegen. Der Marquis war aber kurz zuvor ins Irrenhaus verlegt worden, weil er versucht hatte, mit dem Ruf »Sie töten die Gefangenen hier drinnen!« die Bevölkerung vor dem Gefängnis aufzuwiegeln.

Der eigentliche Anlass für das Interesse an der Bastille waren ihre 15 Kanonen und 250 Fässer Schießpulver. Der bekanntermaßen sanftmütige Gouverneur der Bastille de Launay hatte am Morgen eine Bürgerdelegation empfangen, die ihn aufforderte, die Kanonen herauszugeben, weil sie die Bevölkerung in Paris in Sorge versetzten. De Launay lehnte ab, weil er dazu nicht befugt sei, er habe die Kanonen aber aus den Schießscharten der Türme ziehen lassen. Er erlaubte der Delegation sogar, die Türme zu inspizieren, und wies seine Männer an, nicht zu schießen. Die Unterhändler gaben sich damit zufrieden und zogen nach einem gemeinsamen Glas Wein von dannen. Anschließend folgte jedoch eine zweite Delegation, die ohne Absprache mit der ersten die Übergabe der Festung verlangte.

Nicht zufrieden war dagegen die durch die Ereignisse der vorangegangenen Tage aufgeputschte und spätestens seit der Plünderung des Hôtel des Invalides am Morgen bewaffnete Menschenmasse vor der Bastille. Sie verlangte nach mehr und drängte auf den zugänglichen ersten Innenhof. Ein ehemaliger Soldat gelangte in den zweiten Hof und zerschlug die Ketten der Brücke, sodass diese nach unten schlug. Die eigentliche Festung war jedoch durch eine weitere Zugbrücke geschützt. Die Menge rückte vor, der Gouverneur gab Schießbefehl, das Ergebnis waren Tote und Verwundete und der Rückzug der Angreifer. Sie vermuteten, der Gouverneur habe sie absichtlich in einen Hinterhalt gelockt. Das verbreitete sich wie ein Lauffeuer, und die anwachsende, immer wütender werdende Menge sah sich veranlasst anzugreifen. Jetzt ging es nicht mehr um bedrohende Kanonen auf den Türmen oder ein mögliches Waffenlager in der Bastille. Jetzt ging es ums Prinzip, und plötzlich war die Bastille das Symbol, das dieses Ereignis zum wichtigsten der frühen Revolution machte: ein Symbol für die despotischen Machthaber.

Die Führer der Bürgermiliz ließen erneut verhandeln, worauf der Gouverneur der Bastille wiederum einging, denn er wollte ganz offenbar ein Blutbad vermeiden. Bevor es aber dazu kommen konnte, fielen trotz weißer Fahnen auf beiden Seiten Schüsse von der Festung. Als übergelaufene Soldaten mitsamt Artillerie zu den Belagerern stießen, schien die Sache endgültig ausgemacht: Die Bastille musste fallen. Die Kanonen und die offensichtliche Entschlossenheit der Menschen veranlasste den Gouverneur der Bastille, seinen letzten Trumpf auszuspielen: Er verlangte freien Abzug und drohte damit, andernfalls sich und seine Männer mitsamt aller Vorräte an Schießpulver in die Luft zu sprengen. In der Annahme, dies sei bestätigt, öffneten Soldaten das Tor. Die Menge drang ein, entwaffnete die Besatzung der Bastille und nahm die Soldaten fest. Dann suchte man die Gefangenen.

Der Thüringer Wilhelm von Wolzogen, der sich zur Zeit der Revolution zu Architekturstudien in Paris aufhielt, hat die Ereignisse des 14. Juli in seinem Tagebuch beschrieben: »Bisher hatte man immer geglaubt, daß dieses eines der festesten, unzugänglichsten Forts seie und nur durch unaufhörliches Bombardement könnte eingenommen werden; der Karakter, den es hatte, war schon hinreichend, diese Ideen zu bekräftigen. Allein gewohnt, nirgends Widerstand zu finden, auch in der Hoffnung, daß die, die darin lägen, ihre Partie ergreifen würden, rückte ohne alle Ordnung, ohne allen Plan ein Trupp bewaffneter Bürger heran. Der Gouverneur Msr de Launay, steckte die weiße Fahne auf, ließe aber doch einige Kanonenschüsse mit gehacktem Blei tun; die aber kein

Schaden waren, da die Leute zu nah schon waren unter den Kanonen. In der Bastille lagen die Invaliden, die schossen mit Flinten aus den Löchern; doch tate auch dies nicht viel Schaden.«

Einen Sturm hatte es also gegeben, aber wie heroisch kann man ihn nennen angesichts weitgehend ausbleibender Gegenwehr und der Tatsache, dass die Notwendigkeit zur Gewaltanwendung gar nicht mehr bestand? An der Bastille haben Gerüchte und ein gerade eben bewaffneter, entfesselter Mob die Entwicklung bestimmt, wie es während der Revolution noch öfter der Fall sein sollte. Bilanz der Aktion: Sieben Soldaten wurden erschlagen, der Kommandant der Bastille trotz seiner einlenkenden Haltung vom blutrünstigen Mob gelyncht.

Aber in der Hauptsache geht die historische Meinung trotz alledem nicht fehl: Die Einnahme der Bastille besaß für diese Frühphase der Revolution großen Symbolwert. Ihre Wirkung war nachhaltig: Der König lenkte ein, erfüllte Forderungen der Aufständischen und akzeptierte die Nationalversammlung als ernst zu nehmende Größe.

Insgesamt hatte der Augenzeuge Wilhelm von Wolzogen somit wohl nicht ganz unrecht mit seiner Einschätzung der Erstürmung der Bastille, die er noch am selben Tag in sein Tagebuch schrieb: »Die Einnahm der Bastille wird gewiß in Europa Lärmen verursachen; und man wird den Franzosen dieses zur Ehre anrechnen und als einen großen Beweis ihres Mutes. Wenn man aber weiß, daß sie dieses taten, um nur die Canonen daraus zu haben, um nur Gewalttätigkeit auszuüben, wenn man weiß, daß der Plan, die Gefangenen zu befreien, dieses Gebäude zu demolieren, erst nachher entstanden und also auf sie bei der Einnahme nicht wirken konnte: so fällt dieses Lob weg.«

Der Historiker Simon Schama resümierte, die Bastille habe durch die Ereignisse eine viel größere Bedeutung erlangt, als sie je zuvor gehabt hatte. »Sie diente als Folie, indem sie den Lastern, gegen die sich die Revolution profilierte und definierte, Gestalt und Bild lieh. Aus einem fast leeren, dünn besetzten Gefängnis, einem längst überholten Anachronismus, in eine Hochburg der Bestie Despotie verwandelt, vermochte sie alle, die ihren Fall bejubelten, als Glieder einer neuen Gemeinschaft der Nation zu vereinen und zusammenzuschließen.«

Das Märchen vom Kini

Neben Friedrich dem Großen ist noch ein deutscher Monarch bis heute ungemein populär: Ludwig II. von Bayern. Von seinen Landsleuten wird er zärtlich-vereinnahmend »Kini« genannt, der Rest der Welt kennt ihn vornehmlich als den »Märchenkönig«. Der Freistaat Bayern verdankt dem Wittelsbacher jährlich ansehnliche Einnahmen aus dem Tourismus, denn die seinerzeit ruinöse Bauwut des Königs ist heute, als beliebtes Reiseziel von Touristen aus aller Welt, eine höchst einträgliche Hinterlassenschaft. Zu seinen Lebzeiten war die bayerische Regierung weniger zufrieden mit dem König. Er brachte den Erfordernissen des politischen Geschäfts kaum Verständnis entgegen und machte vor allem dem Staatsbudget erhebliche Schwierigkeiten mit seinen immer neuen Bauprojekten, die Millionen verschlangen.

Wie aber steht es in Wirklichkeit um den Mythos des volksnahen und die schönen Künste fördernden Märchenkönigs, von seinem Volk verehrt und geliebt, von seinen Ministern betrogen und in den Tod getrieben, von seiner Familie und schließlich auch seinen engsten Vertrauten im Stich gelassen? Was ist dran an der immer wieder erwogenen Möglichkeit, Ludwig sei 1886 nicht freiwillig in den Starnberger See gelaufen, um zu sterben, sondern vielmehr kaltblütig ermordet worden? An der diagnostizierten Geisteskrankheit, der Rechtfertigung für die Entmündigung des

Königs und die Einsetzung seines Onkels Luitpold als Prinzregenten? Hatte das Kabinett die Ärzte aus reiner Geldnot veranlasst, dem kunstsinnigen Monarchen Geisteskrankheit zu attestieren?

Obwohl Ludwig zu Lebzeiten sehr viel weniger beliebt war als heute angenommen, bildete sich nach seinem Tod 1886 rasch eine Stimmung zu seinen Gunsten, und es blühten Gerüchte auf, er habe gar keinen Selbstmord begangen, sondern sei beispielsweise erschossen worden, um eine geplante Flucht zu verhindern. Allerdings weist nichts auf ernsthafte Fluchtabsichten Ludwigs hin. Vielmehr zeigt sich gerade in Ludwigs letzten Tagen seine ausgesprochene Entscheidungsunfähigkeit. Als Festsetzung und Entmachtung sich bereits abzeichneten, standen ihm zwei Wege offen, die seine weitere Entwicklung möglicherweise noch in eine andere Richtung geführt hätten. Reichskanzler Bismarck riet Ludwig, nach München zu fahren und sich dem Volk zu zeigen. Ein solcher Auftritt des notorisch menschenscheuen Monarchen hätte Entschlossenheit vermittelt und es den bayerischen Ministern schwerer gemacht, Ludwig als krank und regierungsunfähig abzusetzen.

Sein getreuer Flügeladjutant Graf Dürckheim-Montmartin dagegen riet ihm zur Flucht. Aber die Unentschlossenheit hielt den König ab, überhaupt etwas zu unternehmen. Nur zu einem Selbstmordversuch konnte er sich, wenn auch wiederum halbherzig, noch aufraffen: Noch auf Neuschwanstein verlangte der König nämlich nach dem Schlüssel für den Schlossturm, wohl um sich von dort in die tiefe Pöllatschlucht zu stürzen. Die Diener verhinderten sein Vorhaben mit fadenscheinigen Ausreden über den Verbleib des Schlüssels. Und Ludwig bestand nicht weiter auf der Angelegenheit. Seinem Friseur aber soll er gesagt haben, er müsse am nächsten Tag seinen Kopf in der Schlucht suchen, wenn er seine Arbeit machen wolle.

So ließ sich Ludwig nach einigem Hin und Her widerstandslos in einer verschlossenen Kutsche in das Schloss Berg am Starnberger See (damals Würmsee) bringen, wo man schon eifrig dabei war, aus der Residenz ein Gefängnis zu machen. Ludwig schien sich in sein Schicksal zu fügen oder es zumindest vorzugeben, als er am Pfingstsonntag mit seinem Arzt Dr. Bernhard von Gudden am See spazieren ging. Als die beiden aber am Abend noch nicht zurückgekehrt waren und eine hastige Suche eingeleitet wurde, fand man, unweit des Ufers im Wasser treibend, die Leichen der beiden Herren.

Suizidgedanken hatte Ludwig seit Langem, wie seine Tagebücher belegen, und vieles spricht dafür, dass er angesichts der ausweglosen Lage nach wenigen Tagen im königlichen Irrenhaus Schloss Berg den Freitod im Starnberger See einem auf unabsehbare Zeit entwürdigenden Dasein vorzog. Dessen ungeachtet, zogen findige Zeitgenossen bereits verschiedene Umstände als Beweise für einen angeblichen Mord heran. Für diesen gab es allerdings kein rechtes Motiv, die bayerische Regierung hatte den unliebsamen Monarchen ja bereits politisch beseitigt, also bedurfte es keiner Leiche mehr. Die angeführten Hinweise können zwar im Sinne einer Mordthese ausgelegt werden, widerlegen aber auch nicht die Diagnose des Selbstmords. Indizien, die ausschließlich mit dem Tatbestand von Mord erklärt werden können, gibt es andererseits keine.

Viel Raum für Spekulationen und Mythenbildung bietet auch die Ferndiagnose Dr. von Guddens, der dem König Geisteskrankheit attestierte, bevor er seinen Patienten überhaupt gesehen hatte. Die beiden Männer trafen anlässlich der Festnahme des Königs auf der Burg Neuschwanstein erstmals aufeinander. Zweifellos war diese Diagnose politisch motiviert, weil sich die Regierung des problematischen, allzu kostspieligen Königs auf einigermaßen elegante Weise entledigen wollte. Anlass zu weiteren Spekulationen bietet außerdem die Tatsache, dass bis heute Unterlagen über die Affäre Ludwig II. unter Verschluss gehalten werden. Aber auch neuere Diagnosen über den Gesundheitszustand des »Märchenkönigs« gehen von einer schweren psychischen Erkrankung aus,

die auch der pathologische Befund der königlichen Leiche dia-
gnostiziert. Über die genaue Natur der Erkrankung herrschen
allerdings unterschiedliche Meinungen vor: Spätfolgen einer Sy-
philis, angeborene Schizophrenie oder schleichende Vergiftung
infolge übermäßigen Genusses von Absinth werden in Betracht
gezogen.

Selbst mit der vermeintlichen Kunstsinnigkeit Ludwigs ist es
nicht sonderlich weit her. Der Titel gebührt eher seinem Großvater
Ludwig I., der München zu einer über Bayern hinaus leuchtenden
klassizistischen Residenzstadt machte. Ludwig ließ verspielt-ro-
mantisierend bauen, seine Architektur bleibt hinter Stil und Können der Zeit weit zurück. Und abgesehen von seiner Begeisterung
für Richard Wagners Musik schwärmte Ludwig für mittelmäßige
Theaterstücke ohne Tiefgang und gab miserable Musikstücke in
Auftrag.

Das Leben des »Märchenkönigs« entspricht also kaum der populären Auffassung. Ein neuerer Biograf urteilt, erst in der Legende des Märchenkönigs habe Ludwigs Leben eine Eindeutigkeit erhalten, die es vorher nicht gehabt hatte: Zerrissen im Inneren,
zerrieben zwischen äußeren Bedingungen, muss Ludwig II. sein
Leben wohl mehr als einen Albtraum denn als Märchen wahrgenommen haben.

Nordamerika
und seine Deutschen

Zunächst nach dem Zweiten Weltkrieg und in den letzten Jahren durch den Siegeszug des Internets ist Englisch zur Weltsprache Nummer eins aufgestiegen. Mit Englisch kommt man in weiten Teilen der Welt meistens problemlos zurecht und hat erheblich bessere berufliche Aufstiegschancen als mit anderen Sprachen. Zwar hat in den letzten Jahrzehnten die andere große Weltsprache Spanisch zugelegt, konnte aber Englisch bisher nicht den Spitzenplatz streitig machen. Weitere europäische Sprachen von Weltrang sind Portugiesisch und Französisch und schließlich Deutsch, das vor allem in Europa eine wichtige Rolle spielt.

Trotzdem hält sich hartnäckig die Ansicht, Deutsch sei eigentlich nur ganz knapp daran gescheitert, anstelle von Englisch die wichtigste Sprache der Welt zu werden. An einer einzigen Stimme nämlich sei Ende des 18. Jahrhunderts eine Abstimmung im US-Kongress gescheitert, die Deutsch zur Landessprache der Vereinigten Staaten gemacht hätte. Weil der Anteil der deutschen Einwanderer groß und ihr Einfluss daher erheblich gewesen sei, sei die Abstimmung nur haarscharf zugunsten von Englisch ausgegangen. Und pikanterweise sei es ausgerechnet ein Deutschstämmiger gewesen, der mit seiner Stimme für das Englische seiner Muttersprache die Weltkarriere vermasselt hätte. Aber stimmt diese Geschichte von der Fast-Karriere der deutschen

Sprache in den Vereinigten Staaten und der Welt, oder ist das bloß Legende?

Die ersten Deutschen sind vermutlich schon Anfang des 17. Jahrhunderts nach Nordamerika gekommen, als in der Kolonie Virginia die Siedlung Jamestown gegründet wurde. Gesichert ist das jedoch nicht, da die deutschen Einwanderer wegen der sprachlichen Ähnlichkeit immer wieder als »Dutch« bezeichnet wurden und daher von holländischen Siedlern schwer zu unterscheiden sind. Sicher ist dagegen, dass mit Peter Minuit aus Wesel am Rhein 1626 ein Deutscher Gouverneur von New York wurde, das damals noch Neu-Amsterdam hieß. Dass Minuit das spätere New York gegründet habe, ist jedoch eine Legende, denn als die Niederländische Westindien-Kompanie Minuit zum Hudson schickte, gab es die Kolonie bereits; Minuit hatte zwei Vorgänger. Ihm kommt aber das Verdienst zu, die Siedlung so tatkräftig wie erfolgreich auszubauen. Nicht beweisbar ist außerdem, Minuit sei derjenige gewesen, der den Einheimischen die Insel Manhattan abgekauft habe.

Die meisten deutschen Einwanderer zog jedoch die sechste britische Kolonie in Nordamerika an: Pennsylvania. Das Jahr 1683, als mit der Concord die »deutsche Mayflower« Philadelphia erreichte und 13 Familien aus Krefeld Germantown gründeten, gilt als der Beginn der deutschen Einwanderung. Nach der offiziellen Volkszählung von 1790 waren unter der US-Bevölkerung von damals rund vier Millionen zwischen acht und neun Prozent Deutschstämmige. Damit bildeten sie die größte Gruppe der nicht englisch sprechenden Einwanderer.

Deutsch hatte es jedoch immer schwer, sich in Nordamerika zu behaupten, da aufgrund der angelsächsischen Einwanderung von Anfang an die englische Sprache dominierte. Andere Sprachen konnten sich nur dort durchsetzen, wo ihre Träger einen großen Anteil der Bevölkerung ausmachten. So verhielt es sich bereits im 18. Jahrhundert in Pennsylvania, wohin seit 1730 immer mehr Deutsche kamen. Trotzdem stellten die deutschen Einwanderer nicht die Bevölkerungsmehrheit in Pennsylvania, denn mehr als ein Drittel der Einwohner machten sie nie aus. In einigen Countys von Pennsylvania aber waren tatsächlich bis zu drei Viertel der Bevölkerung deutschsprachig. Als einheitliche Gruppe lassen sich die deutschen Einwanderer auch gar nicht ansehen, denn sie gehörten ganz unterschiedlichen Glaubensrichtungen an und kamen außerdem aus einem zersplitterten Land mit zahllosen Kleinstaaten. Das begünstigte eine rasche Assimilierung, sodass die meisten Familien schon Ende des 18. Jahrhunderts zweisprachig waren und sich auf Deutsch im familiären Zusammenhang beschränkten.

Die Geschichte der knappen Entscheidung über Englisch als US-Nationalsprache ist also schon deshalb falsch, weil auf die gesamten Vereinigten Staaten bezogen die deutschen Einwanderer immer eine Minderheit waren, die ihre Sprache nie gegen die angelsächsische Mehrheit hätten durchsetzen können. Aber wie verhielt es sich in Pennsylvania? Eine gemäßigte Form der Deutsch-Legende besagt denn auch, es habe dort eine Abstimmung über die Amtssprache gegeben. Weil Englisch und Deutsch gleich viele Stimmen erhielten, habe ausgerechnet die Stimme des Vorsitzenden den Ausschlag für Englisch gegeben: die des deutschstämmigen Frederick August Mühlenberg (1750–1801). Die Geschichte fand Verbreitung in Deutschland durch ein Buch des Paderborner Juristen Franz Löher aus dem Jahr 1847. Mühlenberg gehörte zu einer bedeutenden Familie Pennsylvanias. Sein Vater Heinrich Melchior war 1742 nach Nordamerika gekommen und hatte die lutherische Kirche der USA begründet. Die Familie stellte außer Theologen auch einen General des Unabhängigkeitskriegs und mehrere Politiker, zu denen auch Frederick Mühlenberg gehörte. In Amerika schrieb sich die Familie ohne Umlaut: Muhlenberg.

Muhlenberg war nicht nur in Pennsylvania als mehrmaliger Parlamentspräsident ein bedeutender Mann, sondern nach der Unabhängigkeit auch langjähriger Kongressabgeordneter in Washington und der erste Sprecher des US-Repräsentantenhauses. Kein einziges Mal aber hat das Parlament von Pennsylvania darüber abstimmen müssen, ob Deutsch die Amtssprache Englisch ablösen solle. Zwar gab es in Pennsylvania immer wieder Versuche, die deutsche Sprache aufzuwerten. So stand Muhlenbergs älterer Bruder Peter innerhalb der lutherischen Gemeinde Philadelphias in der Kritik, weil er sich als Sprache in den Kirchen für Englisch und gegen Deutsch starkmachte. Am weitesten für eine Gleichberechtigung des Deutschen ging eine Entscheidung der gesetzgebenden Versammlung von Pennsylvania von 1778, ihre Protokolle nicht nur in Englisch, sondern in Kopien gleicher Zahl auch in Deutsch zu veröffentlichen. Später wurde das Verhältnis auf 2:1 zugunsten des Englischen verschoben. Ähnlich verfuhren auch andere US-Staaten mit einer größeren Minderheit deutschstämmiger Siedler. Seit der amerikanischen Revolution wurden an den Gerichten von Pennsylvania außerdem deutsche Dolmetscher beschäftigt. Dort, wie beispielsweise auch in Ohio, setzten Deutschstämmige dann im 19. Jahrhundert durch, dass Deutsch als zweite Unterrichtssprache neben Englisch gepflegt werden durfte. 1836/37 stärkten in Philadelphia Deutschstämmige ihre Sprache in Pennsylvania erneut: Es konnten künftig rein deutschsprachige Schulen gegründet werden; wichtige Gesetze wurden neben Englisch weiterhin in Deutsch veröffentlicht. Darüber hinaus wurden aber keine maßgeblichen Regelungen zugunsten der deutschen Sprache getroffen – geschweige denn eine Abstimmung anberaumt, bei der die englische nur ganz knapp den Sieg über die deutsche Sprache davongetragen hätte. Auf Bundesebene kam es in der Hauptstadt Washington 1794/95 allerdings zum Streit über die Frage, ob eine Gesetzessammlung in deutscher Übersetzung gedruckt werden sollte. Der zuständige Ausschuss des Repräsentantenhauses votierte mit einer Stimme Mehrheit dagegen – so hatte auch Frederick Muhlenberg abgestimmt, damals Sprecher des Abgeordnetenhauses. Er vertrat die Ansicht, die deutschsprachigen US-Bürger sollten lieber schneller Amerikaner werden. Ganz offensichtlich entstand also aus diversen Versatzstücken eine Legende, die sich zumal in Deutschland bis heute halten kann.

Eine offizielle Amtssprache, über die man hätte abstimmen können, hat es in den Vereinigten Staaten ohnehin zu keinem Zeitpunkt gegeben.

Ehrgeiz und Eisberg

Mitte April 1912 erschütterte die Nachricht von einem tragischen Schiffsunglück die Welt. Der Untergang der »Titanic« in der Nacht vom 14. auf den 15. April wurde zum berühmtesten Unfall der Schifffahrtsgeschichte und zum Thema zahlreicher Spielfilme, Dokumentationen und Ausstellungen. Bis heute wird der Untergang der »Titanic« gern als Vorzeichen für das Ende eines Zeitalters angesehen, das zwei Jahre später mit dem Ausbruch des Ersten Weltkriegs tatsächlich endete. Die Jahre vor dem Krieg waren von einer Technikseligkeit geprägt, die dieses Unglück besonders tragisch erscheinen ließ: Man hatte sich im Gefühl gewiegt, der technische Fortschritt kenne keine Grenzen – als Symbol dafür wurde die »Titanic« noch vor ihrem Stapellauf gehandelt. Praktisch unsinkbar sei der Luxusdampfer, schwärmte die Presse, weil im Notfall 16 abgeschottete Sektionen des Schiffes einen Untergang verhinderten. Was anderen Schiffen in der Vergangenheit zum Verhängnis geworden war, sollte der »Titanic« nicht gefährlich werden können. Dass die »Titanic« dann bereits auf ihrer Jungfernfahrt, die mit großem Pomp und massiver PR begonnen hatte, im Nordatlantik kläglich sank und mehr als zwei Drittel der Menschen an Bord mit in den Tod riss, traf die Weltöffentlichkeit wie ein Schock.

Die White Star Line hatte ihren neuesten Passagierdampfer für den Linienverkehr nach Nordamerika stolz der Öffentlichkeit präsentiert und schickte das damals größte Schiff der Welt auf seine Jungfernfahrt von Southampton nach New York. Das riesige schwimmende Hotel war in der Tat für die damalige Zeit der Inbegriff von Luxus und technischer Raffinesse. Wie prächtig die »Titanic« ausgestattet war, zeigt wohl am eindrucksvollsten der oscarprämierte Film von James Cameron (1997), für den das Innere des Ozeanriesen nahezu originalgetreu rekonstruiert wurde. Infolge der Kollision mit einem Eisberg im Nordatlantik nur vier Tage nach der Abreise aus England sank die stolze »Titanic«. Schuld war aber nicht etwa ein fast 100 Meter langer Riss, wie lange Zeit vermutet, sondern sechs ausgesprochen kleine Lecks. Doch sie waren groß genug, um jede Minute 400 Tonnen Wasser in das Schiff laufen zu lassen. Stahl war damals von erheblich geringer Qualität als heute, und der Eisberg hatte die »Titanic« fatalerweise an ihrer verwundbarsten Stelle erwischt. 1504 der insgesamt 2208 Menschen an Bord ertranken oder erfroren im eiskalten Meer, während das Schiff keine drei Stunden nach dem Zusammenstoß bei voller Beleuchtung auf den Meeresboden sank. Für die hohen Opferzahlen war vor allem die geringe Anzahl Rettungsboote verantwortlich – um bei voller Auslastung der »Titanic« alle 2400 Passagiere und 700 Mann Besatzung retten zu können, wären dreimal so viele Rettungsboote nötig gewesen. Unter anderem aus ästhetischen Gründen war ihre Zahl jedoch reduziert worden. Die magere Ausrüstung mit zwanzig Booten entsprach aber trotz allem voll und ganz den gesetzlichen Vorschriften.

In den folgenden Jahrzehnten versuchten Taucher immer wieder, zum Wrack der »Titanic« in 3821 Meter Tiefe zu gelangen, um die Schätze zu bergen, die angeblich in den Safes des Luxusliners verwahrt worden waren. Als schließlich 1985 Robert D. Ballard und seine Crew das Wrack entdeckten und im Jahr darauf eingehend inspizierten, wurden zwar spektakuläre Fotos geschossen, allerdings keine außergewöhnlichen Funde gemacht. Das Wrack wird seither immer wieder von Tauchbooten besucht.

Die Ursache des tragischen Unglücks bot häufig Anlass für Spekulationen und Vermutungen und sogar einigermaßen abstruse Verschwörungstheorien. Einer verbreiteten Legende zufolge war eine Ursache des Unglücks, dass die »Titanic« auf Geheiß der ehrgeizigen Reeder dem bisherigen Rekordhalter »Mauretania« das »Blaue Band« des schnellsten Passagierschiffes auf der Transatlantikroute Europa–New York abjagen sollte. Tatsächlich aber wurde die »Titanic« zwar durchaus als Statussymbol gebaut, aber nicht als schnellstes, sondern größtes und luxuriösestes Schiff der Welt. Beim Bau gingen Ausstattung und Sicherheit vor Schnelligkeit, und der Ozeanriese war folglich gar nicht dafür konstruiert, der »Mauretania« den Platz als Rekordhalter streitig zu machen. Die PS-Leistung der »Mauretania« war erheblich größer und das Schiff außerdem kleiner als die »Titanic«. Die »Mauretania« der Cunard Line konnte ihren Titel denn auch mehr als 20 Jahre lang verteidigen. Während sie den Atlantik in viereinhalb Tagen überquerte, hätte die Titanic mehr als fünf Tage benötigt. Die Titanic nahm schon deswegen auch nicht die schnellste Route, sondern wählte einen südlicheren, vermeintlich sichereren Kurs, um die Gefahr, auf Eisberge zu treffen, gering zu halten. Die Eisgefahr war in diesem Jahr erheblich größer als üblich, was den Kapitänen bekannt war. Sie erhielten außerdem auf ihrer Überfahrt zahlreiche Warnungen anderer Schiffe. Allerdings waren die Funker der »Titanic« von der Sendung privater Telegramme der Passagiere dermaßen beansprucht, dass wichtige Funksprüche über Eisberge in der Nähe die Kapitäne gar nicht erreichten.

Als eigentliche Ursache machten schon kurz nach dem Unglück eifrige Feuilletonisten die verantwortungslose Rekordsucht aus, die die Verantwortlichen auf der Überfahrt jede Vorsicht vergessen ließ. Hier hat die Legende vom Blauen Band, das die »Titanic« angeblich um jeden Preis gewinnen sollte, ihre Ursprünge. Bernhard Kellermann griff das Motiv in seinem Roman »Das blaue Band« über den Untergang der »Cosmos« auf, dauerhaft wirksam wurde die Legende vom verhängnisvollen Geschwindigkeitswahn aber wohl erst durch den Ufa-Spielfilm *Titanic* von 1943. Der Film, in dem eine bankrotte White Star Line auf den Titel des schnellsten Schiffes angewiesen war, verbreitete diese unhistorische Erklärung für den Untergang der »Titanic« insbesondere in Deutschland, wo sie noch heute vielfach übernommen wird.

Die Geschwindigkeit ist aber trotzdem für das Unglück mitverantwortlich, denn auch ohne Rekorddruck fuhr der Ozeandampfer zu schnell durch ein Gebiet, das wegen der vielen Eisberge erhebliche Gefahren barg. Als der Eisberg gesichtet wurde, war es daher zu spät, um die fatale Kollision noch verhindern zu können. Berichte, der mitreisende Geschäftsführer der White Star Line Joseph Bruce Ismay hätte den Kapitän genötigt, aus Werbegründen schneller als geraten zu fahren, um das Potenzial der »Titanic« unter Beweis zu stellen, konnten in den anschließenden Untersuchungen weder klar bestätigt noch widerlegt werden.

Immerhin bewirkte das schlagzeilenträchtige Schiffsunglück, dass sich die internationale Seefahrt auf verbesserte Sicherheitsstandards einigte. Schon bald nach dem Unglück beriet erstmals eine Konferenz für Meeressicherheit über geeignete Vorsichtsmaßnahmen. Künftig mussten alle Schiffe genügend Rettungsboote mitführen, um im Notfall alle Menschen an Bord aufnehmen zu können. Auch die Funkwache musste seither rund um die Uhr besetzt sein – Anlass dafür war die Tatsache, dass das nächstgelegene Schiff zum Zeitpunkt des Unglücks, die »Californian«, der »Titanic« nicht zu Hilfe geeilt war. Das lag daran, dass die dortigen Funker sich längst in den Feierabend verabschiedet hatten. Die neuen Sicherheitsmaßnahmen konnten aber nicht verhindern, dass bis heute immer wieder tragische Vorfälle auf See Menschenleben fordern – mit Opferzahlen, die mitunter erheblich über denen der »Titanic« liegen.

Respekt per Verbrechen

90 Minuten brauchte der frisch entlassene Zuchthäusler, um ganz Berlin bzw. das ganze Deutsche Reich zum Narren zu halten. Aber noch Wochen nach dem 16. Oktober 1906 machten sich die Zeitungen über jenen Zwischenfall lustig, den der Dramatiker Zuckmayer später für sein wohl bekanntestes Stück verwendete: *Der Hauptmann von Köpenick*. In einer berühmten Verfilmung spielte Heinz Rühmann den tollkühnen Verkleidungskünstler, und auch der späte Harald Juhnke brillierte in dieser Rolle.

Was war geschehen, dass selbst der Kaiser schmunzeln musste, als man ihm von dem unerhörten Vorgang Bericht erstattete? »Das macht uns keiner nach!«, kommentierte Kaiser Wilhelm II. ironisch, während sich andere nicht zu Unrecht darüber aufregten, wie viel man mit einer Uniform anfangen konnte, die vom Trödler stammte. Insgesamt 2500 Reichsmark wurden auf die Ergreifung des Mannes ausgesetzt, der das preußische Militär so genarrt hatte. Man vermutete einen ehemaligen Offizier, jedenfalls einen Angehörigen der gehobenen Schichten.

Es war aber nur ein einfacher Mann aus dem Volk namens Wilhelm Voigt, der die Affäre ausgeheckt und durchgeführt hatte – und er war nie Soldat gewesen. Wie ein Schauspieler hatte er die Rolle tagelang geprobt, war mit der Uniform auf die Straße gegangen und hatte sich bei den zahlreichen Offizieren, die damals die

Straßen Berlins bevölkerten, Verhaltensweisen und Gesten abgeschaut. Dann hatte er die soeben abgelöste Wache der Militärschwimmanstalt Plötzensee im Norden Berlins abgefangen und kraft seiner Autorität, die ihm die Offiziersuniform verlieh, seinem Kommando unterstellt. Er habe einen besonderen Auftrag, erklärte er nur, rekrutierte unterwegs noch einen weiteren Trupp und fuhr mit den Kerls in der Stadtbahn nach Köpenick, das damals noch nicht zu Berlin gehörte.

Am dortigen Bahnhof ließ er die zehn Männer zu Mittag essen, anschließend begann die dreiste Aktion: Voigt wies die Soldaten an, zum Rathaus zu marschieren und das Gebäude zu umstellen, woraufhin er selbst den Oberstadtsekretär und den Bürgermeister gefangen nahm. Er beschlagnahmte die Rathauskasse, unterschrieb eine Quittung dafür, veranlasste, was mit den Gefangenen zu geschehen hatte, und machte sich aus dem Staub. Mit seiner ruhigen, bestimmten Art hatte der notorische Gauner die gesamte Belegschaft des Rathauses höchst erfolgreich zum Narren gehalten, unterstützt durch sein Gefolge: ahnungslose Füsiliere und Grenadiere, die es gewohnt waren, vor allem anderen Befehle zu befolgen. Dass sie es in diesem Fall mit einem einfachen Schuster zu tun hatten, der aus schwierigen Verhältnissen stammte, schon früh auf die schiefe Bahn geraten war und die Hälfte seines bisherigen Lebens hinter Gittern verbracht hatte, hätten sie sich nicht träumen lassen. Welch eine Blamage, als dann die Wahrheit ans Licht kam!

Schon nach ein paar Tagen spürte die Polizei den vermeintlichen Hauptmann auf. Er wurde beim Frühstück festgenommen, man ließ ihn aber großzügig zu Ende speisen und brachte ihn erst danach zum Verhör ins Berliner Polizeipräsidium am Alexanderplatz. Seine Vernehmung verlief völlig anders als alles, was der häufige Gefängnisgast gewohnt war. Man lachte, respektierte ihn, kurzum: Er hatte den Status eines Gentleman-Verbrechers. Nachdem die allgemeine Entrüstung der Öffentlichkeit zunächst groß gewesen war, schlug die Stimmung nun zugunsten des alten Mannes um, der plötzlich als »liebenswerter Gauner« die Presse beherrschte.

Man machte dem Schuhmacher den Prozess. Voigt gestand alles. Seine Vergangenheit wurde vor Gericht ausgebreitet, Voigt schien ein ewiger Verlierer zu sein. Er wurde für seine kriminelle Maskerade zu vier Jahren Gefängnis verurteilt. Das Strafmaß blieb damit unter dem von der Anklage geforderten.

Ein Teil der Legende des »Hauptmanns von Köpenick« ist die Rolle des ewigen Verlierers. Zuckmayer zeichnete Voigt in seinem Stück als Märtyrer. In Wirklichkeit war der Verwandlungskünstler mit seiner Posse auf Dauer ungeheuer populär und beliebt geworden, eine reiche Dame setzt ihm sogar eine Leibrente aus, damit er nicht mehr auf die schiefe Bahn gerate. Nachdem er weniger als die Hälfte seiner Strafe verbüßt hatte, wurde der inzwischen 59-Jährige von Kaiser Wilhelm II. begnadigt.

Und nun begann das neue Leben des »Wilhelm Voigt, genannt Hauptmann von Köpenick«. So unterschrieb er Postkarten, die sich in rauen Mengen verkauften. Der Schuster wurde zum Star des ausklingenden Kaiserreichs, verursachte Aufsehen, wohin er ging. Er trat in Gasthäusern in ganz Deutschland auf und gab seine Geschichte zum Besten. Anfangs standen die strengen Behörden dem Treiben des pensionierten Gauners sehr skeptisch gegenüber, aber das legte sich allmählich. Man erkannte, dass der alte Mann harmlos war; mit seiner militärfolkloristischen Darbietung entsprach er dem Geschmack der Leute und war so in der Lage, sich einen schönen Lebensabend zu machen. 1909 veröffentlichte Wilhelm Voigt seine Memoiren, in denen er seine Tat nachträglich noch ein bisschen verharmloste: Um die Rathauskasse sei es ihm gar nicht gegangen, die hätte man ihm sozusagen aufgedrängt. Er habe nur ordnungsgemäße Papiere haben wollen – eben das, was man ihm die meiste Zeit seines Lebens verweigert hatte und was es ihm unmöglich machte, eine »ordentliche Existenz« aufzubauen.

Ein paar Jahre später kaufte der wilhelminische Star in Luxemburg ein Haus und setzte sich zur Ruhe, wohltuend gepolstert von seinem doch noch rechtschaffen erworbenen Kapital. Er starb 1922.

Die kleine
Dilettantenspionin

Im Dezember 1920 wurde in Paris ein Ballettstück von Maurice
Ravel uraufgeführt: La Valse, das man als Kurzbiografie des Wiener
Walzers verstehen kann oder als Abgesang auf die Belle Époque,
die im Kanonendonner des Ersten Weltkriegs untergegangen war.
Beide Interpretationen widersprechen sich auch nicht notwendi-
gerweise, in jedem Fall begleitet Ravel musikalisch etwas an sein
Ende, sei es die Kultur eines Tanzes oder eine Zeitspanne. Im Verlauf des Stücks treten immer mehr Dissonanzen auf, und der Drei-
vierteltakt kämpft mit dem drohenden Abgrund. Im Zusammenhang mit dem Untergang einer glanzvollen Epoche im Ersten
Weltkrieg ist oft vom Tanz auf dem Vulkan die Rede gewesen, vom
Ritt auf Messers Schneide, den man rückblickend in den Jahren
vor 1914 erkennen kann.

Einer Niederländerin gelang dieser Tanz über Jahre recht erfolgreich, auch wenn es sich in ihrem Fall nicht um Walzer, sondern um orientalische Tanzdarbietungen handelte, mit denen sie
ihren aufwendigen Lebensstil teilweise finanzierte: Margaretha
Geertruida Zelle aus Leeuwarden in der Provinz Friesland, ungleich berühmter unter ihrem Künstlernamen Mata Hari. 1876 als
Tochter eines zunächst wohlhabenden, später verarmten Hutma-
chers geboren, ging sie mit 19 Jahren die Ehe mit dem 20 Jahre
älteren Kolonialoffizier John MacLeod ein, der in Niederländisch-

Indien, dem heutigen Indonesien, stationiert war. Viel später sollte sie vor einem Gericht kundtun, sie habe stets eine große Schwäche für Offiziere gehegt. Diese Verbindung jedoch war keine glückliche, trotz zweier Kinder und der Übersiedlung nach Java und schließlich nach Sumatra. In Indonesien faszinierten sie die fernöstliche Kultur und Sinnlichkeit, in der militärischen Umgebung kolonialer Kreise fühlte sich Margaretha MacLeod wohl. Nur weckte sie mit dem Interesse vieler Männer auch die Eifersucht ihres Gatten. 1902, der Sohn war zweijährig gestorben und der Mann pensioniert, kehrte die Familie in die Niederlande zurück, wo die Ehe bald zerbrach. Major MacLeod gestand seiner Frau weder das Sorgerecht für die Tochter noch Unterhaltszahlungen zu.

Das unangefochtene Zentrum der Belle Époque ist Paris, und dorthin zieht es die junge, gerade geschiedene Frau. Bald nennt sie sich Mata Hari (»Auge des Orients«) und reüssiert in orientalischen Kostümen mit geheimnisvollen Tänzen, die sie als originale indische Tempelriten ausgibt. Stimmigerweise erfolgt ihr offizielles Debüt 1905 in einem Privatmuseum eines reichen Sammlers von Asiatica, dem Musée Guimet am Trocadéro, denn ihre Darbietungen ergänzen vermeintlich sachkundige Erläuterungen, was der lasziven Seite der Auftritte etwas Ernsthaftes entgegensetzen soll. Mit ihrer Mischung und persönlichen Ausstrahlung gelingt Mata Hari der Einzug in die höheren Kreise – nicht nur als Künstlerin, sondern auch als Lebedame, die Liaisons mit hochgestellten Persönlichkeiten unterhält. Ihr Erfolg bringt sie auf Bühnen in Madrid, Monte Carlo und Mailand, nach Wien und Rom, Berlin und Amsterdam. Sie profitiert von der orientalischen Mode jener Zeit – die zu früheren Zeiten einmal den Kaffee hoffähig machte –, wird fürstlich entlohnt und findet sich schließlich auf Zigarettenschachteln und Keksdosen abgebildet wieder.

Als mit zunehmendem Alter der Erfolg nachlässt, profitiert Mata Hari weiter von ihrer Sinnlichkeit und lebt von großzügigen Zuwendungen reicher Liebhaber in verschiedenen Städten, darunter Botschafter und Minister, aber natürlich auch zahlreiche Offiziere. Bei einem solchen hält sie sich auf, als 1914 der Erste Weltkrieg ausbricht: Alfred Kiepert, preußischer Rittmeister und Gutsbesitzer bei Berlin. Nunmehr ändern sich in Europa die Verhältnisse grundlegend: Die Operette, in der Mata Hari auftreten soll, wird abgesagt. Das Reisen in Europa ist mit einem Mal kompliziert, anfangs darf sie auch als Staatsbürgerin der neutralen Niederlande Berlin gar nicht verlassen, kann aber einige Wochen nach Kriegsausbruch nach Amsterdam zurückkehren. Und ein kosmopolitischer Lebensstil in wechselnden Metropolen ist angesichts des Kontinentalkriegs mitsamt nationalistischem Klima und allseitiger Propaganda plötzlich verdächtig, zumal wenn vielseitige Kontakte zu Männern verschiedener Nationalitäten dazukommen.

Eine regelrechte Spionagehysterie hatte die verfeindeten Länder schon vor Kriegsbeginn ergriffen, von Sensationsberichten der hungrigen Presse genährt. Nun waren Ausländer mehr als zuvor schon prinzipiell verdächtig, zumal Frauen mit zweifelhaftem Lebenswandel. In die Vorstellung einer Femme fatale, die wie eine Spinne ein Informationsnetz aufbaut und gegen Geld dem Feind zur Verfügung stellt, passte Mata Hari vortrefflich, deren Biografie noch dazu viel Projektionsfläche für Fantasien vielerlei Art bot. Für Geheimdienstler kam hinzu, dass sie als Bürgerin eines neutralen Landes trotz des Krieges eine vergleichsweise große Bewegungsfreiheit genoss.

Die Niederländerin begeht den folgenschweren Fehler, sich für die Dauer des Krieges nicht etwa zurückzuhalten, um nicht zwischen die Fronten zu geraten. Auf dem Seeweg, da direktes Reisen unmöglich geworden ist, gelingt ihr Ende 1915 die vorübergehende Rückkehr in die französische Hauptstadt, wobei sie erstmals ins Visier der Behörden gerät, weil nunmehr als verdächtig eingestuft. Als nachteilig sollte sich später auswirken, dass zu ihren Gönnern auch deutsche Diplomaten und Geheimdienstler gehören, die sie zumindest ermutigen, Beobachtungen weiterzugeben.

1916 kommt sie wieder nach Paris und wird jetzt vom Deuxième Bureau, dem französischen militärischen Auslandsnachrichtendienst, überwacht. Ein Bericht bestätigt die Erwartungen des Geheimdienstchefs Georges Ladoux: Prostitution mit in- und ausländischen Militärkreisen, Verdacht auf Spionagetätigkeit für den Feind. Diesen Verdacht bestätigt Mata Hari in einem Gespräch mit Ladoux freimütig – so behauptet er jedenfalls später. Sie dient sich den Franzosen an, die darauf eingehen. Welche Absichten das Deuxième Bureau dabei verfolgte, bleibt im Unklaren. Die folgenden amourösen Kontakte zu deutschen und französischen Diplomaten und die finanziellen Nöte werden Mata Hari zum Verhängnis. Nach weiteren Aufenthalten in Madrid und London (unfreiwillig, sie wird wegen des Spionageverdachts auf der Schiffsreise nach Amsterdam festgesetzt) kehrt Mata Hari Anfang 1917 nach Paris zurück und wird sechs Wochen später in einem Hotel in der Avenue des Champs-Élysées verhaftet. Längst hat sie sich bei den Nachrichtendiensten dreier Länder verdächtig gemacht: Außer Franzosen und Engländern vermuten auch die Deutschen hinter der Edelkurtisane eine feindliche Spionin.

Zu dieser Zeit war in Frankreich die Angst vor einer Niederlage größer denn je, und die Nerven in der Hauptstadt waren zum Zerreißen angespannt. Der zermürbende Krieg wollte kein Ende nehmen, schon gar kein siegreiches, und der innenpolitische Burgfriede, die »Union sacrée«, drohte zu zerbrechen. Der uneingeschränkte U-Boot-Krieg hatte eingesetzt, der Verbündete Russland fiel seit der Februarrevolution mehr oder weniger aus, die USA beteiligten sich noch nicht auf alliierter Seite. Die Stimmen für einen sofortigen Friedensschluss mit Deutschland wurden immer lauter.

Für Meutereien in der Armee, Defätismus an der »Heimatfront« und Streikaktionen mit der Beteiligung Hunderttausender angesichts der vielerorts dramatisch schlechten Versorgungslage wurde feindliche Agitation verantwortlich gemacht, was die Spionagehysterie abermals befeuerte. Da kam der Prozess gegen eine mutmaßliche Spionin, noch dazu eine so verruchte und schillernde Frau wie Mata Hari, der Regierung ebenso gelegen wie der sensationshungrigen Presse. Der ermittelnde Richter Pierre Bouchardon sollte nach dem Krieg auch den früheren Premierminister Joseph Caillaux, der sich für einen Verhandlungsfrieden mit dem Deutschen Reich eingesetzt hatte, hinter Gitter bringen. Aus französischer Blickrichtung lag das feindliche Deutschland sozusagen in Richtung Orient, und dessen »Auge« Mata Hari wurde zur Waffe des Feindes stilisiert, die es auszuschalten galt. Äußerste Härte schien angebracht, ebenso wie man schon gegen Meuterer und Streikende im eigenen Land brutal und schonungslos vorgegangen war. Ihr Ankläger vor dem Pariser Kriegsgericht ging so weit, Mata Hari zur »mutmaßlich größten Spionin unseres Jahrhunderts« zu erklären, die »unermesslichen Schaden« angerichtet habe – da war das 20. Jahrhundert noch sehr jung.

Am 24. Juli begann, nach monatelanger Untersuchungshaft und wochenlangen Verhören, unter Ausschluss der Öffentlichkeit der nur zweitägige Prozess, in dem es vor allem um Geld ging, das Mata Hari von ihren Liebhabern erhalten hatte, darunter von Mitgliedern des deutschen Geheimdienstes. Das Deuxième Bureau hatte entsprechende Telegramme des deutschen Militärattachés in Madrid nach Berlin abgefangen. Mata Hari bestritt die Zahlungen nicht, sie sei schließlich die Geliebte des Attachés gewesen. Dass er allerdings das Geld seiner Berliner Zentrale in Rechnung gestellt habe, sei schändlich für ihn. Sie gab außerdem zu, in einer Pariser Bank Geld in Empfang genommen zu haben, und ebenso, vom deutschen Konsul in Amsterdam bezahlt worden zu sein, um in Paris Informationen zu sammeln. Eine solche Tätigkeit habe sie aber nie im Sinn gehabt, sondern vielmehr die Summe als Entschädigung für die Pelze verstanden, die bei Kriegsbeginn in Berlin beschlagnahmt worden seien. Kaum hilfreich war wohl ihr ungeschicktes Auftreten vor Gericht und ihre Selbstdarstellung als Kosmopolitin, die Frankreich keine Loyalität schulde und auch mit Bürgern feindlicher Länder befreundet sein dürfe. Das war in der aufgeladenen Atmosphäre eines Landes, das sich in die Ecke gedrängt sieht, ein klares Eigentor. Ihr Verteidiger und früherer Geliebter agierte kaum glücklicher; zumal er keinerlei Erfahrung mit Militärstrafprozessen besaß. Auch ihre zahlreichen hochkarätigen Bekanntschaften eilten ihr nicht zu Hilfe – nur zwei mutige der zahlreichen Ex-Liebhaber sagten zu ihren Gunsten aus.

Der Spionage für schuldig befunden wurde Mata Hari aufgrund ihrer Beziehungen zu den deutschen Diplomaten in Madrid und Amsterdam. Eigentlich konnte man ihr nicht mehr nachweisen als diese Feindkontakte, denn für die Weitergabe von Informationen oder tatsächliche Spionagetätigkeit wurde kein Beweis erbracht. Gleichwohl erkannte das Kriegsgericht auf die Todesstrafe, die am 15. Oktober vollstreckt wurde. Ohne Augenbinde und mit auf den Rücken gefesselten Händen wurde sie in der Festung Vincennes vor Paris von einem Erschießungskommando ins Visier genommen, dann gab ihr ein Militärarzt einen Gnadenschuss ins Ohr. Von den letzten Stunden und Minuten ihres Lebens verbreitete sich die Kunde, sie habe vor ihrem Bewacher getanzt, dem Erschießungskommando mit ihren Handschuhen zugewinkt oder ihre Brust entblößt, um die Soldaten zu verwirren. Die französischen Zeitungen schrieben von Genugtuung für Frankreich und einem Sieg der Justiz. Aber auch die deutsche Propagandamaschine griff den Fall sogleich auf, um gegen Frankreich zu agitieren.

Weder im Allgemeinen noch im besonderen Fall der Mata Hari stehen das allseitige Spionagefieber und die nachfolgende Legendenbildung in irgendeinem Verhältnis zur Zahl eingesetzter Informanten und vor allem nicht zum Erfolg der Aufklärung während des Ersten Weltkriegs. Der größte Teil der Informationen war falsch oder wertlos; andererseits gab es solche, deren Bedeutung man schlichtweg in Abrede stellte. So taten es die Franzosen mit ihren akkuraten Informationen über den Schlieffen-Plan, mit dem der deutsche Generalstab im Kriegsfall gen Westen vorzugehen beabsichtigte. Die Deutschen wiederum verkannten den Wert von Vorabinformationen zum alliierten Plan für die Schlacht an der Somme oder über die neuartige Waffe namens Panzer. Mata Hari leistete nicht einmal einen relevanten Beitrag für den deutschen Geheimdienst, wie selbst in Frankreich zugegeben wurde – allerdings erst 1932. Als damals der Vorsitzende des Kriegsrats Oberst Lacroix sich die Akte Mata Hari noch einmal ansah, befand er, darin sei keinerlei »konkreter, greifbarer, absoluter, unwiderlegbarer Beweis«. Das hatte einige Jahre zuvor auch ein Angehöriger des deutschen Nachrichtendienstes, Generalmajor Gempp, zu Protokoll gegeben: »Mata Hari hat gar nichts für den deutschen Geheimdienst geleistet. Ihr Fall ist über die Maßen aufgebauscht worden.« Im selben Jahr 1929 schrieb der Berliner Sexualforscher Magnus Hirschfeld, bei Mata Hari habe es sich um eine »große Liebeskünstlerin« und »kleine Dilettantenspionin« gehandelt, »die deshalb erschossen wurde, weil man im Herbst 1917 eine international große Geste brauchte«.

Zumindest die Popkultur hat der angeblichen Meisterspionin mehr Ehre angetan: Nicht nur gibt es mehrere Verfilmungen über den Fall Mata Hari, die darin unter anderem von Greta Garbo verkörpert wird, auch Ballett, Theater, Film und Musical gingen an der Belle-Époque-Kurtisane nicht vorbei. In Computerspielen, Fernsehserien und Comics dient ihr Name als Symbol für Verruchtheit, Verführung und todgeweihtes Laster; Szenekneipen und eine Absinthmarke nutzen ihren Namen. Bei Asterix und Obelix erhielt sie ebenso ein Plätzchen wie in Songs von Madonna oder Ofra Haza, von den »Ärzten« oder in einem norwegischen Grand-Prix-Beitrag. Da fällt kaum ins Gewicht, dass Ravels *La Valse* nur sehr indirekt mit ihr zu tun hat.

Zarentochter aus dem Pommerschen

Am Abend des 17. Februar 1920 fischten Berliner Polizisten am heutigen Verteidigungsministerium in der Dunkelheit eine junge Frau aus dem Landwehrkanal. Sie hatte sich in offenbar selbstmörderischer Absicht von der Bendlerbrücke ins eiskalte Wasser gestürzt. Die Frau überlebte und schwieg fortan auf alle Fragen, die man ihr zu ihrer Herkunft stellte. Wochen später wurde sie in die städtische Irrenanstalt im Norden der Stadt eingeliefert, wo sie zwei Jahre blieb. Dort brachten eine Mitpatientin und ein Pfleger das Gerücht auf, die mysteriöse junge Dame sei keine der üblichen in der Großstadt Gestrandeten, sondern in Wahrheit eine der russischen Zarentöchter, genauer: die jüngste von ihnen, Anastasia. Sie habe das Massaker an ihrer Familie überlebt und fliehen können.

Weltweit hatte die Ermordung der Zarenfamilie im Gefolge der Russischen Revolution für Aufsehen und Bestürzung, vielerorts aber auch für Befriedigung gesorgt. Das alsbald aufgekommene Gerücht, nicht alle Familienmitglieder seien erschossen worden, gab Zeitungen und Illustrierten Stoff für eine umfassende Berichterstattung, denn die Welt des Glamours war damals noch vornehmlich in den höchsten Adelskreisen zu Hause. Nach ihrer Entlassung aus der Irrenanstalt bezeichnete sich die verhinderte Selbstmörderin dann selbst als Zarentochter Anastasia und begann eine bemerkenswerte Karriere, die sie auf Adelssitze im In- und Ausland und bis in die USA brachte. Die Spekulationen und Diskussionen um die Frage, ob es sich wirklich um die Zarentochter handelte oder nicht, bewegte ganz Europa, und die Pressemedien nutzten den Fall, um Auflage und Profit zu steigern. In allen Details wurde der Fall der Anastasia ausgebreitet, eine Phalanx an mehr oder weniger verlässlichen Zeugen und Gutachtern aufgeboten. Als willige Kollaborateure dienten die mittlerweile über ganz Europa verstreut lebenden Mitglieder des einst umfänglichen Hofstaates. Die Tatsache, dass die mutmaßliche Zarentochter nicht gewillt oder in der Lage war, Russisch zu sprechen, diagnostizierte man als Trauma infolge der dramatischen Ereignisse, ebenso die Lücken in ihrer Erinnerung. Viele weitere Merkwürdigkeiten – dass sie beispielsweise das Kreuzzeichen in der Kirche wie eine Katholikin machte, nicht aber nach russisch-orthodoxem Brauch – fielen für ihre Fürsprecher naturgemäß kaum ins Gewicht. Eine umfassende Untersuchung aber, die weniger aufgrund des öffentlichen Interesses, sondern wegen erbschaftsrechtlicher Fragen durchgeführt wurde, ergab schließlich 1927, dass es sich bei der Dame nicht um die russische Prinzessin, sondern um die polnische Arbeiterin Franziska Schanzkowski handelte.

Der Faszination am Fall der angeblichen Zarentochter tat das jedoch keinen Abbruch. Sie erfuhr weiterhin Unterstützung wichtiger Adeliger, wenn auch nicht der maßgeblichen Romanow-Verwandtschaft, die das Ganze 1928 rundheraus als, wenn auch wünschenswertes, Märchen bezeichnete. Immer wieder wurde die Angelegenheit untersucht, bis Ende der Sechzigerjahre, als »Fräulein Unbekannt« bereits in die USA übergesiedelt war. In Virginia starb die angebliche letzte Zarentochter 1984 als Anna Manahan, ihre Urne wurde am Chiemsee in Oberbayern beigesetzt.

Auch Hollywood blieb von der anrührenden Geschichte nicht unberührt, am bekanntesten ist die Verfilmung aus dem Jahr 1956 mit Ingrid Bergman in der Titelrolle, die dafür einen Oscar erhielt.

Diese Franziska Schanzkowski alias Anna Tschaikowski alias Anderson alias Manahan alias Anastasia Romanow sollte nicht die Einzige bleiben, die behauptete, die letzte Zarentochter zu sein – neben der Berühmtheit winkte da ja auch die Aussicht auf ein einträgliches Erbe. Kein Wunder also, dass überall in Europa angebliche Überlebende der verschiedenen Massaker an Mitgliedern der Familie Romanow wie Pilze aus dem Boden schossen. Im Ganzen gab es rund ein Dutzend Wiedergängerinnen der russischen Prinzessin, unter denen die Berliner Anastasia die bekannteste blieb. Was aber hat es mit der Geschichte der Zarentochter Anastasia wirklich auf sich?

Nach der Februarrevolution 1917 hatte Nikolaus II. am 15. März abgedankt und stand fortan mit seiner Familie unter Hausarrest im Alexanderpalast von Zarskoje Selo bei Sankt Petersburg, bevor man sie im August nach Tobolsk in Westsibirien deportierte. Nach der Oktoberrevolution, die die Bolschewiki an die Macht brachte, erfolgte ihre Verbringung nach Jekaterinburg am Uralgebirge, Hochburg der Bolschewiken. Sicherheitsfragen waren ausschlaggebend: jedoch nicht die Sicherheit der Zarenfamilie, sondern Vorkehrungen gegen ihre Befreiung. Die Romanows wurden in der Villa des Händlers Ipatjew interniert, die man mit hohen Zäunen umgab und streng bewachte. Vier Räume wurden ihnen dort zur Verfügung gestellt, das Gebäude betitelt als »Haus zur besonderen Verwendung«. Dort lebten nun, zusammen mit dem arg verkleinerten Hofstaat und unter denkbar ungewohnten Umständen, Nikolaus, seine Frau und die fünf Kinder: der 14-jährige ehemalige Thronfolger Alexej und seine vier Schwestern Olga, Tatjana, Maria und Anastasia. Das jüngste der Mädchen, die 17-jährige Anastasia, war ein wenig fülliger als die Schwestern, galt als eigensinnig und nicht übermäßig lernfreudig.

Die Sowjetregierung in Moskau war zunächst unentschieden, was das weitere Schicksal der Festgesetzten betraf. In den Zeitungen kursierten immer wieder Gerüchte, die Zarenfamilie sei bereits ermordet worden. Zweieinhalb Monate nach der Ankunft der Romanows in Jekaterinburg wurde beschlossen, kein Gerichtsverfahren gegen Nikolaus anzustrengen, sondern mit der gesamten Familie kurzen Prozess zu machen. Ob diese Entscheidung in Moskau fiel oder von den besonders radikalen Bolschewiki Jekaterinburgs getroffen wurde, ist umstritten. Angesichts innenpolitischer Probleme und außenpolitischer Bedrohung mag die Moskauer Führung sich entschieden haben, ein kraftvolles Zeichen der Initiative zu setzen. Was Jekaterinburg betraf, so stand zu befürchten, dass es in absehbarer Zeit von antibolschewistischen Truppen erobert werden würde, denen Nikolaus keinesfalls in die Hände fallen sollte. Man fürchtete offenbar den starken Symbolcharakter einer solchen Befreiung der Zarenfamilie.

Jakow Jurowski, Kommissar der lokalen Geheimpolizei, Mitglied des Exekutivrats des Sowjets des Uralgebiets und Befehlshaber im »Haus zur besonderen Verwendung« wurde zum Kommandeur des Erschießungskommandos und schrieb später einen Bericht darüber. Danach wurden Nikolaus, seine Frau Alexandra Fjodorowna, ihre fünf Kinder sowie vier enge Vertraute in der Nacht zum 17. Juli 1918 in den Keller des Hauses gebracht, angeblich zu ihrem Schutz, weil es in der Stadt unruhig zu werden drohte. Der Befehl zur Exekution ging laut Jurowski am 16. Juli frühmorgens telegrafisch aus Perm ein. Ob darüber hinaus der Befehl direkt vom Obersten Sowjet in Moskau kam, ist umstritten und lässt sich nicht mehr abschließend klären. Auch wenn immer wieder behauptet wird, Lenin höchstselbst habe diese Anweisung gegeben – was sehr gut möglich ist –, so fehlt doch ein eindeutiger Beweis.

Dass sie umgebracht werden sollten, erfuhren die Romanows erst Sekunden, bevor das Feuer eröffnet wurde. Die Erschießung war gut vorbereitet, und jeder der Schützen hatte genauen Befehl, wen er zur Strecke bringen sollte. Der Regierung war daran gelegen, die Sache rasch über die Bühne zu bringen, aber das gelang nicht recht.«Alexej, drei seiner Schwestern und Botkin (der Leibarzt der Familie, der freiwillig bei ihnen geblieben war) lebten noch. Sie mussten aus nächster Nähe erschossen werden.« Wie Jurowski weiter berichtet, wurde es ein grausames Gemetzel, in dem auch Bajonette zum Einsatz kamen, die ihre liebe Not hatten mit den Korsagen, in die Edelsteine eingenäht waren. Die Leichen wurden zunächst in den Schacht eines aufgelassenen Bergwerks bei dem Dorf Koptiaki nordöstlich von Jekaterinburg gebracht, tags darauf jedoch geborgen. Zwei Leichen wurden verbrannt, die anderen, mit Schwefelsäure unkenntlich gemacht, im Waldboden vergraben.

Im Moskauer Rat der Volkskommissare unter Lenins Leitung war die Nachricht aus Jekaterinburg am Abend des 18. Juli nur eine kurze Unterbrechung wert, bevor man sich wieder einem neuen Gesundheitsgesetz zuwandte. Am 20. Juli wurde die Erschießung des Zaren, nicht aber der gesamten Familie, offiziell bekannt gegeben. Zarin und Kronprinz seien an einen sicheren Ort gebracht worden, hieß es da, während die vier Töchter nicht einmal erwähnt wurden. Das geschah vermutlich mit Rücksicht auf das Ausland, insbesondere des Deutschen Reiches, da die Zarin eine gebürtige Prinzessin von Hessen-Darmstadt war. Diese Desinformation und weitere Umstände ließen über Jahrzehnte Raum für Spekulationen und Gerüchte aller Art.

Prompt wurde Alexandra von verschiedenen Zeugen gesehen, auch zusammen mit ihren Kindern. Besonders beliebt aber war die Geschichte einer verletzten und verwirrten jungen Frau, die sich als Zarentochter bezeichnete. Mal war sie ihren Mördern entkommen, weil der eingenähte Schmuck sie geschützt hatte und sie sich beim Transport der Leichen in den Wald hatte retten können, mal hatte sie vor der Hinrichtung aus der Villa Ipatjew fliehen können, mal war sie auf der Zugfahrt nach Perm entwischt. Als Jekaterinburg eine Woche nach den Ereignissen in die Hände der Gegenrevolutionäre geriet und der Fall Nikolaus amtlich untersucht wurde, ließen die Berichte die Möglichkeit offen, dass allein der Zar und möglicherweise sein Sohn getötet, die Frauen der Familie aber verschont worden waren. Und die Information, zwei der Leichen seien verbrannt worden, bot ebenfalls Raum für Spekulationen: Hatte Jurowski damit erklären wollen, wieso das Grab nicht alle Leichen enthielt? Waren also tatsächlich zwei der Opfer gar nicht tot, sondern geflohen, weshalb der Kommandeur des Erschießungskommandos aus Verlegenheit behauptet hatte, die fehlenden Leichen seien verbrannt worden?

Einstweilen ging der Untergang der Romanows weiter. Großfürst Michail, der jüngere Bruder des Zaren, hatte man zusammen mit seinem britischen Sekretär bereits im Juni in der Nähe von Perm im Ural erschossen, tags darauf einige seiner Vertrauten sowie Zeugen. Am Tag nach der Ermordung der Zarenfamilie waren in Alapajewsk nahe Jekaterinburg weitere Romanows an der Reihe sowie Ende Januar 1919 in Petrograd, wie Sankt Petersburg nunmehr hieß, vier Großfürsten. Im Ganzen fielen der Ermordung durch die Bolschewiki 18 Mitglieder der vormaligen Herrscherfamilie zum Opfer.

Sich zur Zeit der Sowjetunion mit dem Schicksal der Zarenfamilie zu befassen oder sich gar auf die Suche nach den Gräbern zu machen war kaum ratsam. Das Ipatjew-Haus wurde Ende der Siebzigerjahre abgerissen – wie es hieß, habe es nur geringe historische Bedeutung. Heute befindet sich dort die Kathedrale auf dem Blut, eine Wallfahrtskirche für Anhänger der Monarchie. Ein Museum erinnert an die Zarenfamilie, die von der russisch-orthodoxen Kirche im Jahr 2000 heiliggesprochen wurde.

Das Grab mit den neun Leichen wurde erst 1991, ein halbes Jahr vor dem Ende der Sowjetunion, geborgen und untersucht. Mithilfe von DNA-Proben von Verwandten konnten die Identitäten des Zaren, seiner Frau und drei seiner vier Töchter zweifelsfrei festgestellt werden. Dass zwei der Toten fehlten, gab alten Gerüchten neue Nahrung: nämlich dass zwei Romanows das Gemetzel wegen des eingenähten Schmucks überlebt hatten und geflohen waren. Erst im August 2007 entdeckte man ein weiteres Grab mit den Überresten zweier weitgehend verbrannter Leichen, die 2008 von verschiedenen Instituten für Gerichtsmedizin zweifelsfrei als die Überreste des Thronfolgers Alexej und seiner Schwester Maria identifiziert wurden. Auch die sterblichen Überreste der vermeintlichen Anastasia aus dem Berliner Landwehrkanal wurden übrigens untersucht: Eindeutig konnte per DNA-Analyse festgestellt werden, dass Anna Anderson keine geborene Romanow war, sondern Franziska Schanzkowski aus Pommern.

Tanz auf dem Vulkan

Amüsement und Dekadenz, Revueglanz und Theaterglitter, Ufa und Wintergarten bestimmen noch heute das Bild von den Zwanzigerjahren. Nach dem Ersten Weltkrieg, der niederschmetternden Niederlage und dem Ende der Monarchie brachen wieder vergnüglichere Zeiten an: Die Weimarer Republik befreite die Deutschen vom Korsett des spaßlosen Kaiserreichs und lehrte sie, sich hemmungslos zu amüsieren und das Leben zu genießen. Damals saß die gesamte künstlerische Avantgarde in Berlin, ganz Deutschland schaute stolz auf diese Stadt, die keinen Stillstand kannte und von der ganzen Welt für ihre Vitalität und ihre produktive Unruhe bewundert wurde. Einhundert Jahre später macht die wilde Zeit erneut Furore, allen voran in der grandiosen Serie »Babylon Berlin«, aber auch mit zahlreichen anderen Filmen, Serien und Büchern.

Die Weimarer Republik – sie steht für Bubikopf und bewegte Bilder, für den blauen Engel und den gelben Bananenrock Josephine Bakers. Dadaismus und Bauhaus revolutionierten Kunst und Gestaltung, das kommunistische Sowjetreich und der ungebändigte Kapitalismus der Vereinigten Staaten strahlten aus auf Dynamik und Glanz der Hauptstadt Berlin. Ungeahnte Möglichkeiten lockten den Besucher, alle Facetten des Lasters zu erleben, Nächte mit Shimmy und Charleston durchzutanzen oder in den

Lichtspieltheatern die neuen »Tonfilm-Operetten« zu sehen, Vorläufer der Musicalfilme.

Selbst ein kluger Mann wie der Dichter Gottfried Benn, der eher zu schonungslosen künstlerischen Analysen neigte denn zur Schönfärberei, bezeichnete die Zeit zwischen 1918 und 1933 nach dem Zweiten Weltkrieg als »die wundervollsten Jahre Deutschlands und Berlins, seine Pariser Jahre, voll von Talenten und Kunst – es kommt nicht wieder«. Aber diese Vorstellung ist zu großen Teilen ein Mythos, und Gottfried Benn muss sich, in der rückblickend verklärenden Perspektive des Alters, höchst selektiv erinnert haben. Der Mythos der »Goldenen Zwanziger« entstand schon bald nach dem Ende der Weimarer Republik und wird noch heute meistens mit ihr gleichgesetzt. Das liegt auch an der Kürze dieser Zwischenzeit, nachdem man sich von der Kaiserzeit abgewendet hatte und bevor man sich der rückschrittlichen Periode des Nationalsozialismus zuwandte. Oft wurden diese Jahre als ein Tanz auf dem Vulkan bezeichnet, eine Art verzweifelter Vergnügungssucht vor dem Hintergrund nahenden Unheils. Doch mit diesem Tanz vergnügte sich nur ein Teil der Gesellschaft, der weitaus größere hatte genug damit zu tun, das Leben einigermaßen zu meistern.

Es waren eher die Intellektuellen und Künstler, die nach 1933 Deutschland verließen und die Kunde vom *Weimar spirit* in die Welt trugen. Sie waren sozusagen Geburtshelfer dieses Mythos. Diese späteren Emigranten bildeten zwischen 1918 und 1933 aber eine Minderheit. Und es war eigentlich auch nicht der in Weimar beheimatete Geist der deutschen Klassik, der der jungen Republik ihren Namen gegeben hatte: Die Verfassung war nur deshalb in der verschlafenen Provinzstadt ausgearbeitet worden, weil Berlin ein politisch zu unsicheres Pflaster war.

Wenn überhaupt, kann man allenfalls die Jahre zwischen 1924 und 1929 unter diesen wohlklingenden Begriff fassen. Vorher und nachher waren die wirtschaftlichen Probleme und die politischen Spannungen in Deutschland zu groß und kaum zu übersehen. Jeder war davon betroffen. Da war die schmachvolle Niederlage, sie allein bedeutete schon ein verhängnisvolles Erbe für eine junge Republik. Zudem übertraf die Anzahl der Gegner der Weimarer Republik ihre Befürworter – und bald auch ihren Einfluss. Die Reparationszahlungen stellten eine erdrückende Last dar, Deutschland war außenpolitisch geradezu verfemt. Das Ruhrgebiet, Stolz der deutschen Stahlindustrie, stand als Faustpfand unter fremder Verwaltung. Die Gebietsverluste, die der demütigende Versailler Friedensvertrag durchgesetzt hatte, waren schmerzhaft. Mit einem Satz: Die Stimmung im Land war mies. Ihren Höhepunkt erreichte diese Dauerkrise mit der Inflation 1923, die den Menschen Hunger brachte – und den Verlust ihrer Ersparnisse.

Mit der wirtschaftlichen und außenpolitischen Konsolidierung seit 1924 ging es dann aufwärts, aber schon die Weltwirtschaftskrise 1929 erschütterte die Republik erneut in ihren jungen Grundfesten. Sie sollte sich nicht mehr erholen. Die Arbeitslosigkeit stieg in schwindelerregende Höhen, die politischen Extreme bekämpften sich erbittert, das Elend wuchs – bis 1933 schon wieder eine neue Zeit begann.

Deshalb beklagte der bundesdeutsche Nachkriegspräsident Theodor Heuss in seinen Erinnerungen zu Recht, dass die Zwanzigerjahre zu einem goldenen Mythos verklärt wurden. Sie waren schillernd, gewiss, aber ihr Gold war nur eine Farbe der Palette. Die düsteren Farben waren es, die das Bild bestimmten.

Wo sie abgeblieben sind

2012 stieß auf den Internationalen Filmfestspielen Berlin die Premiere einer finnisch-australisch-deutschen Co-Produktion auf ein geteiltes Echo: *Iron Sky* des Regisseurs Timo Vuorensola. In der abstrus-absurden Science-Fiction-Komödie geht es um überlebende Nazis, die nach dem Zweiten Weltkrieg auf der erdabgewandten Seite des Mondes Zuflucht finden, dort über Jahrzehnte unentdeckt leben und eine ganze Stadt errichten. Als sie zufällig von US-Astronauten aufgespürt werden, beschließen sie, natürlich das Ziel der Weltherrschaft vor Augen, mittels eines Raumschiffes namens »Götterdämmerung« von hinter dem Mond auf die Erde zurückzukehren. Zu den Klischees, mit denen der Streifen so unbekümmert spielt, gehört das von hochrangigen SS- und Gestapo-Angehörigen, die sich beim Zusammenbruch ihres Regimes rechtzeitig in Sicherheit bringen konnten. Die hartnäckigste Theorie über diese »letzten Nazis« besagt, sie seien mithilfe einer Fluchtorganisation namens Odessa (»*O*rganisation *d*er *e*hemaligen *SS*-Angehörigen«) nach Südamerika gelangt. Und während *Iron Sky* mit der Frage, wo denn nach 1945 die geflüchteten Nazis abgeblieben seien, Schabernack treibt, wird die Existenz der Fluchthilfe-Organisation Odessa bis heute als Tatsache gehandelt. Was steckt also dahinter?

Natürlich ist die Vorstellung einer Geheimorganisation, die

Naziverbrechern hilft, glaubwürdiger als die einer Nazikolonie hinter dem Mond, so sinnfällig dieses Bild auch sein mag. Es ist schließlich durchaus vorstellbar, dass führende Nazis in Erwartung von Niederlage und Zusammenbruch des Deutschen Reiches im Zweiten Weltkrieg und drohender Verhaftung sich Gedanken über die Zukunft ihrer Leute machten. Warum also sollten sie nicht eine entsprechende Hilfsorganisation aufbauen, noch dazu mit den riesigen Vermögenswerten, die Nazideutschland den europäischen Juden vor deren Ermordung abgeknöpft hatte? Die nächstliegende Wahl war Südamerika, weit weg vom traumatisierten Europa, wo sie nazifreundliche Regierungen mit offenen Armen empfangen hätten. Wäre es denn so unwahrscheinlich, Fluchtpläne auszuarbeiten, dorthin zu fliehen und ein neues Netzwerk aufzubauen, um mit vereinten Kräften nicht nur über die Runden zu kommen, sondern auch die zurückgebliebenen Getreuen und nachfolgende Nazigenerationen zu unterstützen, um eines fernen Tages wieder die Macht an sich zu reißen? In den von der Wehrmacht besetzten Ländern überall in Europa gab es doch genug Kollaborateure, die bei der Flucht der Nazigrößen behilflich sein würden. Und die katholische Kirche konnte vielleicht in einer Mischung aus eigener Verstrickung, Kommunistenhass und Nächstenliebe ihre Netzwerke nutzbar machen. Würde nicht außerdem eine rechtsautoritäre Regierung wie die argentinische im »ideellen«, aber ebenso im wirtschaftlichen Interesse ihrerseits alles nur Mögliche tun, um hochkarätige Vertreter des NS-Regimes ins Land zu holen? So in etwa lautet die durchaus plausible Theorie. Aber Plausibilität allein ist kein Beweis, und Beweise gibt es eben keine für die Existenz von Odessa. Wie bei jeder guten Verschwörungstheorie stehen Hinweise nebeneinander, die sich gegenseitig bestätigen – nur besitzt keiner der Hinweise eine belastbare Verankerung in der Wirklichkeit. Deshalb wabert die Idee einer Nazi-Fluchthilfeorganisation ohne jede Bodenhaftung wie ein Ring aus Zigarrenqualm durch die Welt.

Denn hinter Odessa steckt zwar eine Menge – aber keinerlei Substanz. Sosehr die Legende um eine solche Organisation auch faszinieren mag, ihre historische Bedeutung liegt einzig und allein darin, dass sie zu verschiedenen Zwecken immer wieder instrumentalisiert wurde und dabei einen bemerkenswerten Bekanntheitsgrad erlangte; gegeben hat es sie nicht. In unabhängigen Untersuchungen sind die Historiker Daniel Stahl und Heinz Schneppen dem Mythos auf den Grund gegangen und haben akribisch ermittelt, woher die Nachricht von der Nazi-Organisation Odessa eigentlich stammt und welchen Weg sie genommen hat. Für den Ursprung der Legende muss man auf die Zeit vor Ende des Zweiten Weltkriegs zurückgehen, als Argentinien und die Vereinigten Staaten einander beharkten. Vorderhand ging es um den Verdacht, die argentinische Regierung unter Ramón Castillo sei den Nazis wohlgesinnt, ebenso die 1943 putschenden Militärs, und in Erwartung der Niederlage würden führende Nazis im großen Stil Geld nach Argentinien bringen. Diese Annahmen nutzten die Befürworter einer US-amerikanischen Kriegsbeteiligung im innenpolitischen Streit mit den Isolationisten, die ein Engagement an der Seite Großbritanniens und der Sowjetunion ablehnten, denn so ließ sich eine Bedrohung durch den Faschismus über Europa hinaus glaubhaft machen – noch dazu in Lateinamerika, direkt vor der Tür der Vereinigten Staaten. Zudem gab es seit Anfang 1945 Meldungen über die Flucht führender SS-Angehöriger nach Südamerika, die allerdings auf Gerüchten beruhten. Der Vorwurf, nazifreundlich zu sein, wurde ebenso gegen Juan Perón erhoben, als er 1946 das argentinische Präsidentenamt anstrebte, denn Washington unterstützte dessen politische Gegner. Man ging sogar so weit zu behaupten, seit 1942 hätten sich alle Regierungen darum bemüht, aus Argentinien einen faschistischen Staat zu machen.

Natürlich ließen sich solche Anschuldigungen nicht ohne jede Grundlage erheben. Die lieferte allerdings ein windiger Nazigegner namens Heinrich Jürges, der im südamerikanischen Exil lebte und schon früh eine Nazitätigkeit in Argentinien ausgemacht hatte, ohne dafür aber stichhaltige Beweise liefern zu können. Zurückgekehrt fütterte Jürges nunmehr aus Nachkriegsdeutschland den argentinischen Oppositionsführer Santander mit Informationen über angebliche Naziverstrickungen Peróns und seiner glamourösen Frau Evita. Als später genauer hingesehen wurden, stellten sich die Informationen als falsch und die angeblichen Dokumente als gefälscht heraus. Auch diesmal blieb Jürges Beweise schuldig, was aber weder die US-Regierung noch die argentinische Opposition davon abhielt, die Gerüchte politisch weiter zu instrumentalisieren. Einstweilen war die Organisation Odessa aber noch nicht Gegenstand des breiten Interesses.

Das änderte sich in den Sechzigerjahren, als nach der Entführung des Naziverbrechers Adolf Eichmann aus Argentinien 1960, dem anschließenden aufsehenerregenden Prozess in Tel Aviv und seiner Verurteilung und Hinrichtung zwei Jahre später der Verbleib erfolgreich geflüchteter NS-Verbrecher zu einem großen Thema wurde. Die Gegner eines Endes der westdeutschen Nazitäter-Strafverfolgung nutzten die angebliche Organisation als Argument gegen Verjährungsfristen. Auch der berühmte Nazijäger Simon Wiesenthal wurde auf Odessa und Heinrich Jürges aufmerksam und, überzeugt von der Existenz der Geheimorganisation, verschaffte ihr international einen bemerkenswerten Bekanntheitsgrad, wobei ihn unter anderem die israelische Regierung unterstützte. Ebenso nährte die DDR-Staatssicherheit die Gerüchte, die ihr zur erhofften Destabilisierung des westdeutschen Konkurrenzstaates dienlich schienen. Schließlich hielten es immer mehr Menschen für eine Tatsache, dass das NS-Regime von höchster Stelle und lange vor Kriegsende begonnen hatte, seine Leute mit gefälschten Papieren die Flucht zu ermöglichen und durch Geldtransfers nach Südamerika deren Unterstützung vorzubereiten. Angeblich hätten sich 1944 im Straßburger Hotel »Maison Rouge« Vertreter der deutschen Industrie getroffen, um die Verschiebung großer Vermögenswerte ins sichere Ausland in die Wege zu leiten. Wie der Historiker Heinz Schneppen feststellte, hat dieses Treffen allerdings nie stattgefunden – schon weil einige der angeblichen Teilnehmer zum fraglichen Zeitpunkt bereits tot oder im KZ inhaftiert waren. Auch wäre der Geld- oder Goldtransfer zu diesem Zeitpunkt bereits unmöglich gewesen, war Deutschland doch längst komplett isoliert. Im Übrigen konnten die Alliierten nach Kriegsende das legendäre »Nazigold«, also die Goldvorräte der Reichsbank, sicherstellen.

Zu den Schlüsselfiguren der Odessa gehörten nach Überzeugung Wiesenthals neben Adolf Eichmann der NS-Arzt Josef Mengele und der Hitler-Stellvertreter Martin Bormann. Nach seinen Informationen reichten die Aktivitäten der Organisation aus Südamerika bis zurück in die Bundesrepublik, wo sie Neonazis bei ihrer Sabotagearbeit gegen die junge westdeutsche Demokratie unterstützte. Noch populärer wurde das schillernde Thema durch den Roman *Die Akte Odessa* des britischen Bestsellerautors Frederick Forsyth, in dem die Geheimorganisation von Argentinien aus eifrig an einer zweiten Machtergreifung in Deutschland und der Vernichtung Israels arbeitet. Einen weiteren Schub an Popularität verschaffte Odessa Anfang der Siebzigerjahre die antifaschistische Aktivistin Beate Klarsfeld bei ihrer rastlosen Suche nach dem untergetauchten Naziverbrecher Klaus Barbie. In diesem Zusammenhang verbreiteten weitere windige, mitunter geschäftstüchtige Charaktere die Behauptung, führende Odessa-Vertreter hätten sogar noch einige Jahre nach Kriegsende im spanischen Marbella eine regelrechte Konferenz abgehalten, und lieferten gar den Namen einer Tarnfirma, in deren Namen die Geheimorganisation in Argentinien unbehelligt operiere. Bei einer zweiten Verjährungsdebatte Ende der Siebzigerjahre in der Bundesrepublik ging es ein weiteres Mal um Odessa und ebenso in den Neunzigerjahren, als wieder einmal nach den Vermögenswerten gesucht wurde, die die Nazis den europäischen Juden geraubt hatten. Die inzwischen geöffneten US-Archive förderten Dokumente aus den Vierzigerjahren zutage, die sich auf die engen Verbindungen zwischen Nazideutschland und Argentinien bezogen und die Existenz von Odessa zu beweisen schienen. Nur handelte es sich um dieselben Fälschungen und unbewiesenen Vermutungen, die bereits seit den letzten Kriegsjahren immer wieder herangezogen wurden, ohne deshalb echter geworden zu sein. Aber sie passten ins Kalkül ihrer Nutzer – so wie diese Behauptungen seit dem Zusammenbruch des Dritten Reiches mit schöner Regelmäßigkeit bestimmten Interessen in die Hände gespielt hatten und aufgegriffen worden waren, ohne mit größerem Wahrheitsdrang nach ihrer Substanz zu fragen. Schon wegen des Sensationsgehalts von jeglichen Vermutungen und Gerüchten, die sich auf das Weiterleben von NS-Führern und NS-Strukturen beziehen, war damit auch stets eine beachtliche Aufmerksamkeit zu erzielen. Das hat dazu geführt, dass es Historiker bis heute überaus schwer haben, der breiten Öffentlichkeit begreiflich zu machen, dass es niemals handfeste Hinweise, geschweige denn Beweise für die Existenz einer Organisation Odessa gegeben hat.

Ähnliches gilt für die weiterhin verbreitete Vorstellung, Argentinien sei nach 1945 für Nazis das Fluchtziel Nummer eins gewesen und habe unzähligen deutschen Nazis Zuflucht geboten, damit sie der Verfolgung durch die Besatzungsmächte und später den Gerichten der Bundesrepublik und der DDR entgehen konnten. Angeblich befand sich die deutsche Volksgruppe in Argentinien schon während der Zeit des Nationalsozialismus ganz überwiegend auf strammem NS-Kurs. In der Tat gab es in den Dreißigerjahren wie in anderen Ländern auch in Argentinien eine Niederlassung der NSDAP – allerdings war der Zuspruch der Deutsch-Argentinier ausgesprochen mäßig. In den Zeitungen war zwar von Mitgliedszahlen die Rede, die der Hälfte der Reichsdeutschen in Argentinien entsprachen, aber dafür existieren keinerlei Belege. In Wirklichkeit waren nicht einmal fünf Prozent

Parteimitglied, eine »fünfte Kolonne« Hitlerdeutschlands in Argentinien gab es also nicht. Andere NS-Organisationen hatten zwar mehr Zulauf, doch von einem »gleichgeschalteten Deutschtum« kann keinesfalls die Rede sein, auch wenn die NSDAP-Auslandsorganisation dort Propaganda betrieb, zumal Argentinien in den Dreißigerjahren ebenso Zufluchtsland für deutsche Emigranten war. Knapp 50 000 deutsche Juden und viele nichtjüdische Regimegegner wanderten dorthin aus, und Buenos Aires wurde zu einem Zentrum des antifaschistischen Widerstands.

Nach dem Zweiten Weltkrieg setzte sich die deutsche Einwanderung nach Argentinien fort. Bis zu 40 000 Deutsche gingen zwischen 1945 und 1955 nach Argentinien. Natürlich waren darunter Nazis, doch verglichen mit der Gesamtzahl deutscher Einwanderer in Argentinien nimmt sich die Zahl der geflohenen Kriegsverbrecher insgesamt minimal aus: Nicht mehr als 60 von ihnen entzogen sich damit der Strafverfolgung der Besatzungsmächte und später der deutschen Justiz. Die Zahl der niedrigeren Chargen wird auf rund 500 geschätzt, darunter Wehrmachtsoffiziere und regimetreue Journalisten. Auch die Mär von Argentinien als bevorzugtem Zufluchtsort für eine riesige Zahl Nazis trifft also nicht zu.

Lebenslügen

Stammbaum der Demokraten

Als 2010 anlässlich der europäischen Schulden- und Währungs-
krise und wegen der massiven Finanzierungsprobleme Griechenlands von verschiedenen Seiten die Mitgliedschaft des Balkanstaa-
tes in der Eurozone zur Disposition gestellt wurde, erklang ein
ebenso bekanntes wie unerhebliches Argument für den Verbleib
der Griechen im Euro-Hafen. Es hatte schon herhalten müssen,
als vor der Einführung der europäischen Gemeinschaftswährung
diskutiert wurde, ob Griechenlands Wirtschaftskraft für den Euro
überhaupt ausreiche: Griechenland müsse schon deshalb Teil der
Eurozone werden, weil es die Wiege Europas und der westlichen
Demokratie sei, ohne Hellas sei die ganze Sache nur eine halbe. In
der Tat sehen sich westliche Demokratien in gewisser Weise als
politische Erben des antiken Griechenland – die Volksherrschaft
in Athen ist ja auch die älteste bekannte demokratische Regierungsform überhaupt, und der Begriff Demokratie taucht zum
ersten Mal beim griechischen Geschichtsschreiber Herodot um
430 v. Chr. auf. Aber ist sie deshalb auch ein Rundum-Vorbild?
Gehen moderne Demokratien überhaupt auf die athenische
Volksherrschaft zurück? Waren die alten Griechen Demokraten
par excellence?

Die Athener entwickelten die Demokratie als Regierungsform
vor, während oder nach den Perserkriegen (wann genau, darüber

streitet die Forschung), die Griechenland fast unter die Herrschaft des mächtigen persischen Großkönigs gebracht hätten. Mit der Entstehung der athenischen Demokratie verbinden sich meist entweder das Wirken des Reformers Kleisthenes (508/507 v. Chr.) oder die Namen Ephialtes und Perikles, die 462/461 v. Chr. die Politik des Stadtstaates zu prägen begannen. Eine ihrer Grundlagen war das wachsende politische Selbstbewusstsein der ärmeren Griechen aufgrund ihres Beitrags zum Sieg über die Perser. Da das Volk für den Unterhalt einer stehenden Flotte, die nunmehr als unverzichtbar angesehen wurde, gebraucht wurde, konnte es Anspruch auf politische Teilhabe erheben.

Die Stadtrepublik *(polis)* Athen wurde also ein Bürgerstaat, an dessen Entscheidungsprozessen alle Bürger gleichermaßen beteiligt waren, unabhängig von Vermögen oder sozialem Status. Das war durchaus singulär und revolutionär, denn zuvor war Athen mal von Königen oder Adeligen, mal von Tyrannen oder wohlhabenden Bürgern regiert worden. Schon in der antiken Welt hat diese politische Innovation viel Bewunderung, aber auch Verdammung erfahren. Sie machte die Volksversammlung zum souveränen Organ, das alle wichtigen Entscheidungen zu treffen hatte. Diese *ekklesia* trat vierzigmal im Jahr auf der Pnyx zusammen, einem Hügel gleich westlich der Akropolis; es debattierten und entschieden jeweils wohl 6000 und mehr Männer. Die Versammlungen begannen bei Morgengrauen und gingen bis mittags, die Punkte der Tagesordnung wurden nach und nach abgearbeitet, jeder durfte sich dazu äußern. Einberufen wurde die *ekklesia* vom Rat der Fünfhundert, dem aus den zehn (von Kleisthenes künstlich festgelegten) attischen Stämmen je 50 per Losentscheid ernannte Männer über 30 für ein Jahr angehörten. Er ist das Schlüsselgremium, das man aber weder mit einem Parlament noch mit einer Regierung verwechseln darf. Es gab keine gewählten Volksvertreter, die zwischen Wahlvolk und Regierung gestellt worden wären, und auch keine Parteien; Ämter wurden nur für kurze Perioden vergeben, häufig per Losentscheid. Hinsichtlich der Funktionsweise liegen die Unterschiede dieser direkten Form der Demokratie zur repräsentativen der meisten westlichen Staaten auf der Hand. Aber das ist nicht das Einzige, worin sich die Demokratie der Athener von dem unterscheidet, was wir heute unter Volksherrschaft verstehen.

Zunächst war die Demokratie im antiken Griechenland eine vergleichsweise kurzlebige Angelegenheit, denn während die griechische Antike rund ein Jahrtausend dauerte, waren der Demokratie nur ein paar Jahrhunderte vergönnt – in ihrer voll ausgebildeten Form sogar nur die Zeit zwischen ca. 460 und 320 v. Chr. Dass Griechenland in der Antike überwiegend demokratisch regiert wurde, lässt sich also schwerlich behaupten. Und dann traf das ja auch nicht auf ganz Griechenland mit seinen weit über 200 selbstständigen Staaten zu, unter denen Athen mit der Größe des heutigen Luxemburg zu den größeren gehörte. Da die griechischen Stadtstaaten und Ethnien so klein waren, gestaltete sich die demokratische Machtausübung völlig anders, als es in den Nationalstaaten der Moderne der Fall ist: Demokratie war nachbarschaftlich und direkt, nicht so abstrakt wie heute.

Moderne Demokratien beruhen außerdem auf der Gewaltenteilung, das heißt, unabhängig voneinander sollen die gesetzgebende, die ausführende und die rechtsprechende Gewalt sein. Die Griechen kannten diese Teilung nicht.

Die griechische Demokratie war ohnehin eher eine Form der kollektiven Entscheidungsfindung im Kriegsfall als im Frieden. Friedenszeiten waren seltener als Kriegszustände, und während bei uns der Kriegsfall die demokratischen Abläufe mindestens erheblich einschränkt, wenn nicht aussetzt, hatte die Volksversammlung auf der Pnyx besonders häufig über Kriegsthemen zu befinden: ob man in den Kampf ziehen sollte, ob ein unfähiger Befehlshaber abzusetzen war, ob unbotmäßige Verbündete zu bestrafen waren oder welche Tributzahlungen sie zu leisten hatten.

Wir betrachten Demokratie auch deshalb als hehre Errungenschaft, weil wir sie als friedensliebend und -stiftend verstehen – demokratisch gesinnte Völker neigen seltener dazu, andere anzugreifen. Die demokratischen Staaten der griechischen Antike hingegen, allen anderen um Längen voran Athen, führten andauernd Kriege und waren selten verlegen darum, ihre mutmaßliche Überlegenheit durch Feldzüge unter Beweis zu stellen.

Im Unterschied zur modernen Demokratie war die antike auch nicht auf die Zukunft ausgerichtet, weil Fortschritt damals gar keine Kategorie darstellte. Mit der Einführung der Demokratie wollten die Griechen nicht etwas Neues, Unerhörtes schaffen, nicht das Ruder der Geschichte herumreißen und eine neue Epoche anbrechen lassen, wie das Revolutionen auf ihre Fahnen schreiben. Moderne Demokratie hat immer die Verbesserung sozialer Verhältnisse im Gepäck, auch das war für die Griechen kein Thema: Weder soziale noch wirtschaftliche Zustände waren demokratischen Entscheidungen unterworfen. Sie wollten das Bestehende, Bewährte, Traditionelle nur auf bessere Art und Weise bewahren und gestalten. Daneben war der Freiheitsbegriff der griechischen Demokratie ein anderer: Während wir, zumal in der modernen Informationsgesellschaft, Freiheit als die des Individuums bei möglichst geringem staatlichen Dreinreden verstehen, bestand die Freiheit der demokratischen Griechen der Antike darin, an den kollektiven Entscheidungsprozessen den gleichen Anteil nehmen zu können wie jeder andere Bürger. Allerdings hatte auch diese Freiheit ihre Grenzen, denn die Teilhabe am politischen Leben setzte voraus, dass man es sich leisten konnte, ausreichend Zeit darauf zu verwenden, was schon in der Antike als Schwachpunkt kritisiert wurde.

Ebenso unmodern ist das Fehlen des Begriffs vom Individuum als maßgeblicher kleinster Einheit. Freiheit war nicht die des Einzelnen an sich, sondern dessen Freiheit als politisch Mitentscheidender; dementsprechend verstand man Gleichheit als politische

Gleichheit der Bürger. Unser Verständnis von Gleichheit aller Menschen und Freiheit als persönlicher Unabhängigkeit eines jeden ist etwas ganz anderes. Zudem bedeutete die Orientierung auf das Kollektiv hin, dass es nicht um die Durchsetzung von Einzelinteressen oder -ideen ging, sondern um das Gemeinwohl, dem alle verpflichtet waren.

Mit dem Begriff des Bürgers kommen wir zum – aus moderner Sicht – sensibelsten Schwachpunkt der antiken Demokratie. Freie Bürger durften über die öffentlichen Angelegenheiten mitbestimmen – aber diese freien Bürger waren ausschließlich freie Männer über 18 Jahre; Frauen blieben ebenso ausgeschlossen wie Ausländer und Sklaven bzw. Freigelassene. Unter den bis zu 300 000 Einwohnern Attikas waren im 5. Jahrhundert, also etwa zur Zeit des Perikles, geschätzte 50 000 Bürger politisch aktiv. Der Rest waren Frauen und Kinder, Sklaven und Ausländer. Bei aller zeitgenössischen Kritik an den Mängeln der Demokratie wird dieser doch wesentliche Aspekt oft nicht thematisiert – vielleicht weil die Ausübung von Politik an die Waffenfähigkeit gebunden war, die nur männlichen freien Bürgern zukam, aber auch aufgrund gesellschaftlicher Vorstellungen. Diese Exklusivität der Träger der Demokratie steht konträr zu unserem modernen Verständnis von Demokratie als einem Geschäft aller, das alle betrifft. Zudem war die überwältigende Zahl der Politiker von Rang, die die Geschicke ihrer *poleis* gestalteten, reich und meist auch adeliger Herkunft – auch das entspricht nicht unserer Vorstellung von Demokratie. Alles in allem war die älteste Volksherrschaft der Welt, wie es der englische Althistoriker Robin Osborne formulierte, »intolerant, kulturchauvinistisch und überaus restriktiv. Sie war letztlich das Produkt einer geschlossenen Gesellschaft.«

Der große zeitliche Abstand zur Antike bedeutet sowieso, dass es keine Kontinuität zur modernen Demokratie gibt – ganz so, wie auch keine direkte Linie von den antiken zu den modernen Griechen führt. Das griechische Konzept der Demokratie war ohnehin nicht universell gedacht, und eine geschlossene politische Theorie, auf die moderne Demokratien sich stützen, wurde für die athenische Demokratie nie entwickelt. Die Griechen betrachteten ihre politische Errungenschaft als etwas spezifisch Griechisches und gar nicht anwendbar auf die Welt im Ganzen, so wie sie sie kannten. Ebenso wenig empfanden sie ihre Regierungsform als das Nonplusultra verfassungsmäßiger Entwicklung, da dachten sie eher pragmatisch. Dagegen vertreten heutige Demokratien mit robustem Selbstbewusstsein die Auffassung, die beste alle möglichen Staatsformen zu besitzen.

In der Summe sind die Unterschiede zwischen antiker und moderner Demokratie also beträchtlich, was eigentlich auch nicht verwunderlich ist angesichts völlig anderer Rahmenbedingungen – und der Tatsache, dass die Wiederentdeckung der Demokratie eher eine Neuerfindung war, beeinflusst viel stärker von der jüngeren Geistesentwicklung wie Humanismus und Aufklärung als vom antiken Vorläufer. Schon die Denker der Renaissance, darunter Niccolò Machiavelli, verwarfen die athenische Demokratie als instabil, und aus diesem Grund sahen die Gründerväter der Amerikanischen Verfassung von 1776 in der antiken Form der Demokratie ausdrücklich kein Vorbild. Überhaupt war die griechische Demokratie zu der Zeit, als sich in Europa Freigeister und Revolutionäre bemerkbar machten, kaum ein Thema. In der Wahrnehmung war Rom fürs Politische zuständig, die Idealisierung Griechenlands aber bezog sich auf das Hellas der Antike als vorbildhafte Kulturgröße. Übrigens waren die drei berühmtesten antiken Geistesgrößen Griechenlands scharfe Kritiker der Demokratie: Sokrates, Platon und Aristoteles.

Demos und Despot

Bedeutend weniger bekannt als die athenische Demokratie ist die im europäischen Osten noch häufig beschworene Geschichte einer lebendigen Volksherrschaft auf russischem Boden bereits im Mittelalter: die Republik Nowgorod. 500 Kilometer nordwestlich von Moskau gelegen, erblühte die Stadt zu einem wichtigen Handelsplatz und wurde Partner der mittelalterlichen Hanse, des exklusiven und wirtschaftlich potenten Klubs ehrgeiziger Handelsstädte im Ostseeraum. Für den innerrussischen Handel lag man günstig an einer wichtigen Verkehrsader, dem Fluss Wolchow, der die Ostsee mit dem Dnjepr und, über Schleppstellen, der Wolga verbindet. Bis Ende des 10. Jahrhunderts, unter Oberherrschaft des Kiewer Großfürsten, handelte man vor allem Richtung Osten, dann aber verstärkte sich der Handel mit dem Westen und dem Norden des Kontinents. Immer mehr Schiffe kamen von weit her über die Ostsee, die Newa und den Ladogasee den Wolchow herauf und nahmen Wachs und Honig an Bord – und vor allem hiesige Pelze, die wegen ihrer besonders guten Qualität im Westen begehrt waren. Sie brachten Silber, Bernstein und Tuche, Waffen und Pferde, aber auch Bier, Wein, Heringe und sogar Südfrüchte. Hinzu kamen später noch Rohstoffe wie Tierhäute, Hanf und Flachs oder Pottasche. Die Intensivierung des Handels seit dem 11. Jahrhundert war enorm. Zu den wichtigsten Handelspartnern

Nowgorods gehörten die Hansestädte Lübeck, Visby, Riga, Dorpat (heute Tartu) und Reval (Tallinn).

Angesichts ihrer wirtschaftlichen Bedeutung und des Reichtums der Stadt entwickelten die Bürger von Nowgorod ein hohes Maß an Selbstbewusstsein, auch politisch, und unternahmen Anstrengungen, sich gegen Fremdbestimmung abzusichern. Ziel war, was Kaufleute überall auf der Welt zu allen Zeiten erstrebten: möglichst ungestört Handel treiben zu können, in diesem Fall unabhängig von politischen oder dynastischen Auseinandersetzungen. 1136 suchten sie den Machtkampf und entschieden die Sache für sich: Maßgebliches Entscheidungsgremium wurde die städtische Ratsversammlung bzw. wurden die Amtsträger, die sie benannte. Dass die Stadt einst einen skandinavischen Fürsten an ihre Spitze berufen hatte, machten die Bürger nunmehr zur Blaupause für eine Fürstenwahl, die sie fortan praktizierten. Der Vertrag selbst ist nicht erhalten, aber danach konnte die Nowgoroder Ratsversammlung (Veče) einen Fürsten ihrer Wahl einladen – und für den Fall, dass er die Vereinbarungen nicht einhielt, auch wieder vom Hof jagen. Seine Rechte wurden vertraglich genau festgelegt, der Erkorene musste in der Stadt wohnen, durfte aber im Nowgoroder Herrschaftsgebiet kein Land besitzen. Auch die Steuererhebung nahmen die Bürger selbst vor und redeten bei der Verteilung des Geldes mit.

Das Veče trat einmal, später zweimal jährlich unter freiem Himmel zusammen, nahe St. Nikolas und Marktplatz, und wurde von einer eigenen Glocke einberufen. Weil die Geschicke der Stadt in seinen Händen lagen, kann man die Stadtverfassung als republikanisch bezeichnen. Verfassungsrechtlich war der Fürst nicht mehr als eine Art oberster Stadtbeamter, der dem Veče sogar Rechenschaft schuldete. Der Rat besetzte die wichtigsten Ämter: Bürgermeister (Posadnik), Tausendschaftsführer (Tysjackij) und Erzbischof, der zum nominellen Stadtoberhaupt wurde und auch sonst von der Regierungsform in Nowgorod ungemein profitierte.

123

Außenpolitisch und gesetzgeberisch lag die Initiative beim Rat, während der Stadtfürst fürs Militärische zuständig war. Zuzeiten kam Nowgorod sogar ganz ohne Stadtherrn aus, es gab dann rein ehrenamtlich einen Titel für einen benachbarten Fürsten, während das Veče die Stadt allein regierte.

Den Einfall der Mongolen 1237–1240 überstand Nowgorod ebenso wie die Invasionsversuche der Schweden und des Deutschen Ordens. Der Aufschwung durch den regen Fernhandel brachte eine kräftige Zunahme der Bevölkerungszahl mit sich: Zur Blütezeit der Stadt im 14. und 15. Jahrhundert lebten bis zu 30 000 Menschen hier; eine ansehnliche Größe im europäischen Vergleich und die Hälfte mehr, als Moskau zu dieser Zeit aufbieten konnte. Nowgorod erreichte damals fast die Größe Kölns und überrundete Nürnberg, Wien oder Augsburg. Keine Stadt im ostslawischen Raum war damals größer, im 15. Jahrhundert könnte die Einwohnerzahl gar bei 80 000 gelegen haben. Die Bewohner kamen aus vielen Regionen Europas, darunter waren neben Westslawen vor allem Skandinavier, Balten und Norddeutsche. Der Bedeutung und Macht entsprach das ausgedehnte Herrschaftsgebiet Nowgorods, das bis zum Nordmeer und im Osten ans Uralgebirge reichte, wenn auch der eigentliche Stadtstaat bedeutend kleiner war. Diese Hochzeit als Handelsmetropole ging einher mit einer langen Epoche bemerkenswerter kultureller und künstlerischer Blüte – und mit faktischer städtischer Autonomie, die insgesamt ein halbes Jahrtausend währte. Sogar innerhalb der Hanse war Nowgorod diejenige Stadt mit der größten Eigenständigkeit. Erst 1478 fand die Autonomie ein Ende, als sich das Großfürstentum Moskau zur Führungsmacht im Nordosten Russlands aufschwang und sich die Handelsstadt nach jahrelangem Krieg gewaltsam einverleibte. Zur Strafe für die Widerspenstigkeit der Nowgoroder, die im Widerstand gegen Moskau Rückhalt bei Polen-Litauen gesucht hatten, wurde die Veče-Glocke als Symbol der Unabhängigkeit der Stadt nach Moskau verbracht. Aber nicht nur die städtische Autonomie, sondern die besten Zeiten als internationale Handelsmetropole waren damit vorbei.

Nowgorods zuvor hohes Maß an Eigenständigkeit und Mitsprache hat der Stadtrepublik den Titel der ersten Demokratie Russlands eingetragen und in mancher ideologischen Debatte zu Argument oder Beispiel werden lassen: vor allem im 19. Jahrhundert, als man unter der Zarenherrschaft litt, aber auch heute noch. Für viele gilt als ausgemacht, dass Ende des 15. Jahrhunderts, als die Stadt Opfer des Moskauer Despotismus wurde, eine strahlende Errungenschaft erstickte, noch bevor sie der russischen Geschichte eine andere, tolerantere, demokratischere, ja: westlichere Entwicklung hätte geben können. Nowgorod als östliche Wiege der Demokratie – eine schöne Vorstellung. Sowjetische Historiker gingen sogar so weit, in der russischen Geschichte eine altslawische Urdemokratie zu verorten. Wie aber sah sie wirklich aus, die »älteste Demokratie Russlands«?

Die Schwächen der Nowgoroder »Volksherrschaft« erinnern zunächst an jene des antiken Athen. Prinzipiell stand allen freien Nowgoroder Bürgern ab einem bestimmten Alter offen, sich im Veče an den Entscheidungen zu beteiligen – was bedeutet, dass es eben auch Unfreie gab. Diese recht große Gruppe war von aller politischen Teilhabe ausgeschlossen. Auch die Frauen waren benachteiligt und schon rechtlich von den Männern abhängig. Nowgorod war zwar eine Republik, aber keine Demokratie, sondern vielmehr eine Oligarchie, in der die Bojaren, der lokale Hochadel, das Sagen hatten und die wichtigen Ämter und Gremien ausschließlich unter sich besetzten. Von einer demokratischen Eigenverwaltung Nowgorods im heutigen Sinn kann also keineswegs die Rede sein. Zugleich war die Schere zwischen Arm und Reich enorm groß, und neben der Kirche verfügte der Adel über den weitaus größten Teil des Landes. Die überwältigende Mehrheit der Einwohner – Unfreie, aber auch kleine Handwerker und Kleinhändler sowie die Bauern, die überwiegend außerhalb der Metropole ansässig waren – besaß wenig bis keine Einflussmöglichkeiten auf die Geschicke der Stadtrepublik. Nicht ganz ausgemacht ist übrigens, worin sich der Niedergang der Handelsstadt letztlich begründete, aber einiges spricht für Machtkämpfe der Bojaren untereinander. Deren jeweilige Verbündete hatten es auf das reiche Nowgorod abgesehen: das mächtige Polen-Litauen im Westen und Moskau, das schließlich obsiegte.

✳ ✳ ✳

Die Frage des demokratischen Nowgorod nimmt sich petitesk, wenn nicht liebenswert aus, wenn man die fatalen Auswirkungen einer viel grundlegenderen russischen Lebenslüge bedenkt. Diese wurde nämlich als eine der Begründungen für den russischen Überfall auf die Ukraine Ende Februar 2022 bemüht. Es geht um die Kiewer Rus, deren nördliches Zentrum Nowgorod einst war. Doch wie der Name bereits sagt, war weltlicher und religiöser Mittelpunkt der Rus weit im Süden zunächst Kiew am Dnjepr, heute die Hauptstadt der Ukraine. Als Zusammenschluss verschiedener Fürstentümer zwischen Dnjestr im Süden und Wolga bzw. Ostsee im Norden war Kiew nicht nur Sitz des Großfürsten und des Metropoliten, sondern auch eine der größten europäischen Städte, die damals selbst westeuropäische Besucher beeindruckte. Bis heute wird die Stadt als »Mutter« aller russischen Städte« bezeichnet. Doch das Zentrum im Süden der Rus geriet im 12. Jahrhundert unter Druck, die Ränder erstarkten, und im 14. Jahrhundert entstand im Großfürstentum Moskau ein neues Gebilde, aus dem das russische Zarenreich hervorging. Ukrainer und Russen teilen also ein Erbe, doch was das bedeutet, darüber sind sich beide Völker uneins.

Bevor der russische Präsident Vladimir Putin Ende Februar 2022 seine Streitkräfte die Ukraine überfallen ließ, hatte er seine Sicht auf die Ukraine und schließlich seine Kriegspolitik gegen das Nachbarland immer wieder dargelegt. Schon 2008 setzte er einem verblüfften US-Präsidenten George W. Bush beim NATO-Gipfel in Bukarest auseinander, die Ukraine sei eigentlich gar kein Staat und der größere Teil des Landes ein Geschenk Moskaus. 2014 bezeichnete er die Russen als »geteiltes Volk«, was bereits nahelegte, Ziel müsse eine »Wiedervereinigung« sein. In zahlreichen weiteren Reden und mit unterschiedlichen Gewichtungen legte er seine Sicht der Dinge dar, mal direkt auf die Ukraine bezogen, mal auf den Westen, der auf dem Weg der Einflussnahme auf Kiew Russland bedrohe. Mal ging es um die russische Bevölkerung der Ostukraine (wobei er russisch und russischsprachig entgegen der Tatsachen nicht unterschied), mal um die »urrussische« Krim, mal um das Ukrainische als angeblich bloßen Dialekt des Russischen. Putins Reden dazu bestehen zumeist aus einem Schwall an vermeintlichen Belegen, die das russische Vorgehen spätestens seit dem Euromaidan 2013/14 und der Annexion der Krim 2014 mehr oder weniger alternativlos erscheinen lassen sollen. Schon in seiner politischen Argumentation ist der russische Präsident dabei höchst selektiv. Ganz grundlegend für seine Sichtweise ist die geopolitische Perspektive, für die er die internationalen Grundsätze von staatlicher Souveränität, das Selbstbestimmungsrecht und getroffene Verträge ignoriert. Es geht im Grunde um Machtpolitik und die Revision der jüngeren Vergangenheit, denn Putin ist nicht bereit zu akzeptieren, dass die Sowjetunion Geschichte ist und der Kalte Krieg durchaus Gewinner und Verlierer kannte. Der wichtigste Verlierer des jahrzehntelangen Ringens zwischen Ost und West war die Sowjetunion, die Ende 1991 denn auch aufgelöst wurde, wozu nicht zuletzt die ukrainische Unabhängigkeitserklärung beitrug. Dass es so weit kam, hatte aber keineswegs nur geopolitische Gründe: Das sowjetische Modell vermochte weder auf Dauer zu überzeugen noch zu bestehen, in wirtschaftlicher Hinsicht ebenso wenig wie in ideologischer. Den Ukrainern aber spricht Putins russische Geschichtsideologie das Recht ab, sich als eigenständiges Volk zu verstehen. Vielmehr seien Russen, Belarussen und Ukrainer ein Volk. Imperien entwickeln Phantomschmerzen, wenn sie sich auflösen, was sich mit imperialistischer Attitüde betäuben lässt. Doch der putinsche Revisionismus hat mehr im Sinn, er zielt auf das Wiedererstehen eines russischen Imperiums, das die Ukraine schlucken würde. Dass das Land sich so entschieden nach Westen orientiert, steht dem jedoch entgegen, zumal in einer möglichen Ausstrahlung einer demokratischen offenen Gesellschaft auf die russische Autokratie. Wie sich das Beispiel eines freiheitlichen, selbstbewussten Brudervolks auswirken kann, das dem Despotentum die Demokratie vorzieht, hat Putin als junger KGB-Agent in der DDR live miterlebt.

Zentrales Argument dabei, der Ukraine das Recht einer unabhängigen und eigenständigen Entwicklung abzusprechen, ist die gemeinsame Geschichte beider Länder. Sowohl Russland als auch die Ukraine verstehen sich als Nachfolger der Kiewer Rus des 10. bis 13. Jahrhunderts. Nach russischer Sicht war die Rus der erste russische Staat und wurde vom Moskauer Großfürstentum abgelöst. In Kiew wird der russische Gründungsmythos verankert, was einen Anspruch auf die Ukraine einschließt. Einen Anspruch auf die Nachfolge Kiews reklamierte Moskau schon im Mittelalter, aus Gründen der Legitimierung und der Machtpolitik, und leitete bald darauf territoriale Ansprüche daraus ab. Ganz ähnlich beharrt Moskau noch im frühen 21. Jahrhundert auf dieser Lesart der Geschichte und konstruiert aus den gemeinsamen Wurzeln von Ukrainern und Russen real- und geopolitische Ansprüche. In dieser Sichtweise ist kein Platz für eine ukrainische Nation oder eine eigene ukrainische Nationalgeschichte mit Wurzeln im Mittelalter. Diese russische Lesart ist nicht nur im heutigen Russland weithin Überzeugung, sie hat ebenso den europäischen Blick auf die Ukraine jahrhundertelang geprägt. Das war nicht zuletzt deshalb möglich, weil das Zarenreich eine lange Kontinuität entwickelte (allerdings nicht immer mit der Ukraine im Boot), während die Ukraine zumeist unter Fremdherrschaft stand: als Teil von Polen-

Litauen, des Habsburgerreichs oder eben Russlands. Völker, die sich auf verschiedene Staaten verteilen, tun sich mit der Nationswerdung schwerer, zumal wenn die kulturelle und sprachliche Eigenständigkeit behindert oder gar unterdrückt wurden, wie das bei der Ukraine mehrmals der Fall war.

Geschichte wird als politisches Argument immer wieder missbraucht, zumal wenn es um Nationalgeschichte geht. Im Fall des Streits um die Kiewer Rus arbeiten beide Seiten mit falschen Kategorien, weil sie das neuzeitliche Konzept der Nation auf das Mittelalter rückprojizieren, denn das Mittelalter kannte keine Nationen unseres modernen Verständnisses. Die Kiewer Rus war ein multiethnischer Herrschaftsverband, in dem nicht bloß (ost-)slawische, sondern auch skandinavische und asiatische Volksgruppen im Spiel waren. Aus der toxischen Gemengelage von rückprojiziertem Nationalismus, imperialen Sehnsüchten und tagespolitischen Erwägungen heraus wollen russische Nationalisten die Ukraine zum bloßen Objekt degradieren. Zwar nutzen auch ukrainische Nationalisten die Geschichte als Steinbruch ihrer politischen Agenda. Es macht allerdings unübersehbar einen großen Unterschied, ob eine Nation des 21. Jahrhundert die Geschichte zur Identitätsstiftung, Abgrenzung und Selbstbehauptung kreativ auslegt oder ob ein Regime sie als Rechtfertigung missbraucht, um einen unabhängigen Staat militärisch anzugreifen und in seiner Existenz zu bedrohen.

Bestünde der allseitige Wunsch nach einer einvernehmlichen Lösung, würden Ukrainer, Russen und Belarussen sich darauf einigen, jeweils auf die Kiewer Rus zurückzugehen, in deren Epoche es Gemeinsamkeiten, Unterschiede und Entwicklungen gab. Man würde konstatieren, dass die Zeitläufte Russland historisch begünstigten, dass aber – jenseits eines allrussischen Führungsanspruchs – die drei ostslawischen Nationen, die auf drei ostslawische Stämme sowie europäische und asiatische Einflüsse zurückgehen, heute als eigenständige Völker wahrgenommen werden wollen und daher, nach modernen Maßstäben, jedes Recht haben, eigenstaatlich zu existieren und nicht von einer der anderen Nationen bevormundet, drangsaliert oder gar kriegerisch attackiert und in ihrer staatlichen Existenz infrage gestellt zu werden.

Lange vor dem russischen Überfall formulierte der ausgewiesene Ukraine-Historiker Andreas Kappeler das Problem nüchternwissenschaftlich: »Die Eliminierung der Bezeichnung ›russisch‹ für die Epoche des Kiewer Reiches ist wegen ihrer deutlichen politischen Implikationen eines Vorrangs der Russen vor den Ukrainern dringend geboten. Wenn der russische Exklusivanspruch, der sich in der Terminologie spiegelt und auch nach dem Ende der Sowjetunion noch lebendig ist, einmal überwunden ist, verliert wohl der ganze Streit seine Brisanz. Denn nüchtern gesehen, ist er völlig überflüssig, wird doch mit modernen nationalen Denkkategorien operiert, die dem Mittelalter fremd waren.« Mit der russischen Invasion wurde die Überwindung des russischen Exklusivanspruchs allerdings weit zurückgeworfen.

Nullpunkt der Geschichte

Unser historisches Gedächtnis kann auf sehr verschiedene Weisen in die Irre führen. Die Bände dieser Buchreihe sind daher nach Kategorien unterteilt, doch manches passt in mehr als eine Schublade. Das gilt besonders für die berühmte Varusschlacht im Jahr 9 n. Chr. – gewissermaßen eine multiple Irreführung.

In seinen Annalen berichtet der römische Geschichtsschreiber Tacitus, die Germanen hätten die Römer unter einem Vorwand in einen Hinterhalt im Teutoburger Wald gelockt und ihnen so eine empfindliche Niederlage beigebracht. Führer der Germanen war Arminius, dem 1875 auf der Grotenburg bei Detmold ein stattliches Nationaldenkmal errichtet wurde. »Als die Römer frech geworden ...«, dichtete im 19. Jahrhundert der Schriftsteller Joseph Victor von Scheffel in einem munteren Studentenlied. Arminius, als Führer einer cheruskischen Hilfstruppe in römischen Diensten eigentlich Rom gegenüber zur Loyalität verpflichtet, verbündete sich mit benachbarten Stämmen und lauerte dem Statthalter Varus, mit drei Legionen nebst Gefolge auf dem Rückweg vom Sommerlager, in klug gewähltem Gelände auf: Unwegsam war es da und so eng, dass die römischen Truppen sich gar nicht richtig zu ihrer Kampfformation aufstellen konnten; außerdem verwandelte Regen den Boden in elenden Morast. Hinterhältig in eine Falle gelockt, kämpften die Römer vier Tage und drei Nächte, bis sie vernichtend geschlagen waren. Nur wenige der rund 20 000 Soldaten überlebten das Gemetzel, kaum ein Legionär entkam, der unglückliche Varus richtete sich selbst. So weit, so historisch.

Doch bis weit ins 20. Jahrhundert erfuhren deutsche Schüler von den Ereignissen als »Schlacht im Teutoburger Wald« oder »Hermannsschlacht«, als habe Arminius auch einen deutschen Namen getragen. Dass heute korrekterweise von der Varusschlacht die Rede ist, liegt an der freihändigen Eindeutschung des Cheruskers Arminius sowie an der noch immer bestehenden Unklarheit über den tatsächlichen Ort der Schlacht, denn schon die Angaben der zeitgenössischen römischen Historiografen widersprechen sich in der Bezeichnung des Ortes. So verlässlich Tacitus im Allgemeinen auch sein mag – germanische Ortskunde war offenbar nicht seine Stärke. Im Teutoburger Wald, wo sich das Hermannsdenkmal noch heute stolz erhebt, hat die Schlacht höchstwahrscheinlich nie stattgefunden. Archäologen haben viel Zeit und Mühe darauf verwandt, die Stätte der großen Schlacht zu identifizieren, seit dem 19. Jahrhundert waren fast 700 Örtlichkeiten im Gespräch. Vieles spricht dafür, dass die »Schlacht im Teutoburger Wald« mehr als 100 Kilometer vom Denkmal entfernt in der Kalkrieser Senke nördlich von Osnabrück geschlagen wurde, doch als bewiesen kann auch dieser gut erforschte Schlachtort trotzdem nicht gelten. Zwar lokalisiert eine Mehrheit der Forscher die Schlacht dort, aber Zweifel bestehen weiterhin. Kämpfe haben bei Kalkriese tatsächlich stattgefunden, nur beweisen selbst die dortigen Münzfunde nicht, dass damit der Ort jener Schlacht gefunden wäre, die heute als »Varusschlacht« firmiert. Mit dieser Bezeichnung befindet sich die Geschichtsschreibung auf der sicheren Seite, denn dass Varus die römischen Truppen befehligte, steht außer Frage.

Auch war die Schlacht durchaus bedeutend, obwohl die Germanen mangels innerer Einigkeit nichts Rechtes daraus zu machen verstanden. Aber die Blamage der Römer war riesig und die

Verunsicherung bis nach Rom spürbar, wo Augustus angeblich unrasiert durch die Gegend trottete und immer wieder murmelte, Varus möge ihm seine Legionen wiedergeben. In Rom überlegte man nach der Schreckensnachricht, was zu tun war. Und einer verbreiteten Meinung zufolge wurde der Beschluss gefasst, von allem militärischen Engagement rechts des Rheins künftig Abstand zu nehmen. Doch das stimmt nicht, denn die Römer verzichteten in der Folgezeit keineswegs auf weitere Unternehmungen auf germanischem Gebiet. Auch ein welthistorischer Wendepunkt war die Schlacht nicht – weder für die Zeitgenossen noch in der historischen Beurteilung. Nach der Varusschlacht war es zwar in der Tat für kurze Zeit vorbei mit der römischen Präsenz in Germanien, denn bis auf einen einzigen wurden alle rechtsrheinischen Stützpunkte aufgegeben. Am Rhein aber zog man enorme Truppenbestände zusammen – groß war die Furcht, die Germanen könnten nun den Einfall in die Provinz Gallien wagen, sich mit den Einheimischen zu einem Aufstand verbünden und in der Folge dem Imperium wirklich gefährlich werden. Der mühsam niedergeschlagene Aufstand der Gallier unter Vercingetorix war den Römern bleibende Mahnung. Auch wenn nichts dergleichen geschah, schon weil die germanischen Stämme keineswegs so geeint waren, wie es der Sieg über Varus vermuten ließ: Was auf diesen kurzen Moment der Unsicherheit folgte, war aber nichts weiter als die Fortsetzung der aktiven römischen Germanienpolitik aus der Zeit vor der Varus-Niederlage.

Unter Augustus' Stiefsohn Tiberius, der sein zweites Oberkommando in Germanien übernommen hatte, stießen erheblich verstärkte römische Truppen bald darauf erneut über den Rhein nach Germanien vor. Auch Legionslager wurden dort wieder errichtet. Fremde Hilfstruppen dazugezählt, standen Tiberius bis zu 80 000 Mann zur Verfügung. Im Jahr 13 n. Chr. übergab Tiberius den Oberbefehl an seinen Neffen Germanicus. Der ging in den folgenden Jahren wenig zimperlich gegen verschiedene germanische

Stämme vor, darunter die Cherusker. Die Vorstöße auf das Gebiet der Germanen reichten weit, bis zur Weser und auch von Norden mit Schiffen über die Nordsee, jedes Jahr ein Stückchen weiter. Allerdings fielen die Erfolge eher gering und die Verluste hoch aus, außerdem musste Rom weitere Niederlagen gegen cheruskische Verbände einstecken. Dieser Einsatz erschien Tiberius, nunmehr Imperator, zu hoch. Noch bevor Germanicus die Germanen endgültig bezwingen konnte, wurde er nach Rom abberufen und starb zwei Jahre später an einem anderen Einsatzort weit im Osten des Reiches. Erst sieben Jahre nach der Varusschlacht wurden demnach Militäroperationen ausgesetzt, und es erfolgte der weitere Ausbau der Rheinlinie zu einer waffenstrotzenden Militärgrenze. Ein Verzicht auf die Gebiete bedeutete jedoch auch das nicht, denn der Sieg über die Germanen blieb Bestandteil der römischen Programmatik, Diskussion – und Propaganda. Die Varusschlacht war also keineswegs das Ende der aktiven Germanienpolitik Roms, wohl aber der Anfang vom Ende, das sich aber noch sehr lange hinzog. Überaus zutreffend ist daher ein Satz des Historikers Tacitus aus seiner Schrift *Germania*, die er um die Wende zum 2. Jahrhundert verfasste:»So lange sind wir schon dabei, Germanien zu besiegen.«

∗ ∗ ∗

Selbst die römischen Geschichtsschreiber kamen nicht umhin, dem»Barbaren«und»Befreier Germaniens«einen gewissen Respekt zu zollen. Einer national orientierten deutschen Geschichtsschreibung aber kam der Cherusker, von dem nur ein lateinischer Name überliefert ist, wie gerufen. Mit seiner Geschichte, entsprechend aufbereitet, ließ sich ein keimendes Nationalgefühl des 16. Jahrhunderts befördern und ein Symbol für den Kampf der Reformation gegen die römische Kirche errichten, um im Zuge der deutschen Einigung im 19. Jahrhundert als sinnstiftende Figur verwendet oder im 20. Jahrhundert für eine Überhöhung vermeintlicher »germanischer Bestimmung« missbraucht zu werden. Dabei ließ man naturgemäß gerne außer Acht, was nicht so recht ins Idealbild zu passen schien: zum Beispiel, dass der Cherusker die meisten seiner folgenden Schlachten verlor – wohl auch, weil er es künftig mit fähigeren Kriegsherren als dem unglücklichen Varus zu tun hatte. Oder dass er eigentlich ein Verräter war, mochten es auch die Römer gewesen sein, die er betrog. Immerhin war er in Rom erzogen und sogar geadelt worden, hatte in der römischen Armee gedient und besaß das römische Bürgerrecht. Ebenso gerne wurde übersehen, dass er mit der gewonnenen Schlacht den Zenit seiner Karriere bereits überschritten hatte, denn nach seinem Triumph gegen Varus war er nicht in der Lage, die rivalisierenden germanischen Stämme zu einigen. Noch dazu wurde Arminius später ermordet; der Täter stammte aus dem engsten Familienkreis. So ist er also in Wirklichkeit gar nicht der strahlende, unanfechtbare, integre Held gewesen, sondern wurde später einfach dazu gemacht.

Denn die Nachwelt schuf aus ihm, nach jahrhundertelangem Vergessen, was ihr gerade passte: Befreier und Einer Germaniens, erster Deutscher, Vorkämpfer gegen das römische Joch, ideeller Ahnherr des Reichsgründers Kaiser Wilhelm I. In Ermangelung eines anderen als des römischen Namens taufte man den Nationalhelden kurzerhand Hermann, dabei hätte er weder mit dem Begriff »Nation« noch mit dem Wort »deutsch« etwas anfangen können. Das bewahrte Arminius aber nicht davor, zum ersten Deutschen stilisiert zu werden, so wie die Varusschlacht künftig als Initialzündung deutscher Geschichte galt. So wurde der Cherusker nicht nur per Denkmal im Teutoburger Wald vereinnahmt oder in der Walhalla bei Regensburg verherrlicht, sondern er schaffte es auch zum ständig strapazierten Nationalhelden. Ob Kaiser Wilhelm I., Fürst Bismarck oder Adolf Hitler: Jede vermeintliche Lichtgestalt wurde zum würdigen Nachfolger des großen Hermann erklärt, und unzählige Jungen mussten mit dem deutschen Einheitsnamen Hermann aufwachsen. Spät zum Nationalstaat geworden, war in Deutschland die Not besonders groß, eine weit zurückreichende nationale Ahnenreihe vorzuweisen. Da kam der Held aus dem Wald, der in grauer Vorzeit die Römer das Fürchten gelehrt hatte, gerade recht. Und mit der ruhmreichen Schlacht war der passende Startschuss zur Nationalgeschichte gefunden, zumal er mit dem Jahr 9 n. Chr. würdig weit zurücklag. Das Datum galt lange Zeit als Initialzündung; bis vor wenigen Jahren, als das Deutsche Historische Museum in Berlin zwecks Umgestaltung der ständigen Ausstellung vorübergehend geschlossen werden musste, begann die doch irgendwie offizielle Erzählung deutscher Geschichte mit der Varusschlacht. Nur: Deutsche gab es zur Zeit des Arminius noch lange nicht, und die Germanen, zu denen die Cherusker gezählt werden, sind Vorfahren auch anderer europäischer Völker, während die Deutschen wiederum ebenso Slawen und Kelten zu ihren Ahnen rechnen dürfen. Die Europäer sind Ergebnis einer bunten Mischung aus Ethnien, bedingt durch Kontakte und Migration. Den Anspruch des Nationalismus des 19. und 20. Jahrhunderts, die Völker könnten biologisch klar voneinander unterschieden werden, löst die Wirklichkeit nicht ein. Nach schärfstem Missbrauch zwischen 1871 und 1945 und aus der Perspektive der Globalisierung wirkt er ohnehin so verfehlt wie anachronistisch. So fallen bei Arminius und der Varusschlacht Legende und Irrtum, Lebenslüge und Heldensturz in eins.

Ritterlich
auf den Vorteil bedacht

Empfindlichkeiten und alte Rechnungen zwischen Staaten und Nationen gibt es überall in Europa. Viele althergebrachte Animositäten hat der Prozess der europäischen Einigung wenn nicht gänzlich beseitigt, so doch ihrer unheilvollen Wirkmacht entledigt. Als Paradebeispiel dafür gilt die deutsch-französische Aussöhnung – Grundlage und wichtiger Motor der Europäischen Union. Um nichts weniger wichtig aber ist die Aussöhnung zwischen Deutschland und Polen, denn auch die Geschichte dieser beiden Länder ist so eng verknüpft wie problematisch. Da geht es in jüngster Geschichte um die Verbrechen Hitlerdeutschlands und polnische Reparationsansprüche, in jüngerer vor allem um den Aufstieg Preußens, das den Abstieg Polens forcierte, bis es von den europäischen Landkarten vollkommen verschwunden war. Ein Historiker brachte die Einschätzung aus der Zeit des Kalten Krieges auf den Punkt: »Der Gegensatz zu Polen wurzelt in der Genese und der Tradition des neuzeitlichen preußischen Staates selbst. Seine beiden Bestandteile, die Mark Brandenburg und der Ordensstaat, entstanden durch die Vernichtung des Slawentums, beide bereicherten sich durch Beutemachen an Polen.«

Der mittelalterliche Deutsche Orden, das dritte und älteste Element der historisch bedingten polnisch-deutschen Beziehungsprobleme, wurde mit Deutschland gleichgesetzt, was mit positiven, oft nationalistischen Vorzeichen auch von deutscher Seite üblich war. Heute ist der Blick beidseits der Oder differenzierter, denn dass mittelalterliche Geschichte sich nur sehr begrenzt entlang nationaler Trennlinien erschließt und zu aktuellen tagespolitischen Zwecken nicht taugt, gehört zum besseren Umgang in einem geeinten Europa.

Der Deutsche Orden entstand um 1190 während des Dritten Kreuzzugs als letzter der drei großen mittelalterlichen Ritterorden. Aufgrund der schwierigen Lage im Heiligen Land sah er sich nach anderen Wirkungsmöglichkeiten um, setzte sich eine neue Aufgabe – die Bekehrung der heidnischen Prußen – und suchte nach einem eigenen Herrschaftsgebiet: das spätere Ostpreußen. In den 1230er-Jahren und mit zunächst kaiserlichem, bald auch päpstlichem Segen etablierte er mehrere Stützpunkte östlich der Weichsel, während sich westlich des Flusses das slawische Herzogtum Pomerellen dem Expansionsdrang des Ordensstaates entgegenstemmte, langfristig vergeblich. Der christliche Slawenherrscher, Herzog Konrad I. von Masowien, hatte den Orden zuvor zu Hilfe gerufen, um gegen die baltischen Prußen vorzugehen – und wurde die Ritter nun nicht mehr los.

Unter wachsenden Problemen mit ihren heidnischen Nachbarn litten Konrad und seine christlichen Fürstenkollegen seit Anfang des 13. Jahrhunderts. Die baltischen Prußen wollten sich nicht zum Christentum bekehren und schon gar nicht unterwerfen lassen. Zweimal wurden mit päpstlicher Unterstützung Kreuzzüge geführt, in denen Polen und Deutsche gemeinsam gegen die Heiden kämpften. Die Sache schlug beide Male fehl, also wandte sich der masowische Herzog in seiner Not an den Deutschen Ritterorden. Dessen Hochmeister Hermann von Salza, ein überaus gewiefter Politiker und Taktiker, erkannte die Gelegenheit, gleich zwei Fliegen mit einer Klappe zu schlagen: Er wollte nicht bloß gegen die Prußen zu Felde ziehen, sondern sich bei dieser Gelegenheit auch gleich ein Herrschaftsgebiet sichern. Ein solches Vorhaben war soeben in Siebenbürgen gescheitert, weshalb man es nun besser vorbereitete: Lange bevor sich die Ordenstruppen in Gang setzten, ließen sie ihren Plan vorab vom Kaiser absegnen. Das lief zwar den Interessen des Herzogs zuwider, der ja nur Militärhilfe begehrte – aber Konrad blieb nichts übrig, als dem Orden zuzugestehen, sich im Kulmer Land niederzulassen. Diese Transaktion bestätigen mehrere Urkunden, sie wird von der Forschung auch nicht in Abrede gestellt.

Darüber hinaus aber, so geht aus einer päpstlichen Bulle vom August 1234 hervor, kam es zum Kruschwitzer Vertrag. Diese Urkunde vom Mai 1230, ausgestellt im heutigen Kruszwica, bestimmte, dass Konrad I. dem Deutschen Orden nicht nur das Kulmer Land zu übertragen hatte, sondern auch alles, was er künftig noch von den Prußen erobern würde, als Schenkung unter Aufgabe aller seiner Rechte an diesen Gebieten. Die Probleme mit diesem Vertrag beginnen mit der Tatsache, dass es kein Original gibt, das seine Echtheit beweisen – oder ihn als Fälschung entlarven würde. Die Prüfung der Echtheit muss also auf anderem Weg erfolgen, über den Weg der Textkritik und der Würdigung im historischen Kontext. Da aber der Vertrag von Kruschwitz als Rechtsgrundlage für die Herrschaftsnahme des Deutschen Ordens im späteren Ostpreußen diente, wurden Zweifel an seiner Echtheit rasch zu einem Politikum. Zwar war dem Orden schon 1226 von Kaiser Friedrich II. zugestanden worden, sich an der Weichsel niederzulassen, aber das stellte eine reine Absichtserklärung dar, um das Vorhaben vorab von höchster Stelle absegnen zu lassen. Im Kruschwitzer Vertrag aber wurden Tatsachen geschaffen, auch wenn die eigentliche Eroberung noch ausstand. Wenn also der Vertrag gefälscht ist, rückt das den Deutschen Orden eben doch in ein schlechtes Licht, weil er sich sein Ordensland nicht nur erobert, sondern auch noch juristisch ertrickst hat.

Bald nach der Gründung des Deutschen Reiches von 1871 versuchte der Königsberger Urkundenspezialist Max Perlbach den

Vertrag als Fälschung zu entlarven, was in dieser Zeit nationaler Begeisterung in Deutschland große Entrüstung auslösen musste. Polnische Historiker hingegen stimmten Perlbach zu, die Parteinahme in der Angelegenheit geriet zu einer Frage der Nationalität. Dass die Fronten der Historiker ziemlich genau entlang ihrer deutschen bzw. polnischen Herkunft verliefen, macht es noch heute kaum einfacher, die Sache ein für alle Mal zu klären. Perlbach wusste durchaus, welche geballte Ladung Empfindlichkeit er vor sich hatte. Ein Jahrhundert später darf als bewiesen gelten, dass Perlbach nicht nur mutig, sondern auch fachlich richtig urteilte, weil der Vertrag in der Tat eine Fälschung ist.

Die Fälschung gibt sich unter anderem dadurch zu erkennen, dass der Deutsche Orden 1230, als der Vertrag geschlossen worden sein soll, in Polen noch gar nicht tätig war. Der polnische Historiker Gerard Labuda hält es daher für absurd, dass Herzog Konrad schon im Voraus derart voreilig eine so weitgehende Verzichtserklärung abgegeben haben soll. Noch dazu handelte es sich, abgesehen vom Kulmer Land, um ein Territorium, über das er gar keine Verfügungsgewalt besaß, weil es sich in der Hand der Prußen befand. Auch waren Herzog und Orden einstweilen Waffenbrüder, die zum Zeitpunkt des Vertragsabschlusses im Einvernehmen handelten – gestritten wurde später. Die Machtverhältnisse lagen also zum Zeitpunkt des angeblichen Vertragsabschlusses anders, als es der Vertragstext voraussetzt. Zudem wird eine dritte Partei in der Auseinandersetzung um Land und arme Seelen oft vergessen: Es gab noch einen Bischof, der sozusagen an vorderster Front für die Prußen zuständig war, die aber von ihm nichts wissen wollten. Bischof Christian, in dessen Rechte der Vertrag eingreift und der mithin in Konkurrenz zum Orden stand, hätte 1230 sicher Mitrede verlangt und erlangt – geriet aber 1233 auf einer Missionsreise ins Samland in Gefangenschaft der Prußen. Das erst gab dem Deutschen Orden, der auffälligerweise keine Bemühungen an den Tag legte, den Mann freizubekommen, die Möglichkeit, abermals Fakten zu schaffen: Nachdem der Kaiser seinen Segen für das Engagement des Ordens im Osten des Reiches bereits gegeben und der Herzog mit dem Kulmer Land ein kleines Gebiet zur Verfügung gestellt hatte, ließ sich die Herrschaftsnahme mit territorialer Substanz versehen und somit vortrefflich abrunden, indem nunmehr der Papst der Ordensherrschaft in ganz Preußen zustimmte. Das ging aber nur, weil nunmehr der Bischof, der das Vorgehen des Ordens sehr misstrauisch begleitet hatte, zur Untätigkeit gezwungen war und nicht einschreiten konnte – und weil der Orden behauptete, ein entsprechender Vertrag mit dem masowischen Herzog existiere bereits: Denn für die römische Kurie war von Bedeutung, dass keine anderen Ansprüche auf das Land bestanden, also solche Herzog Konrads. Damit war der Weg für den Papst frei, sich das Gebiet der zu unterwerfenden Prußen nominell anzueignen und sowohl den bereits eroberten als auch den noch zu erobernden Teil zum Zwecke der Herrschaftsausübung dem Orden zu übergeben.

Man kann nun mit einiger Berechtigung den Standpunkt einnehmen, die Frage der Echtheit des Kruschwitzer Vertrages sei letztlich irrelevant. Denn zum einen hatte der Kaiser den Orden zur Herrschaftsnahme ja bereits autorisiert, zum anderen waren die Kreuzritter im weißen Gewand vom masowischen Herzog gerufen worden, um der Bedrohung durch die Prußen Herr zu werden. Ob echt oder gefälscht, der Vertrag spiegelt die Herrschaftsverhältnisse, an denen Konrad nicht mehr vorbeikam. Entweder er wurde gezwungen, in den Vertrag einzuwilligen, oder man überging ihn geradewegs und verfasste eine Fälschung, um sie in Rom vorzulegen und so auch päpstlicherseits autorisiert zu sein. Zudem könnte man befinden, der Betrogene sei im Fall dieser Fälschung nicht der polnische Herzog Konrad, sondern Bischof Christian gewesen, dessen Herrschaftsrechte über das Land der Prußen übergangen wurden. Das eigentlich wichtige Dokument für die Gründung des Ordensstaates war nicht der (gefälschte) Kruschwitzer Vertrag, sondern die päpstliche Bulle von 1234, die der Historiker

Labuda daher als »Magna Charta des kreuzritterlichen Ordensstaates in Preußen« bezeichnet hat. Denn darin verfügt das Kirchenoberhaupt, der Deutsche Orden als Herrscher über Preußen stehe unter keiner Oberherrschaft, sei es eines polnischen Fürsten oder des Kaisers, als allein der des Papstes.

Die Christianisierung Preußens mit militärischen Mitteln zog sich noch eine ganze Weile hin, erst 1283 kann sie als abgeschlossen gelten. Der Ordensstaat bestand bis 1525, als im Laufe der Reformation der letzte Hochmeister ein Herzogtum daraus machte und sich selbst zum Herzog von Preußen. Dieser Albrecht aber war ein Hohenzoller, weswegen später durch Erbschaft ein Teil des Landes an Brandenburg fiel (der westliche wurde polnisch) und schließlich 1701 als Grundlage der preußischen Königswürde diente.

Noch einmal davongekommen

In der europäischen Geschichte nimmt die Abwehr der Türken vor Wien 1683 einen wichtigen Platz ein – als Verteidigung des Abendlandes und seiner christlichen Tradition, als Sicherung einer eigenständigen Existenz gegen Fremdherrschaft und islamische Vereinnahmung. Ähnlich schicksalhafte Bedeutung wurde über Jahrhunderte der heute gleichwohl weniger populären Mongolenschlacht bei Liegnitz 1241 beigemessen. Immerhin hatten die Mongolen Anfang des 13. Jahrhunderts angesetzt, die gesamte bekannte Welt zu erobern und ihrer Herrschaft zu unterwerfen. Weiter westlich als Schlesien drangen sie aber nie vor, wenn sie auch nach der Schlacht bei Liegnitz noch Ungarn bezwangen und mit brutaler Terrorherrschaft für kurze Zeit in Angst und Schrecken versetzten. Ist es also nicht folgerichtig, der Schlacht bei Liegnitz den entscheidenden Anteil an der Verteidigung des Abendlandes gegen die unchristlichen Barbaren zuzuschreiben?

Die spärliche Quellenlage zur Schlacht begünstigte die Verklärung, denn verlässliche Einzelheiten darüber liefert keine einzige zeitgenössische Chronik. Erst 200 Jahre später wurde die Schlacht in den Annalen des polnischen Geschichtsschreibers Jan Długosz ausführlich beschrieben, aber dieser Bericht wird als nicht glaubwürdig eingestuft. Die Umstände der Schlacht lassen sich trotzdem einigermaßen rekonstruieren: Anfang 1241 erreichte die

Schreckensnachricht Polen und das schlesische Herzogtum: Aus Osten näherten sich unter Führung von Batu Khan, einem Enkel Dschingis Khans, mongolische Reiterheere, die bereits Moskau und Kiew erobert hatten und bald darauf auch Krakau brandschatzen würden. Das Hauptheer zog gen Ungarn; eine kleinere, gleichwohl mächtige Abteilung hatte Schlesien im Visier. Der schlesische Herzog Heinrich II. stellte sich mit seinem Heer auf der Wahlstatt bei Liegnitz den gefürchteten Mongolen entgegen. Die Eindringlinge kamen so schnell vorwärts, dass die angeforderten böhmischen Hilfstruppen nicht mehr rechtzeitig eintrafen. Heinrich ließ im heldenhaften Kampf sein Leben, seine Streitmacht ging kläglich unter. Mühelos hatten die »Tataren« den militärischen Sieg errungen, da Heinrich und seine Männer hoffnungslos in der Minderheit waren. Die Verluste waren immens, man spricht von 30 000 Toten.

Dass die »asiatischen Horden« aber nach der Schlacht trotzdem abdrehten, anstatt den freien Weg nach Westen einzuschlagen, wurde zum entscheidenden Argument für den Triumph des Christentums in dieser Schlacht. Schon bald nach der Niederlage wurde Herzog Heinrich als christlicher Märtyrer verehrt und die Schlacht von Liegnitz im 16. Jahrhundert vollends zum entscheidenden Erfolg über die Heiden stilisiert. Dass die christlichen Soldaten unterlegen waren, fiel nicht weiter ins Gewicht, hatten sie doch die Mongolen angeblich so beeindruckt, dass diese nach dem Kampf abgezogen waren. Seither gehörte es zum schmückenden Beiwerk in den Familienchroniken schlesischer und polnischer Adeliger, Kampfteilnehmer unter den Vorfahren gehabt zu haben. In der Propaganda der jeweiligen Zeit diente die Schlacht als Thema – sei es in konfessionellen Auseinandersetzungen oder in der seit Ende des 18. Jahrhunderts zunehmend nationalistisch gefärbten Geschichtsschreibung. Den Mittelpunkt bildete nach wie vor der vermeintliche Sieg über die mongolische Bedrohung des christlichen Abendlandes, nun aber reklamierten Böhmen und

Polen, Ungarn und Deutsche das Hauptverdienst jeweils für sich und werteten den Anteil der anderen Nationen ab. Seinen Höhepunkt fand die propagandistische Verwertung während des Zweiten Weltkriegs, zumal der 700. Jahrestag der Schlacht in diesen Zeitraum fiel. Unverfrorener als je zuvor wurde deutscher Größe die Abwehr der Mongolen zugeschrieben und die Schlacht in Analogie gesetzt zur Lage des Deutschen Reiches im Kriegsjahr 1941. Nach dem Zweiten Weltkrieg wiederum beschrieb die polnische Geschichtsschreibung den schlesischen Herzog Heinrich II. als Polen, der mit polnischen Soldaten die Mongolen zurückgeschlagen habe. Mit anderer Nationenzuordnung urteilten Historiker der Bundesrepublik nach 1945 nicht viel anders: Hier war es der deutsche Herzog von Schlesien mit seinem deutschen Heer. Erneut geriet die Niederlage zur Petitesse, weil die »Abwehr« der Mongolen letztlich gelungen war.

Längst aber lassen sich die Ereignisse im April 1241 nüchtern einordnen: Die Rettung des Abendlandes erfolgte nicht auf der Wahlstatt bei Liegnitz, wo ja nur der kleinere Teil der mongolischen Streitmacht kämpfte. Der Abzug ist auch nicht etwa darauf zurückzuführen, dass die – ebenso deutschen wie polnischen – Truppen die Mongolen so tief beeindruckt hätten. Ziel des mongolischen Zuges war von vornherein Ungarn, das Batu Khan auch tatsächlich einnehmen konnte. Der Zug nach Schlesien diente einzig dem Zweck, den Ungarn die Nachschubwege verbündeter Länder abzuschneiden. Das gelang, und die Mongolen konnten Ungarn erobern. Dass sie sich trotzdem schon bald wieder aus Europa zurückzogen, hat mehrere Gründe: Zum einen waren die Verluste groß, zum anderen wurde es immer schwieriger, die eigenen Leute zu versorgen. Den Ausschlag aber gab möglicherweise, dass die mongolischen Heerführer in die Heimat zurückwollten, um auf die Nachfolge des inzwischen verstorbenen Großkhans Einfluss zu nehmen. In der Folge zerbrach die Einheit der mongolischen Führer, die den Westfeldzug erst ermöglicht hatte. Vier Jahrzehnte dauerte es daher, bis mongolische Reiterhorden erneut Ungarn einnehmen wollten – aber der ungarische König Béla IV. hatte seine Lektion gelernt und sein Land in der Zwischenzeit erfolgreich gewappnet.

Selbst Johann Wolfgang von Goethe zeigte sich gegenüber seinem Gesprächspartner Eckermann bereits 1825 enttäuscht über die sich abzeichnende Notwendigkeit, die Schlacht neu zu bewerten: »Diese Tapfern lebten daher bis jetzt immer in mir als große Retter der deutschen Nation. Nun aber kommt die historische Kritik und sagt, daß jene Helden sich ganz unnütz aufgeopfert hätten, indem das asiatische Heer bereits zurückgerufen gewesen und von selbst zurückgegangen sein würde. Dadurch ist nun ein großes vaterländisches Faktum gelähmt und vernichtet, und es wird einem ganz abscheulich zumute.«

Gott blies und zerstreute

Auch das Jahr 1588 wird häufig als Wendepunkt in der Geschichte angesehen. Grund dafür ist der fehlgeschlagene Versuch Spaniens, England zu erobern. Weit über das englische Geschichtsbewusstsein hinaus gilt diese Niederlage der spanischen Armada als entscheidender Sieg Englands, weil sie den Abstieg der spanischen Vorherrschaft auf dem europäischen Kontinent und darüber hinaus eingeläutet habe. Und entsprechend soll dieses Jahr der Regierungszeit Elisabeths I. den Keim für Englands Aufstieg zur Weltmacht in sich getragen haben. Aber war das Ergebnis der Seeschlacht von Gravelines am 8. August 1588 wirklich ein Sieg für England und eine Niederlage für Spanien? Und bedeutete dies den Niedergang der spanischen Vormacht und den Beginn des englischen Aufstiegs? Oder verhält es sich eher wie mit der vermeintlichen Mongolenabwehr bei Liegnitz?

Die europäische Geschichte ist über die Jahrhunderte eine Geschichte vom stets gefährdeten Gleichgewicht der Staaten des Kontinents und vom Versuch einzelner Staaten, diese Balance außer Kraft zu setzen, um selbst eine Vormachtstellung einzunehmen und Europa zu dominieren. Während das Mittelalter vor allem vom Ringen zwischen weltlicher und geistlicher Macht, zwischen Papst und Kaiser, gekennzeichnet war, prägten den Machtkampf in der frühen Neuzeit zunächst die Auseinandersetzung zwischen katholischen und protestantischen Mächten und später insbesondere der Kampf um die Vorherrschaft in der Neuen Welt. Spanien war im 16. Jahrhundert *die* europäische Großmacht und mit seinen Kolonialbesitzungen die Weltmacht schlechthin – umso mehr als Philipp II. seit 1580 in Personalunion auch über Portugal und seine Kolonien herrschte. Spanien verstand sich als »katholischstes« aller Länder und war das Bollwerk der Gegenreformation. England dagegen war protestantisch, und Elisabeth I. hatte spätestens mit der Hinrichtung ihrer katholischen Rivalin Maria Stuart 1587 alle Hoffnungen zunichtegemacht, ihr Land könne in absehbarer Zeit in die Arme Roms zurückkehren. In den Niederlanden, damals überwiegend in spanischem Besitz, kamen sich Spanien und England ins Gehege, weil Elisabeth die widerspenstigen Provinzen Holland und Zeeland unterstützte.

Philipp II. von Spanien, ein mächtiger und selbstbewusster, aber auch tief religiöser Mann, beschloss in den 1580er-Jahren, gleich drei Fliegen mit einer Klappe zu schlagen: Mit einer Invasion Englands wollte er das Königreich gewaltsam auf den rechten Weg des katholischen Glaubens zurückbringen und gleichzeitig die englische Unterstützung für die niederländischen Protestanten nachhaltig unterbinden. Außerdem konnte er so den wachsenden englischen Ambitionen in Übersee den Garaus machen. Unter Elisabeth I. entwickelte England den Wunsch nach Kolonien und danach, Spanien als bisher vorherrschende Seemacht zu übertrumpfen. Das hatte ebenso mit dem Renommee zu tun, das sich aus dem Ruf einer starken Seemacht ableitete, wie mit wirtschaftlichen Erwägungen, denn der sich entwickelnde Welthandel versprach reiche Gewinne. Im Herbst 1585 wurden die spanischen Pläne konkret, und nach einigen Verzögerungen – unter anderem durch einen englischen Überraschungsschlag gegen spanische Kriegsschiffe im Hafen von Cádiz – sollte das ehrgeizige Unternehmen 1588 beginnen. Da war England seit immerhin über fünf Jahrhunderten nicht mehr von außen erobert worden.

Eine beispiellos hochgerüstete Armada von 130 Schiffen mit weiterer Unterstützung durch Galeeren und Handelsschiffe stieß im Mai in See – die größte Flotte, die je in nordeuropäischen Gewässern gesichtet worden war. 20 000 Soldaten und über 2400 Kanonen sollten unter überaus erfahrenen Befehlshabern den Erfolg der Invasion gewährleisten. Ein Teil dieser Soldaten kam von der flandrischen Armee und sollte im Ärmelkanal zur Flotte stoßen. Schwerpunkt der Planungen war die Invasion zu Lande, eskortiert von der Armada, die auf der Themse nach London segeln sollte. Schwierige Wetterverhältnisse verzögerten die Fahrt, sodass die spanische Armada erst Ende Juli vor der englischen Küste eintraf. Die Engländer waren aber vorbereitet, und die Invasion misslang. Die spanische Armada musste schwer geschwächt abdrehen und nach Spanien zurückkehren. Philipps ehrgeiziger Plan war gescheitert.

In den Jahrhunderten danach wurde die »Abwehr« der Spanier in England zu einem Mythos verklärt. Verherrlicht wurde die Kaltblütigkeit des Befehlshabers Sir Francis Drake, der in aller Ruhe eine Partie Bowling zu Ende spielte, bevor er dem Feind gegenübertrat. Königin Elisabeth kam eigens an die Küste, um ihren Männern beizustehen und in einer flammenden Rede ihren Kampfesmut anzustacheln. Die Konfrontation wurde zum Freiheitskampf gegen das despotische Spanien stilisiert, ja zum Sieg des rechtschaffenen Protestantismus über den überheblichen und verderbten Katholizismus. Jahrestage wurden gebührend begangen und gelegentlich Forderungen geäußert, der 8. August solle Nationalfeiertag werden. Ungezählte Dichter Englands haben den Ruhm ihres Landes in bewegter See glorifiziert. Und weit über England hinaus setzte sich die Ansicht durch, England habe über Spanien triumphiert und damit den Niedergang der einstigen Weltmacht zugunsten des eigenen Aufstiegs eingeläutet.

Allerdings entsprechen diese einfachen und populären Wahrheiten ganz und gar nicht den Tatsachen. Zunächst einmal hat

England die Schlacht nicht siegreich entschieden. Schlachtentscheidend war vielmehr das Wetter, das sich selbst für die unbeständigen Bedingungen im Ärmelkanal ungewöhnlich extrem gebärdete. Die Engländer machten es den spanischen Schiffen zwar nicht leicht, aber sie versenkten nur wenige von ihnen. Dass ihre Schiffe wendiger waren, hätten die erstklassigen Befehlshaber der Spanier bei günstigeren Wetterbedingungen mühelos ausgleichen können. Als die bestens gerüstete spanische Armada aber vom Wetter zum Abdrehen gezwungen wurde, ließen heftige Stürme viele ihrer Schiffe an den Klippen von Irland und Schottland zerschellen. Das Vorhaben musste aufgegeben werden, und der Rest der Flotte kehrte unverrichteter Dinge nach Spanien zurück. Diese Tatsache verleitete die englische Propaganda dazu, die göttliche Vorsehung zu bemühen. Königin Elisabeth gab Münzen in Auftrag, die den Spruch trugen:»Gott blies, und sie wurden zerstreut.«

Dass England sich trotz aller Propaganda nicht in Sicherheit wiegte, zeigt die Befürchtung, die Spanier würden alsbald zurückkehren. Man erwartete dies unmittelbar nach der Schlacht, bis klar wurde, dass die Armada nach Spanien zurückgesegelt war; und dann ging man von neuen Versuchen Philipps aus. Obwohl die Invasion misslungen war, hatten die Spanier doch eindeutig bewiesen, dass England verwundbar war. Der Plan, Soldaten überzusetzen und England mit Bodentruppen zu besetzen, war gut durchdacht, denn die englischen Streitkräfte hätten dem Vormarsch der Spanier zu Lande nicht viel entgegensetzen können. Die Zeitgenossen sahen Spanien auch gar nicht geschwächt aus dem Konflikt hervorgegangen, zumal Philipp II. umgehend wieder aufrüstete und noch bessere Schiffe bauen ließ. Er plante in der Tat weitere Invasionsversuche, die allerdings abermals am Wetter scheiterten. Schließlich wurde der militärische Erfolg in den Niederlanden wichtiger als eine Besetzung Englands.

1588 begann auch nicht der Abstieg Spaniens von der Weltmachtstellung; diese Entwicklung setzte erst Jahrzehnte später ein und hatte andere Ursachen als die misslungene Invasion Englands. Seinen »messianischen Imperialismus«, wie es ein Historiker nannte, sah Spanien erst mit dem Ausgang des Dreißigjährigen Krieges 1648 als gescheitert an, der die Gegenreformation beendete und Spaniens militärisches Renommee empfindlich beschädigte. Epidemien, Missernten, Wirtschafts- und Finanzprobleme schwächten das Land im Inneren. Hinzu kamen dynastische Turbulenzen, bis nach dem Spanischen Erbfolgekrieg (1701–1713/14) die spanische Vorherrschaft in Europa endgültig gebrochen war.

Auch der Aufstieg Englands zur Seemacht steht nicht in Verbindung mit der Niederlage der spanischen Armada, denn er ließ noch hundert Jahre auf sich warten. Nüchtern betrachtet war der spanische Invasionsversuch für das späte 16. Jahrhundert ein zwar spektakuläres, aber weder außergewöhnliches noch übermäßig bedeutsames Ereignis.

Von Puritanern und Sklaven

Mythen und Legenden von Völkern und Ländern über den eigenen Ursprung können eine große gesellschaftliche oder politische Rolle spielen – sei es für das Zusammengehörigkeitsgefühl, um territoriale Ansprüche anzumelden oder Kriege zu rechtfertigen. Das schützt sie allerdings nicht davor, als Lebenslügen enttarnt zu werden, und es gilt nicht nur für das alte Europa, sondern auch für jüngere Staaten wie die USA, obwohl Letztere einen multiplen Ursprung haben und nur indirekt auf eine so lange Geschichte zurückgreifen können wie die Völker Europas. Nicht zuletzt wegen dieser kürzeren Geschichte und zur Förderung eines Zusammengehörigkeitsgefühls bei seinen Bürgern so unterschiedlicher Herkunft schuf sich auch der nordamerikanische Staat einen Gründungsmythos. Er wird in US-amerikanischen Schulbüchern verbreitet und beginnt bei den sogenannten Pilgervätern, die auf der »Mayflower« England 1620 verließen und in Cape Cod in Neuengland eine Kolonie gründeten. Der Mythos besagt, dass die 101 Passagiere der »Mayflower« in der Neuen Welt politische und religiöse Freiheit suchten, dass die Einwanderung der Puritaner für die Kolonisierung Neuenglands maßgeblich war und dass sie ehrbare, arme Leute waren, die in Europa keine Perspektive mehr sahen. Die religiöse Sicht der Puritaner, in Amerika zu Gottes Gefallen eine Art neuen Garten Eden aufzubauen, hat das US-amerikanische Selbstverständnis zutiefst geprägt. Daraus erklärt sich das religiöse Pathos, das die USA bis in die große Politik hinein immer wieder ergreift. Und nicht zuletzt gelten die Pilgerväter der »Mayflower« als Vorläufer der nordamerikanischen Demokratie.

Die »Mayflower« der Pilgerväter war nicht das erste Schiff, das englische Siedler nach Neuengland brachte. Frühere Siedlungen waren jedoch mehr oder weniger gescheitert. Die Siedler der »Mayflower« hatten mehr Erfolg und Glück, als sie Plymouth gründeten und sich an die Arbeit machten. Zum Dank für die Ernte, die sie 1621 einbrachten, feierten sie mit Mais und Truthahn den ersten amerikanischen Thanksgiving Day.

Nach den Unterschriften der ersten Vereinbarung, die 41 Männer unter den Passagieren der »Mayflower« noch auf hoher See ausarbeiteten, waren die Pilgerväter unterschiedlicher Herkunft. Als sie diesen »Mayflower Content« unterschrieben, setzten elf von ihnen ein »Mr« vor ihren Namen. Folglich waren sie nicht nur bessergestellt als die Mehrheit der anderen, sondern legten auch Wert auf diese Unterscheidung. Auf dem Schiff stellten die Pilgerväter weder die Mehrheit, noch waren sie arm, denn dann hätten sie die kostspielige Auswanderung gar nicht finanzieren können. Die Armen unter den Passagieren waren Abhängige, die ihrem Herrn mehrere Jahre dienen mussten, bevor sie sich eine eigene Existenz aufbauen durften. Außerdem waren die Pilgerväter und ihre Familien streng genommen keine Flüchtlinge, die wegen ihres Glaubens unterdrückt wurden. Vielmehr wollten sie mit der anglikanischen Kirche nichts mehr zu tun haben, weil sie sie für nicht reformierbar hielten. Deswegen waren sie schon zwölf Jahre vorher nach Holland gegangen, wo aber ein Teil aus wirtschaftlichen und kulturellen Gründen unzufrieden war und sich daher entschloss, nach Amerika auszuwandern.

Die Vereinbarung, die die Pilgerväter während der Überfahrt ausarbeiteten, wurde später als Ursprung der amerikanischen Demokratie verklärt. Auch das ist eine unberechtigte Mystifizierung, denn die Erklärung diente eher gegenteilig dem Zweck, die Geschicke der zu gründenden Kolonie in die Verantwortung derer zu legen, die klare religiös-politische Vorstellungen hatten, auf welchen Grundlagen die neue Kolonie funktionieren sollte. Daran mussten sich fortan auch diejenigen Einwanderer halten, die gar nicht mit bestimmten religiösen Vorstellungen aufgebrochen waren. Das entspricht nicht gerade demokratischen Gepflogenheiten; und mit unliebsamen Siedlern, die dem Alkohol und anderen weltlichen Freuden allzu ungeniert zusprachen, verfuhren die Pilgerväter später nicht gerade zimperlich.

Als eigentlicher Keim Neuenglands kann die »Mayflower«-Siedlung Plymouth ebenfalls nicht gelten, denn sie ging schon Ende des 17. Jahrhunderts in der menschenreicheren Kolonie Massachusetts auf. Insgesamt ist die historische Bedeutung der Pilgerväter der »Mayflower« in Wahrheit also sehr viel kleiner als im historischen Gedächtnis der Vereinigten Staaten verankert.

Ähnlich gemischt in ihrer Motivation waren die Passagiere der anderen Auswandererschiffe, die in den 1630er-Jahren nach Neuengland kamen. Die Religion war nur ein Grund unter vielen. Stärker noch wogen für die meisten Anwerbung, wirtschaftliche oder persönliche Gründe, und auch Abenteuerlust oder Aufstiegshoffnungen waren dabei. Das geht aus Briefen und Lebenserinnerungen der Auswanderer klar hervor. Historiker vermuten, dass religiöse Aspekte, die im 17. Jahrhundert eine wichtige Rolle spielten, durchaus ein Anstoß zur Auswanderung gewesen sein können, dass aber Glaubensüberzeugungen nicht der ausschließliche Grund waren, die damals so gefürchtete Überfahrt in die Neue Welt anzutreten.

Tatsächlich waren die Puritaner unter den Einwanderern des 17. Jahrhunderts ohnehin eher in der Minderheit, auch wenn Geschichtsfolklore, Schulbücher und das historische Gedächtnis der USA etwas anderes vermitteln. Selbst bei der sogenannten Great Migration der 1630er-Jahre stellten die Puritaner, anders als meist behauptet, nicht die größte Gruppe der Einwanderer. Auch hier bildeten einfache Arbeiter und Abhängige die Mehrheit der Neuankömmlinge, die nur in Ausnahmefällen aus religiösen Gründen auswanderten.

Und selbst die Puritaner waren nicht ausnahmslos Glaubensflüchtlinge, die sich aus religiöser Repression zur Emigration aus England gezwungen sahen. Sie wurden wie andere Auswanderer auch mit häufig überzogenen Versprechungen bewogen, ihr Glück in der Neuen Welt zu versuchen, zumeist aus den gleichen wirtschaftlichen Erwägungen wie andere Immigranten auch.

Bemerkenswert an der Geschichte Neuenglands im 17. Jahrhundert ist, dass die englischen Siedler überwiegend strengere religiöse Regeln für das Gemeinwesen aufstellten, als sie sie aus England gewohnt waren. Staat und Kirche waren viel enger miteinander verbunden als im Mutterland. Die Trennung von Staat und Kirche war kein Grundanliegen der Einwanderer – ein weiterer Irrtum im historischen Gedächtnis. Diese Vorstellung setzte sich erst viel später durch und fand 1791 Eingang in die US-Verfassung, die aber einzelstaatliche Regelungen erlaubte.

Dann die Glaubensfreiheit: Sie bezog sich im kolonialen Neuengland nicht auf jeden Einzelnen, sondern auf die Gemeinschaft: Die Führer der Kolonien stellten eigene Regeln auf und sahen sich nicht an das englische Beispiel gebunden. Diese Regeln galten dann aber für alle Angehörigen der jeweiligen Kolonie gleichermaßen. Blasphemie oder Ehebruch wurden beispielsweise in Massachusetts mit der Todesstrafe geahndet, dort wurden die ersten Quäker verfolgt und einige von ihnen sogar gehängt.

Wie andere nationale Mythen gehen diese Gründungsmythen zwar auf historische Ereignisse und Entwicklungen zurück, haben aber durch die Vereinfachung an Wahrheitsgehalt verloren. Sie wurden schon wenige Jahrzehnte nach der Ankunft der »Mayflower« in Plymouth aufgebaut und seither gepflegt – als Selbstversicherung, als Stärkung in der schwierigen Aufbauphase, aber auch als Abgrenzung gegenüber anderen, nicht zuletzt den einheimischen Indianern und den afrikanischen Sklaven. Deren erzwungene Zuwanderung nach Nordamerika fehlte über Jahrhunderte völlig im historischen Gedächtnis der Amerikaner. Dieses fehlerhafte Geschichtsverständnis ist aber ebenso im Wandel begriffen wie die Einschätzungen der Historiker, die seit einigen Jahrzehnten die Gründungsmythen der USA recht unverdrossen auf ihr historisches Maß zurechtstutzen.

∗ ∗ ∗

Ein weiterer Bestandteil des historischen Erbes der USA ist der Bürgerkrieg (1861–1865), den die nördlichen und die südlichen Staaten der USA gegeneinander ausfochten. Aber was genau war der Konflikt in diesem Krieg, der über 600 000 Menschenleben forderte und den Süden zu weiten Teilen verwüstete? Nach allgemeiner Überzeugung ging es um die Abschaffung der Sklaverei, die nach Ende des Krieges ja tatsächlich erfolgte. In den Jahrzehnten vor dem Bürgerkrieg hatten sich der industriestarke Norden der USA mit den Sklaven haltenden Südstaaten über das Thema entfremdet. Die Südstaaten hielten an dieser »besonderen Einrichtung«, wie sie schöngefärbt genannt wurde, störrisch fest. Wirtschaftlich sahen sie sich darauf angewiesen, weil die agrarische Struktur und die Anbaumethoden im Süden enorm viel Arbeitskraft banden. Laut Bundesverfassung waren die Einzelstaaten in der Sklavenfrage unabhängig. Die Auseinandersetzung innerhalb der USA bezog sich daher nicht auf die Frage, ob die Sklaverei insgesamt, also auch im Süden, abgeschafft werden sollte. Uneinig war man vielmehr über ihre Ausdehnung auf die territorialen Neuerwerbungen im Westen. Zwar war die Haltung gegenüber der Sklaverei auch im Norden alles andere als einheitlich, eine Mehrheit wollte aber sicherstellen, dass das System der Sklaverei nicht weiter ausgedehnt wurde. Eine Gleichberechtigung aller Bevölkerungsgruppen stand deshalb aber noch lange nicht auf der Tagesordnung.

Nord- und Südstaaten hatten sich jedoch nicht nur wegen der Frage der Sklavenhaltung entfremdet, sondern ganz allgemein, weil sich der Norden aufgrund von Industrialisierung und erhöhter Zuwanderung erheblich schneller entwickelte. Im traditionellen Süden erhielt die Vorstellung Zulauf, eine Abspaltung würde dem eigenen Charakter eher gerecht als die Existenz in der Union, in der der bevölkerungsreichere und wirtschaftlich stärkere Norden immer mehr den Ton angab. Man wollte mit Baumwollanbau und Sklavenhaltung den gewohnten Weg weitergehen, anstatt sich am Norden zu orientieren. Mit der Wahl des erklärten Gegners der Sklaverei, Abraham Lincoln, zum Präsidenten schien dies aber nicht mehr möglich. Ende 1860 sagte sich mit South Carolina der erste Staat von der Union los. Es folgten bald darauf Mississippi, Florida, Alabama, Georgia, Louisiana und Texas, die sich zu den »Konföderierten Staaten von Amerika« (Confederate States of America = CSA) zusammenschlossen. Weitere acht »Sklavenstaaten« verhielten sich abwartend. Die Nordstaaten marschierten nach Süden, und ein erbarmungsloser Krieg nahm seinen Anfang.

Für die Union und Präsident Lincoln ging es bei Ausbruch des Krieges trotz allem nicht um das Thema Sklaverei, sondern um den Erhalt der Union. Die abtrünnigen Staaten hätten nicht das Recht, sich von der Union loszusagen, und müssten daher mit Gewalt zurückgeholt werden. Deshalb sprach man im Norden vom »Rebellionskrieg«, während der Süden das Recht auf Unabhängigkeit reklamierte und sich in einen Verteidigungskampf getrieben sah. Auf die Bezeichnung Bürgerkrieg als versöhnlichen Kompromissbegriff verständigte man sich erst in der Nachkriegszeit. Die Südstaaten hingegen wollten ihr System der Sklaverei erhalten und unabhängig werden, bevor die Union ihnen die Befreiung der Sklaven aufzwang. Zunächst erwartete die Öffentlichkeit der Nordstaaten, dass in einem kurzen Krieg der Süden »zurückgeholt« würde, aber nicht, dass als Konsequenz daraus die Sklaven der Südstaaten frei werden würden. Präsident Lincoln lavierte: Zwar verurteilte er die Sklaverei moralisch, sagte aber: »Mein vorrangiges Ziel in diesem Kampf ist die Rettung der Union und nicht, die Sklaverei zu retten oder abzuschaffen. Wenn ich die Union retten könnte, ohne einen einzigen Sklaven zu befreien, würde ich es tun; und wenn ich sie retten könnte, indem ich alle Sklaven befreie, würde ich es tun; und wenn ich sie retten könnte, indem ich nur einige befreie und andere nicht, würde ich auch das tun.«

Der ausschlaggebende Grund der Nordstaaten, Krieg gegen den Süden zu führen, war die Sklaverei also nicht. Ihre Abschaffung wurde gleichwohl im Verlauf des Krieges zum erklärten Ziel der Union. Die radikalen Abolitionisten gewannen überraschend schnell an Einfluss, und die Zukunft der Nation schien immer mehr an die Sklavenfrage gekoppelt. Die Öffentlichkeit der Nordstaaten erlebte 1862 einen bemerkenswerten Stimmungsumschwung zugunsten der völligen Abschaffung der Sklaverei; dahinter stand aber wohl weniger der plötzliche Wunsch nach Gleichbehandlung aller Bevölkerungsgruppen, sondern der nach Abschaffung eines überkommenen Systems, das die Südstaaten verkörperten. Als die Nordstaaten nach anfänglichen Niederlagen militärisch stark genug geworden waren und der Erlass nicht als Schwäche ausgelegt werden konnte, verfügte Lincoln 1862 die »Emancipation Proclamation«, die die Sklaven der aufständischen Staaten der Konföderation befreite. Erst damit wurde die Befreiung der Sklaven zum erklärten Kriegsziel, auch wenn in den bereits eroberten Staaten vorerst alles beim Alten blieb. Militärisch und für das Image der Union im Ausland war die Proklamation enorm hilfreich. Der endgültige Sieg des Nordens 1865 ermöglichte schließlich eine Verfassungsänderung zugunsten der Afroamerikaner: Der 13. Zusatz zur US-Verfassung schaffte die Sklaverei in den gesamten Vereinigten Staaten ab. Welch historischen Wandel das bedeutete, zeigte sich, als der Entwurf den Kongress mit der notwendigen Zweidrittelmehrheit passierte. Beobachter jubelten und lachten, einer schrieb in sein Tagebuch, er fühle sich seitdem wie in einem neuen Land. Unter den Jubelnden waren viele Schwarze, die kurz zuvor das Parlament nicht einmal hatten betreten dürfen. Aber selbst in dieser historischen Stunde hatten sie im Kampf um Gleichberechtigung nur einen, wenn auch wichtigen Etappensieg erreicht. Die Abschaffung der Sklaverei ist in der Tat eines der wichtigsten Ergebnisse des amerikanischen Bürgerkriegs, obwohl sie 1861 ebenso wenig Kriegsziel der Union war wie die Sklavenhaltung der Südstaaten eigentlicher Kriegsgrund. Als zentrales Thema erlangte sie im Verlauf des Krieges allerdings immer größere Bedeutung.

Über die Ursachen, die zum Bürgerkrieg geführt haben, sind die Historiker aber bis heute uneins; die Untersuchungen zum Bürgerkrieg sind schier unüberschaubar. Selbst US-Präsident Abraham Lincoln, der auf der Seite der Nordstaaten den Krieg führte, war nach dem Sieg über den Süden vorsichtig mit seiner Einschätzung: 1865 sagte er im US-Kongress, es sei zu Beginn der Auseinandersetzungen allen klar gewesen, dass die Sklaverei »irgendwie« die Ursache gewesen war. Irgendwie? Auch wenn Wissenschaftler sich darüber einig sind, dass die Sklaverei zu den Ursachen des Krieges gehört, streiten sie doch darüber, wie groß ihr Anteil ist und welche anderen Gründe noch zum Tragen kamen. War der Krieg nicht ohnehin unumgänglich, weil Nord und Süd sich auseinanderentwickelt hatten? Und selbst wenn die Sklaverei unbestritten ein wichtiger Wirtschaftsfaktor war, waren nicht andere ökonomische Aspekte entscheidender? Mit guten Argumenten lässt sich dieser Krieg als eine Art Entscheidungskampf um die Industrialisierung und Modernisierung der USA bezeichnen. Und wie bedeutsam waren kulturelle und gesellschaftliche Unterschiede zwischen den beiden Teilen der damaligen Vereinigten Staaten? Einiges spricht dafür, dass das Land zu zerrissen war, um vor der Zukunft bestehen zu können, mithin also ein klärender

Bürgerkrieg bei allem Schrecken ebenso unausweichlich wie notwendig war. Oder haben verantwortungslose Politiker das Land in einen vermeidbaren Krieg getrieben?

Wie häufig in der Geschichte bietet auch der amerikanische Bürgerkrieg reichhaltiges Material für den Streit der Wissenschaftler darüber, ob es überwiegend um Moral und Ideale, persönliche Interessen der politischen Klasse oder wirtschaftliche Fragen ging. Was die Frage der Sklavenbefreiung betrifft, so war bis vor einigen Jahrzehnten klar: Sie ist Abraham Lincoln zu verdanken. Inzwischen sind die Ansichten darüber differenzierter – bis hin zu der Deutung, die Sklaven hätten sich selbst befreit. Denn erst ihre massenhafte Flucht vor ihren Südstaatenherren in den freien Norden und der Wehrdienst von fast 200 000 schwarzen Soldaten für die Sache der Union habe die Lincoln-Regierung gezwungen, das Thema anzupacken. Unabhängig von der feinen Unterscheidung zwischen Kriegsgrund und Kriegsziel, zwischen Ergebnis und Verdienst, war der Bürgerkrieg 1865 die Voraussetzung für die Befreiung der US-amerikanischen Sklaven.

Parlament
mit Heiligenschein

Britannia, du hast es besser – diesen Eindruck kann man leicht gewinnen, wenn man sich mit der englischen Geschichte befasst. Natürlich, auch dort gab es Bürgerkrieg und Invasionen, Umsturz und Königsmord. Aber alles in allem wies die englische Geschichte doch sehr viel geradliniger in Richtung moderner Demokratie und Zivilgesellschaft als anderswo. Dieser Lesart zufolge entwickelte England frühzeitig freiheitliche Traditionen und betrieb sie kontinuierlich weiter, was das Land immun machte gegen den Absolutismus, der Kontinentaleuropa im 17. Jahrhundert erfasste. Die Demokratie hat nämlich in England ihren Anfang sehr früh genommen: Schon mit der Magna Charta Libertatum, der großen Freiheitsurkunde von 1215, trotzte das Parlament dem König gewichtige Zugeständnisse ab, was eine fruchtbare Konsenskultur zwischen beiden beförderte. In der »Glorious Revolution« von 1688, dem unblutigen Sturz des Königs Jakob II. und der Bill of Rights, wurde die königliche Macht schließlich ein weiteres Mal zurechtgestutzt. Eine zivilisierte Entwicklung in Richtung Moderne verschonte England überhaupt von allzu extremen oder extremistischen Ausschlägen in jedweder Richtung, ob nun absolutistisch, revolutionär oder totalitär.

Diese gefällige Sicht auf die englische Geschichte wird nicht zuletzt in England selbst gern vertreten, wo sie lange Zeit sogar *com-*

161

mon sense der Historiografie und des öffentlichen Bewusstseins war. Sie hat ihren Ursprung im 15. Jahrhundert, wurde aber im 19. Jahrhundert besonders populär, als die Welt- und Kolonialmacht Großbritannien international unangefochten an der Spitze stand. Dieser Blick auf die nationale Vergangenheit ist durchaus vergleichbar mit der – zugegebenermaßen ungleich fataleren – preußisch-deutschen Sicht nach der Reichsgründung 1871, der zufolge die deutsche Geschichte seit der Schlacht im Teutoburger Wald geradewegs und folgerichtig auf ihre Erfüllung im hohenzollerschen Kaisertum zugesteuert habe. Ähnlich erfüllend und beglückend schien in England alles auf den modernen Parlamentarismus hinausgelaufen zu sein. Gegen Ende des 19. Jahrhunderts schrieben dann britische Autoren selbstzufrieden und mit Blick auf die diversen Revolutionen und anderen Fehlentwicklungen auf dem Kontinent von der gemächlichen Evolution in England. Das alles passt zum britischen Selbstverständnis, zwar irgendwie schon, aber doch nicht ganz europäisch zu sein, sondern vielmehr ein Sonderfall in *splendid isolation*, was noch immer die englische Befindlichkeit beeinflusst – der »Brexit« aus der Europäischen Union ist eine Spätfolge davon.

Übrigens war das englische Geschichtsbild ursprünglich gegen Frankreich gerichtet, das als Gegenpol diente, um anhand der dortigen Könige mit despotischer Machtfülle den Vorzug des englischen Weges zu illustrieren. In der lächerlichsten Vereinfachung lief es darauf hinaus, die Engländer als der Anlage nach freiheitsliebend, die Franzosen hingegen als geborene Nation von Sklaven zu identifizieren. Das war allerdings noch vor der Französischen Revolution.

Dieses gefällige Bild der englischen Geschichte beruht also auf nichts mehr als auf einem Gegensatz zwischen England und Frankreich bzw. dem gesamten Kontinent in Sachen Parlamentarismus und Absolutismus im Barockzeitalter. Zugespitzt formuliert: Weil es in England frühzeitig ein starkes Parlament gab, konnten die

Könige keine absoluten Herrscher werden. Und weil politische Repräsentation im Rest von Europa unterentwickelt war, nutzten die Herrscher auf dem Festland ihren Freiraum und schufen ein absolutistisches System. Nur: Diese einfache Gleichung basiert auf der herkömmlichen Vorstellung des Absolutismus, die längst hinfällig geworden ist. Abermals zugespitzt formuliert: Den Absolutismus gab es gar nicht. Das so handlich vereinfachende Kontrastbild kommt nur dann zustande, wenn man einer optischen Täuschung aufsitzt, die von einem abstrakten Forschungsbegriff ausgeht; dieser entspricht jedoch gar nicht der historischen Wirklichkeit. Zwar besaßen die Herrscher der Barockzeit eine Idealvorstellung von uneingeschränkter Herrschaftsausübung, ohne sie aber durchsetzen zu können.

Längst hat die Forschung in hingebungsvoller Detailarbeit und aufwendigen Einzelstudien herausgearbeitet, dass die Dinge für Europas Fürsten so einfach nicht waren. Merkwürdig ist beispielsweise, dass es manchen angeblich absoluten Herrscher gab, der am Rande des Bankrotts balancierte. Die Bandbreite an Ausformungen der Monarchie ist enorm groß, abhängig nicht zuletzt von spezifischen Gegebenheiten, aber auch von den jeweiligen Monarchen selbst. Immer wieder strebten zwar die Fürsten nach größerer Macht, aber ob und in welchem Maße ihr Streben von Erfolg gekrönt war, hing von einem sehr komplexen Zusammenspiel ab. Macht lässt sich nicht allein aus einem starren Herrschaftssystem erklären, sondern ist in ihrer Ausgestaltung von Umständen und Möglichkeiten abhängig, und die wandeln sich nun einmal beständig. Und Absolutismus, meist als Königsherrschaft ohne die Beteiligung von Ständen verstanden, war ebenfalls so nicht der Regelfall. Auf dem Kontinent kam es ebenso wie in England zu Situationen, in denen breiter Konsens hergestellt werden musste, um beispielsweise gemeinsam Krisen zu bewältigen oder Herausforderungen zu begegnen. Das gab politischen Kräften einen Hebel an die Hand, um dem Fürsten Zugeständnisse abzuverlangen.

Selbst ohne Krisen war der frühneuzeitliche Staat in Frankreich, Spanien oder Ungarn häufig auf Einvernehmen angewiesen, um funktionieren zu können. Und die Grenzen fürstlicher Macht und Selbstherrlichkeit konnten dem Herrscher durchaus effektiv vor Augen geführt werden, etwa in kleineren oder größeren Aufständen oder Protestaktionen – oft genügte schon eine Drohgebärde. Auf Recht, Gebräuche und Traditionen mussten die Fürsten durchaus Rücksicht nehmen, auf christliche Konventionen sowieso. Man war nun einmal, bei unterschiedlichen Interessen, aufeinander angewiesen, was besonders für die kriegerische Zeit des 17. und 18. Jahrhunderts galt, als nicht nur Armeen finanziert werden mussten, sondern auch ungezählte Schlösser, die Versailles nacheiferten. Wer Kriege führen wollte, brauchte nicht nur einfache Soldaten, die damals meist noch Söldner waren, sondern auch viel Geld und Offiziere, die in der Regel aus dem Adel stammten, der daher nicht vollends marginalisiert werden konnte. Überhaupt war die Aristokratie für das Funktionieren der frühneuzeitlichen Staaten unersetzlich, was ihr natürlich Macht verlieh. Ebenso stellte das Volk durchaus eine Größe dar: Schließlich konnte kein Fürst vernünftigerweise die Lebensfähigkeit seines Staates riskieren, nur um seinen Willen durchzusetzen.

Der differenzierte Blick sowohl auf England als auch auf den Bezugsrahmen europäischer Kontinent zeigt, dass die Unterschiede zwischen Insel und Festland so grundlegend gar nicht sind. Und so entpuppt sich der englische Sonderweg mit seinen spezifischen Ausformungen von Parlamentarismus und Königsherrschaft lediglich als eine von zahlreichen europäischen Varianten. Es ist eben nicht so, dass England die rühmliche Ausnahme zur zweifelhaften Regel des restlichen Europas darstellt. Ein britischer Kritiker bemängelte einmal, die These des Sonderwegs diene vor allem der Glorifizierung der Gegenwart. Und in der Tat gerät das englische *Parliament* des Mittelalters in vielen Darstellungen der modernen britischen Institution ähnlicher als den Ständevertretungen, die es in den meisten anderen europäischen Staaten ebenso gab. Deren Vertreter waren wie ihre englischen Kollegen darauf aus, die Königsmacht zu kontrollieren und einzuschränken. Zwar war das englische Parlament schon sehr früh stärker als jede andere europäische Repräsentativ- oder Ständevertretung und entsprechend in viel besserer Position dem König gegenüber. Aber auch auf dem Kontinent gab es Mitspracherechte, auch dort war die Macht der Fürsten nicht unbeschränkt, das gilt selbst für den absolutistischsten aller Könige: Ludwig XIV. von Frankreich. Bei genauerem Hinsehen finden sich auch in Kontinentaleuropa Staaten, in denen die Königsmacht von einem starken Parlament oder einer Ständevertretung beschränkt wurde, beispielsweise Polen oder die Niederlande. Auf der anderen Seite hatten britische Könige in Sachen Kriegführung oder Finanzen im 18. Jahrhundert ähnlich große Einfluss- und Entscheidungsmöglichkeiten wie ihre Kollegen. In England bestanden unter der Herrschaft der Tudor- und Stuart-Könige durchaus absolutistische Tendenzen, und Karl I. regierte fast ein halbes Jahrhundert ohne Parlament. Besonders mächtige Könige gab es also auch in England und schwache auch in Frankreich oder Spanien. Es kam zwar zu unterschiedlichen Ausprägungen der fürstlichen Machtfülle, aber es existierte kein rein absolutistisches Kontinentaleuropa im Unterschied zu einem rein freiheitlichen England.

Nun kann die Geschichtswissenschaft ohne Kategorien und Theorien nicht gut arbeiten, weshalb der Begriff Absolutismus auch weiterhin gebraucht wird. Aber er wird inzwischen mit erheblich größerer Vorsicht verwendet, weil die wissenschaftliche Kategorie von der historischen Realität nicht so brav befolgt wurde, wie es die klare Definition nahelegt. Es ist erstaunlich, wie lange sich dieses doch sehr konstruierte Bild vom kontinentaleuropäischen Absolutismus halten konnte. In den vergangenen Jahrzehnten aber haben Historiker mit dem Mythos Absolutismus aufgeräumt. Weil diese Entmythisierung die historische Wirklichkeit jedoch bedeutend vielschichtiger und komplizierter macht und damit das rasche Verständnis erschwert, behauptet sich hartnäckig das herkömmliche Bild in seiner einfachen Vorstellung von uneingeschränkten Königen diesseits und freiheitlichem Parlamentarismus jenseits des Ärmelkanals. Und England kann weiterhin mit seinem angeblichen Sonderweg punkten.

»Umsiedlung« mit Todesfolge

Im Frühling 1915, mitten im Ersten Weltkrieg, meldeten deutsche Diplomaten aus dem verbündeten Osmanischen Reich, Vorgängerstaat der Türkei, aus Ostanatolien werde die armenische Bevölkerung vertrieben. Angeblich war die Gegend zum Kriegsgebiet und waren die Armenier zum Sicherheitsrisiko geworden. Die dort seit Jahrhunderten ansässigen Armenier wurden nach Süden »umgesiedelt«, in unwirtliche Wüstengebiete Syriens und des heutigen Irak. Bei diesen Umsiedlungen und durch weitere Verfolgungen in den Jahren darauf kamen bis zu 1,5 Millionen Armenier ums Leben.

Im Westen erfuhr das Schicksal der Armenier über Jahrzehnte vergleichsweise wenig Beachtung. Deutschland horchte nach den Ereignissen noch einmal auf, als im Frühjahr 1921 nicht weit vom Bahnhof Zoologischer Garten in seinem Berliner Exil der ehemalige Großwesir und Innenminister des Osmanischen Reiches – und von den Alliierten gesuchter Kriegsverbrecher – Talat Pascha erschossen wurde. Der Mörder war ein 25-jähriger armenischer Student, der in seinem Opfer den Hauptverantwortlichen für das Verbrechen am armenischen Volk sah – mithin den eigentlichen Mörder. Spätestens nach dem Prozess aber, in dem der junge Armenier überraschend freigesprochen wurde, versickerte die Aufmerksamkeit an dem Drama wieder, das sich weit ab vom Fokus des internationalen Interesses während des Ersten Weltkriegs abgespielt hatte.

Nicht zu Unrecht fühlten sich die Armenier bis vor wenigen Jahren mit ihrem kollektiven Trauma nicht ernst genommen. Waren es zunächst der Weltkrieg und dann die innereuropäischen Entwicklungen, die das Interesse gering hielten, blieb auch nach dem Zweiten Weltkrieg und trotz des deutschen Völkermords an den Juden das Verbrechen an den Armeniern ein Stiefkind der Historiker. Das lag vor allem an der Randlage des Osmanischen Reiches und seiner spezifischen Geschichte, die auf der Liste drängender Forschungsthemen westlicher Historiker nicht allzu weit oben stand. Da half auch nicht viel, dass der Friedensnobelpreisträger Elie Wiesel die Verbrechen an den Armeniern als »Holocaust vor dem Holocaust« bezeichnete. Hinzu kam eine Rücksichtnahme gegenüber der Türkei und insbesondere ihrer Militärs, die sich eine externe Beurteilung dieses Teils ihrer Geschichte als unerwünschte Einmischung verbaten. Und nicht zuletzt war Armenien als Teil der sowjetischen Einflusssphäre aus dem Blickfeld des Westens ohnehin weitgehend verschwunden.

Als das Schicksal der Armenier endlich ins europäische Bewusstsein eindrang, wurde es sogar zu einem Thema der Tagespolitik – denn es prägt bis heute die Beziehungen des mittlerweile unabhängigen Armenien zur Türkei ebenso wie die Beziehungen der Türkei zur westlichen Welt, insbesondere der Europäischen Union. Am Thema Armeniermord entzünden sich immer wieder erbitterte Diskussionen, und in der Türkei waren die Ereignisse von 1915 vor noch nicht allzu langer Zeit ein absolutes Tabu. Selbst heute noch werden Intellektuelle vor türkische Gerichte zitiert, wenn sie die »Umsiedlungen« der armenischen Bevölkerung als Genozid bezeichnen, und die türkische Diplomatie reagiert erzürnt auf die Behandlung des Themas als Völkermord in westlichen Medien und Schulbüchern. Parlamente der EU befassten sich mit den Ereignissen, die doch schon fast ein Jahrhundert zurückliegen. Der Deutsche Bundestag verabschiedete 2016 die Armenien-Resolution, die die Ereignisse als Völkermord einstuft, was Europaparlament und auch die UN-Menschenrechtskommission längst getan hatten. Bereits 2006 beschloss das Parlament Frankreichs, die Leugnung des Völkermords an den Armeniern unter Strafe zu stellen; Frankreich hat einen besonders hohen Anteil armenischer Einwanderer, darunter als bekanntester der 2018 verstorbene Chansonnier Charles Aznavour, dessen Eltern sich vor der Vernichtung nach Paris hatten retten können. Die offizielle Türkei fasst solche Parlamentsbeschlüsse ebenso als Affront auf wie die Auszeichnung des türkischen Schriftstellers Orhan Pamuk mit dem Literaturnobelpreis 2006. Pamuk hat sein Land immer wieder wegen seines Umgangs mit den Verbrechen an den Armeniern kritisiert. Die Diskussion in der Türkei schwankt zwischen fortgesetzter Verdrängung und dem Wunsch nach Aufklärung. Auch den 100. Jahrestag des Aghet (Katastrophe), wie die Armenier das nationale Trauma nennen, ließ der türkische Staat verstreichen, ohne eine offizielle Entschuldigung auszusprechen. Es mag den Hunderttausenden Opfern und ihren Angehörigen heute nicht mehr viel helfen, aber wichtig bleibt dennoch die Frage, als was die Politik der damaligen Türkei historisch eingeordnet werden muss. Handelte es sich um eine skandalös menschenverachtende Umsiedlung, die aufgrund der Umstände und der Ignoranz des Staates gegenüber ihren armenischen Bürgern zu einem Desaster geriet? Oder war es ein planvoll ausgeführter Völkermord, mit dem sich das Osmanische Reich im Sinne eines türkischen Nationalismus in der Endphase seines Niedergangs einer missliebigen Bevölkerungsgruppe entledigen wollte?

Von Pogromen gegen die Armenier erfuhr die europäische Öffentlichkeit erstmals 1894. Im Ersten Weltkrieg wurden die Verfolgungen jedoch umfassender – angeblich, um einem Aufstand der Armenier vorzubeugen, müssten sie »umgesiedelt« werden, so die Begründung der Behörden, was in einer dramatisch hohen

Zahl der Fälle den Tod bedeuten sollte. Zuvor war die Bevölkerung gegen ihre armenischen Mitbürger mit allerlei Propaganda und geschickt gestreuten Gerüchten aufgehetzt worden – was den Drahtziehern nötig schien, weil die muslimischen und christlichen Bevölkerungsgruppen in Anatolien sich recht gut verstanden. Die politische Führung unterstellte den Armeniern Sympathie für den Kriegsgegner Russland; erwünschte Geständnisse über Pläne für Aufstände oder Hochverrat wurden mit grausamer Folter erpresst. All dies ist von ausländischen Diplomaten und Geheimdienstmitarbeitern unterschiedlichster Couleur – also auch aus mit dem Osmanischen Reich verbündeten Ländern wie dem Deutschen Reich – umfassend dokumentiert und nach Hause berichtet worden.

Im Mai 1915 kam es zur bisher größten Deportationswelle. Vertretern verbündeter Länder gegenüber äußerten türkische Würdenträger, wie der später ermordete Talat Pascha, während der Operation ganz offen, den armenischen Bevölkerungsanteil des Osmanischen Reiches vollständig zu vernichten. Zum Teil ohne jede Nahrung mussten die Bewohner ihre Häuser verlassen und zunächst im unwirtlichen Gelände campen. Im Weiteren wurden die Armenier aus ganz Anatolien ausgewiesen und in Richtung Süden deportiert – und zwar unterschiedslos alle vom Säugling bis zur Greisin. Auf Märschen und in überfüllten Viehwaggons gingen die Deportationen vonstatten. Abgesehen von den menschenunwürdigen Bedingungen kam es im Verlauf der Vertreibung erneut zu Massakern. Über Wochen konnte man auf dem Euphrat Leichen in Richtung Meer treiben sehen, oft paarweise aneinandergebunden, weil die Opfer lebend ins Wasser geworfen worden waren. Umstritten ist die Zahl der Armenier, die die Vertreibung nicht überlebten. Die Schätzungen reichen von wenigen Hunderttausend bis anderthalb Millionen – bei einer armenischen Bevölkerung im Osmanischen Reich von 1914 von gut 1,8 Millionen. Heute leben in der Türkei noch rund 60 000 Armenier, die meisten von ihnen in Istanbul.

War es nun ein Völkermord oder nicht? Die Frage bleibt höchst umstritten, auch wenn eine klare Mehrheit der Fachleute vom Vorsatz der Vernichtung ausgeht und die Zahl der Opfer eher in Richtung 1,5 Millionen veranschlagt. Allerdings lässt sich kein eindeutiger Beschluss vorweisen, der die Absicht zweifelsfrei belegen würde. Daher bestehen einige Historiker sowie die offizielle türkische Interpretation der Geschehnisse darauf, die Vorkommnisse je nachdem zwar als bedauerlich, tragisch oder unentschuldbar einzustufen, aber den Begriff Völkermord zu verwerfen, eben weil kein entsprechender Beschluss vorliegt, der damit den völkerrechtlichen Tatbestand des Genozids bestätigen würde. Die Unfähigkeit der türkischen Behörden, die Umsiedlungen vernünftig abzuwickeln, sowie der ausgeprägte Unwillen, die armenischen Mitbürger vor den dramatischen Folgen dieser Aktionen zu schützen, seien für die vielen Opfer verantwortlich. Die Mehrheit der Historiker verweist dagegen auf die Faktenlage, aus der hervorgehe, dass der Tod möglichst vieler Armenier bei den Umsiedlungen mindestens billigend in Kauf genommen, wenn nicht beabsichtigt war. Weiter wird mit einer ganzen Palette an Begriffen hantiert: von Umsiedlung über Pogrome und Massaker bis hin zum Völkermord. Juristisch gesehen, bewegt sich die türkische Regierung zwar auf sicherem Terrain, wenn sie einen Völkermord bestreitet. Den völkerrechtlichen Tatbestand gibt es nämlich erst seit 1948, Jahrzehnte nach den Ereignissen von Anatolien. Aber wird eine solche legalistische Haltung dem Thema gerecht? Eine allseits akzeptierte Antwort auf die Frage Genozid gibt es trotz umfassender Forschung also weiterhin nicht – vielleicht gerade weil eine Klärung so viel bedeutet: für die Armenier ebenso wie für die Türkei.

171

Nichts gewusst, nichts getan, beste Absichten

Es liegt auf der Hand: Je düsterer und schuldbeladener die Vergangenheit, desto zahlreicher die Lebenslügen. Es verwundert daher nicht, wenn im Sinne einer Schuldabwehr die deutschen Lebenslügen zum Thema Nationalsozialismus ganze Bücher füllen können. Nach dem kompletten Zusammenbruch Deutschlands und der Kapitulation 1945 sah sich das Land vor die Frage gestellt, wie all das möglich gewesen war, vom politischen Aufstieg eines Außenseiters über die Auslieferung eines demokratischen Staates an eine ruchlose Partei und die blinde Gefolgschaft fast der gesamten Gesellschaft, die den verbrecherischen Holocaust geschehen ließ, bis zu den Kriegsverbrechen insbesondere im deutschen Angriffskrieg gegen die Sowjetunion. Rückblickend scheint es so erbärmlich wie unausweichlich, wie die Deutschen nach Kriegsende ihre Verantwortung kleinredeten, wenn nicht komplett leugneten. Dabei liegt auf der Hand, dass die Begeisterung für den Mann, der Deutschland wieder groß zu machen schien, bis weit in den Krieg kaum Grenzen kannte, dass im Getriebe der Staatsmaschinerie sehr viel mehr unterstützende Räder als Sandkörner zu finden waren und dass Teil der stillschweigenden Billigung meist eine gewisse Kenntnis dessen war, was man da widerstandslos hinnahm. Der Nationalsozialismus kam auch nicht wie ein Dämon über das Land, sondern war vor 1933 mehr als ein Jahrzehnt lang ein stetig wachsender politischer Faktor. Hitler hatte die Deutschen über seine Absichten außerdem keineswegs getäuscht, sondern sein Programm weitestgehend dargelegt.

Die zugleich einfachste und zäheste Rechtfertigung von deutscher Seite dafür, gegen das Regime und insbesondere die Verfolgung erst der deutschen und schließlich aller europäischer Juden, derer die Nazis habhaft werden konnten, nichts unternommen zu haben, ist die Behauptung, man habe ja nicht gewusst, dass da ein vielmillionenfacher Völkermord im Gange war. Insbesondere Mitglieder von Kriegs- und Nachkriegsgesellschaft sahen als Hauptverantwortliche für die Untaten der NS-Zeit Hitler selbst und seine »verbrecherische Clique«, also den eigentlichen Machtapparat, der den Staat unter seine Kontrolle gebracht habe. Das lässt außer Acht, dass dieser Clique der Weg an die Macht zunächst einmal hatte ermöglicht werden müssen. Vor allem aber werden selbst diejenigen schuldlos gesprochen, die ganz konkret ausführten, was »die da oben« verfügten. Nach diesem Muster verliefen bereits die Entnazifizierungsverfahren, denen sich die Deutschen nach dem Krieg unterziehen mussten, und nach diesem Muster beruhigten die meisten Deutschen sich und andere und sperrten das Gestern einfach weg, um möglichst ungehindert von Altlasten ein neues Leben aufbauen zu können.

In jüngerer Zeit und auf breiter Datenbasis erstellte Untersuchungen haben allerdings ergeben, dass die Deutschen ganz überwiegend nicht so ahnungslos waren, wie sie später behaupteten. Zwar war die »Judenfrage« nicht stets und ständig das Hauptthema der Propaganda der NS-Zeit, aber in gesteuerten Kampagnen machten die gleichgeschalteten Medien daraus immer wieder die zentrale Frage der Innenpolitik, ob im Zusammenhang mit der Verabschiedung der rassistischen »Nürnberger Gesetze« oder den Pogromen am 9. November 1938. Während des Zweiten Weltkriegs wurde dann ab 1941 der Krieg immer mehr als existenzieller Kampf der Volksgemeinschaft gegen ein »jüdisch-bolschewistisches« Ausland dargestellt. Laut NS-Propaganda bestand darin der eigentliche Kern des Krieges, der als »Rassenkrieg« entweder Triumph oder Vernichtung bedeutete. Dass dieser »Kampf« im Inneren mit einer verschärften Verfolgung der Juden einhergehen musste, lag auf der Hand und wurde vielfach beschworen. Teil des Existenzkampfes der Deutschen, wie Hitler und Goebbels es sahen, war das rücksichtslose Vorgehen gegen die Juden in Deutschland und den besetzten Gebieten. Oder, wie der Leiter der Deutschen Arbeitsfront (DAF) Robert Ley im Juni 1943 im *Angriff* schrieb: »Wer sich des Juden entledigt, wird gesund und geht einem Zeitalter unvorstellbarer Blüte, Größe und Herrlichkeit entgegen.« In einer Rede, über die damals umfassend berichtet wurde, hatte er kurz zuvor verkündet: »Wir schwören, wir werden nicht eher den Kampf aufgeben, bis der letzte Jude in Europa vernichtet ist und gestorben ist.« Propagandachef Goebbels selbst schrieb in einem Artikel vom »Rassenkrieg«, »vom Judentum ausgegangen und verfolgt« habe er »kein anderes Ziel als die Vernichtung und Ausrottung unseres Volkes«. Daher sei für »sentimentale Erwägungen« kein Platz, denn die Juden hätten diesen Krieg entfesselt und damit ihr eigenes Todesurteil unterschrieben. Solche Beispiele finden sich in dieser Zeit zuhauf, dem Thema war in den Medien kaum auszuweichen. Der Historiker Peter Longerich beschreibt die Argumentationslinie der NS-Propaganda damals so: »Vernichtung der Juden, um nicht durch die Juden vernichtet zu werden«. Sichtbarster Ausdruck der verschärften Verfolgung war das verordnete Tragen eines »Judensterns« ab Herbst 1941 und das völlige Kontaktverbot mit seinen Trägern.

Mögen die Gewaltexzesse gegen Juden, ihre Deportation aus Deutschland und Details über Natur und Ausmaß der Mordprogramme in den Vernichtungslagern auch nicht öffentlich thematisiert worden sein: Andeutungen waren an der Tagesordnung, bestätigt durch die kaum übersehbaren Deportationen, Zeitungsanzeigen über Versteigerungen »nicht-arischen« Besitzes und die

Verfügbarkeit von Wohnungen deportierter Familien. Dagegen blieben klare Dementis der Deportationen und Massenmorde aus, während indirekt in vielen Artikeln die Vorgänge bestätigt wurden. Aus internen Berichten etwa des Sicherheitsdienstes geht hervor, dass die ebenfalls im Herbst 1941 einsetzenden Deportationen die Öffentlichkeit durchaus beschäftigten. Bald schwirrten alle möglichen Gerüchte umher, von Massenerschießungen von Juden »im Osten« bis zum Massenmord mithilfe von Gas, die zusammen mit den Botschaften der Propaganda den Schluss nahelegten, dass die unbestätigten Gerüchte eine reelle Grundlage besaßen. Vielfach wurden die Bombardements deutscher Städte verstanden als Vergeltung der Alliierten »für das, was wir den Juden angetan haben«. Es gibt also genügend Belege dafür, dass der Völkermord an den europäischen Juden an der deutschen Öffentlichkeit keineswegs komplett vorbeiging. Nicht zuletzt deshalb wuchs mit dem weiteren Kriegsverlauf die Angst vor der Niederlage und den Konsequenzen, zumal die Regierung fürs Durchhalten darauf verwies, welche Vergeltung dann zu erwarten war.

Kollektiv verantwortlich machen lassen wollten sich die Deutschen allerdings schon damals nicht, vielmehr verlegte man sich parallel zur sich abzeichnenden Niederlage auf die Strategie der Ahnungslosigkeit, auf eine »Flucht in die Unwissenheit«, wie Longerich schreibt. Die angebliche Unwissenheit über Details und Ausmaße der Naziverbrechen wurde nach Kriegsende weitergeführt und kollektiv regelrecht gepflegt. Es war aber nichts anderes als der Versuch, sich der Verantwortung zu entziehen.

✳ ✳ ✳

Staat und Gesellschaft in Deutschland zu kontrollieren und die Diktatur sattelfest zu machen, das gelang den Nationalsozialisten nach der Regierungsübernahme 1933 sehr schnell. Die Gleichschaltung des gesamten öffentlichen Lebens war Instrument zur

Durchsetzung und Ausdruck der totalen NS-Herrschaft im Inneren zugleich. Aus wichtigen oder exponierten Positionen in Kultur und Verwaltung wurden »Nicht-Arier« und andere unliebsame Personen nach und nach entfernt, Vereine, Gewerkschaften und andere Organisationen – Voraussetzungen einer lebendigen pluralistischen und streitbaren Gesellschaft – wurden verboten oder unter nationalsozialistischen Vorzeichen neu aufgestellt. In jedem Bereich des gesellschaftlichen Lebens bis weit ins Private hinein sollte der Triumph der hitlerschen Ideologie unübersehbar das Ruder übernehmen. Diese Gleichschaltung war ungeheuer vorteilhaft und unabdingbar für den Erfolg der Diktatur. Aber reichte der braune Arm wirklich bis in jeden Bereich des gesellschaftlichen Lebens, bis in den letzten Winkel der Gesellschaft? Es war schwer, sich ihm zu entziehen, und die übergroße Zahl der Deutschen ließ sich willig blenden und machte mit. Wer sich einen eigenen Kopf bewahrte, aber nicht auswandern konnte oder wollte, der begab sich in die sogenannte innere Emigration. Nur sehr wenige entschieden sich für den aufrechten Gang, weil der lebensbedrohlich war. Zu diesen Aufrechten, die mit Witz widerstanden und sich eine gewisse Narrenfreiheit erlaubten, gehören nach landläufiger Ansicht die deutschen Karnevalisten.

Der deutsche Karneval hat seine Hochburgen am Rhein, in München, im Alemannischen und im Thüringischen. Er gehört zum ältesten Brauchtum, auch wenn mögliche heidnische oder römische Wurzeln nicht mehr nachzuweisen sind. Traditionell regnen bei Kappensitzungen und den Karnevalsumzügen alljährlich nicht nur Bonbons und Konfetti auf die Festgemeinde, ebenso wird gegen die Mächtigen ordentlich gekübelt. Narrenfreiheit bedeutet, dass ausnahmsweise einmal Spott und Kritik erlaubt wird, die ansonsten unstatthaft oder verboten ist. In früheren Jahrhunderten waren kirchliche und weltliche Fürsten, in den Bistümern Mainz und Köln ohnehin in Personalunion, Zielscheibe der munteren Verunglimpfungen. Bis ungefähr zur Mitte des 19. Jahrhunderts kamen obrigkeitskritische Töne am gestrengen Preußenregiment noch häufiger vor, so noch in den Revolutionszeiten 1848/49, dann aber ergriff der nationale Taumel im preußisch-militaristischen Gewand im Gefolge der Einigungskriege und schließlich der Reichsgründung auch die Narren. Treu für Kaiser und Reich rühmte man um die Jahrhundertwende zum Karneval auch das Gemetzel deutscher Truppen bei der Niederschlagung des Boxeraufstands in China.

Auch die Nazis suchten die Nähe zum deutschen Karneval, den sie massiv förderten. Als Massenereignis war er für die Inszenierung unter NS-Vorzeichen bestens geeignet. Gauleiter und Propagandaabteilungen der NSDAP kümmerten sich überall im Reich darum, der Partei gestaltenden Einfluss auf das Karnevalsgeschehen zu ermöglichen. Mitte der 1930er-Jahre nahm sich die allseits präsente, riesige staatliche Freizeitorganisation KdF (Kraft durch Freude) des Karnevals an. Nach und nach wurden die jüdischen Karnevalisten auf der Grundlage der Nürnberger Rassengesetze von 1935 aus den Vereinen verdrängt.

Besonders gut gelang die Vereinnahmung, wenig erstaunlich, in der »Stadt der Bewegung« München. In Köln kam es hingegen 1935 zur sogenannten Narrenrevolte, als die örtlichen Vereine gegen die Gründung eines zentralen »Vereins Kölner Karneval« unter NS-Regie aufbegehrten – dass sie sich durchsetzen konnten, lag nicht zuletzt am wohlkalkulierten Schweigen des NSDAP-Gauleiters Grohé. Einen politischen Hintergrund hatte diese Revolte aber keineswegs, und der Widerstand der Jecken gegen die Gleichschaltung dient ebenso wenig als geeigneter Nachweis einer NS-kritischen Haltung wie sonstige Reibereien zwischen Parteiorganisationen und Karnevalsvereinen. Überhaupt waren die Kölner erstaunlich duldsam: Selbst den Ersatz der traditionell männlichen Funkenmariechen und der »Jungfrau« durch echte Frauen nahmen sie 1938 hin. Die Partei wollte keinen Mann in Frauenkleidern mehr dulden, schließlich verfrachtete man Transvestiten und

Homosexuelle ins KZ. Nach dem Krieg wurde nur die »Jungfrau« wieder von einem Mann dargestellt, die tanzenden Garnisonstöchter hingegen blieben biologisch weiblich – zum Ergötzen der männlichen Karnevalsgemeinde.

Immerhin erst 1937 konnte das bunte Treiben mithilfe des neu gegründeten »Bundes Deutscher Karneval« zur Gänze im Sinne des Regimes beeinflusst werden. Doch nunmehr wurde strikt darauf geachtet, dass die Jecken nicht etwa unter das »Heimtückegesetz« zu fallen drohten: Die kurz nach der Machtübernahme erlassene »Verordnung zur Abwehr heimtückischer Angriffe gegen die Regierung der Nationalen Erhebung« sollte Schaden von Führer und Staat abwenden. Bei den Umzügen war strenge Rücksicht auf die Würde der staatlichen Institutionen und Würdenträger zu nehmen, NS-Uniformen durften auf Faschingsveranstaltungen nicht getragen werden – und vor allem hatten Regierungs- und Parteikritik zu unterbleiben. Erlaubt war hingegen alles, was den politischen Gegner im In- und Ausland durch den Schmutz zog. Und an diese staatstragenden Vorgaben hielten sich die Karnevalisten ganz überwiegend. Dass die unverfrorene Vereinnahmung des karnevalistischen Treibens durch die Nationalsozialisten keineswegs als eine Art feindlicher Übernahme betrachtet wurde, belegt insgesamt der ungeheure Aufschwung, den der Karneval in den Dreißigerjahren erlebte.

Eigentlich ist es nicht weiter verwunderlich, dass dieser gesellschaftliche Bereich nicht mehr Freiheitsbeharren an den Tag legte als alle anderen: Wie sich die Deutschen insgesamt mal widerwillig, mal enthusiastisch vom Regime und seiner Ideologie vereinnahmen ließen, setzten auch die deutschen Karnevalisten dem NS-Staat wenig Widerstand entgegen, ja sie ließen sich großenteils instrumentalisieren. Dem kam entgegen, dass sie von der »Zugewandtheit« des Regimes in nicht geringem Maße profitierten. Ohnehin dominierte längst der bürgerliche Mittelstand den deutschen Karnevalismus, dessen duldende bis euphorische Haltung das Regime stützte. Zudem hatten die Gewerbetreibenden der Karnevalshochburgen, die vom wachsenden Tourismus profitierten, wenig Probleme mit dem staatlichen Zugriff auf ein einstmals eher anarchisches Fest.

Spott und Häme der Karnevalisten ergingen nunmehr gegen als feindlich angesehene Nationen und deren Politiker, gegen die UNO-Vorläuferorganisation Völkerbund, aus der das Deutsche Reich 1933 mit viel Getöse ausgetreten war, gegen den vorgeblich degenerierten russischen Bären, den französischen »Erbfeind« und »Kriegstreiber« sowie die britische Kolonialmacht, gegen die angebliche jüdische Weltverschwörung im Allgemeinen oder als »jüdisch« identifizierte Politiker wie den New Yorker Bürgermeister LaGuardia im Besonderen. Die Juden im In- und Ausland wurden zum beliebten Objekt von Büttenreden und Karikaturen, ganze Säle johlten antisemitische Gassenhauer, auf Umzugswagen wurden die »letzten Auswanderer« gen Palästina verunglimpfend verabschiedet. In Nürnberg grölte die Menge, als 1938 auf einem Wagen die Figur eines am Galgen baumelnden Juden vorbeigezogen wurde.

Immerhin: Vollständig gleichschalten ließen sich Narren und Jecken vom NS-Staat nicht. Widerstand durch Karneval stellte allerdings eine sehr vereinzelte Art der Opposition gegen das Regime dar. Es gab beispielsweise im gesamten Kölner Jeckenkreis in Karl Küpper nur einen einzigen unerschrockenen Karnevalisten, der 1939 denn auch mit lebenslangem Redeverbot bestraft wurde: weil er den Hitlergruß verhöhnte. Der Düsseldorfer Karneval kann sich eines Mannes rühmen, der nicht zuletzt aufgrund seiner Tätigkeit während der närrischen Tage von der Partei schlecht gelitten war und 1943 wegen defätistischer Äußerungen von Volksgerichtshofpräsident Roland Freisler höchstselbst zum Tode verurteilt wurde. Mit solchen Kronzeugen versuchte der Karneval, sich nach dem Ende des NS-Regimes als möglichst nazifern darzustellen. In Köln kam begünstigend hinzu, dass der einst von den

Nazis geschasste Oberbürgermeister und spätere Bundeskanzler Konrad Adenauer seiner Stadt den Freibrief ausstellte, weitgehend anständig geblieben zu sein. Man schwieg über das Schlimme und betonte das wenige, was man an Eigenständigem und Aufmüpfigem über die »dunklen Jahre« bewahrt hatte. Im Schönfärben der jüngsten Vergangenheit erwies sich mancher Karnevalist als ebenso kreativ wie beim Verfassen seiner Büttenrede.

Mit größerem Abstand hat sich die Sicht auf die eigene Vergangenheit aber auch unter den Jecken verbessert. In jüngerer Zeit erschienene Bücher zur Geschichte des Karnevals sparen die Nazizeit zumeist nicht mehr aus oder gehen schönfärberisch darüber hinweg, auch wenn sich die Hauschroniken der Karnevalsgesellschaften da noch etwas schwertun. In einer WDR-Dokumentation zum Thema aus dem Jahr 2008 erklärte zumindest der Kölner Karnevalist Markus Ritterbach: »Man muss sich wirklich schämen, wenn man sieht, was in der NS-Zeit etwa im Kölner Rosenmontagszug den Leuten präsentiert wurde.«

∗ ∗ ∗

Schämen muss sich auch Wissenschaft und Forschung in Deutschland – nicht nur angesichts ihrer Rolle während des Nationalsozialismus, sondern auch aufgrund der Dreistigkeit, mit der sie ihre Verantwortung und Tatbeteiligung nach 1945 zu vertuschen versuchten. Die meisten der kontaminierten Forscher kamen noch lange damit durch, indem sie wahlweise auf ihre streng wissenschaftliche, mithin unpolitische Arbeit verwiesen oder den Einfluss ihrer Forschung kleinredeten. Wie in anderen Gesellschaftsbereichen arbeiteten die belasteten Angehörigen der Universitäten und Forschungsinstitute Hand in Hand, um die deutsche Wissenschaft im Ganzen und ihre eigene Rolle im Besonderen von jeder Schuld reinzuwaschen.

Dabei stellten sich Heerscharen von Wissenschaftlern nach

1933 in den Dienst der NS-Ideologie und betrieben, was einer ihrer Protagonisten als »kämpfende Wissenschaft« bezeichnete, also Forschung im Sinne des Regimes und seiner Ideologie. Das betraf nicht nur pseudowissenschaftliche Disziplinen wie Rasseforschung, die die postulierte Überlegenheit der »arischen Rasse« beweisen sollte, oder Technik und Naturwissenschaften, die Grundlagenforschung zur Kriegsvorbereitung betrieben. Sündenfälle gab es in fast allen Disziplinen der Wissenschaft, die zwar häufig weiter streng wissenschaftlich arbeiteten, jedoch aus einem ideologischen Blickwinkel und stets unter den Voraussetzungen des Antisemitismus. Im Rückblick gab es in der Wissenschaftsgeschichte unter NS-Vorzeichen Vordenker, die Grundlagen erarbeiteten, auf denen die totalitäre und expansive NS-Politik aufbauen konnte, ebenso wie Profiteure, die ihre Arbeit in den Dienst des Regimes stellten. In beiden Fällen machten sich Wissenschaftler, die eigentlich zur Neutralität verpflichtet sind, der Beihilfe zum Verbrechen schuldig.

Ein vielsagendes Beispiel ist der Generalplan Ost, der wissenschaftliche und pseudowissenschaftliche Vorarbeit für die Besiedlung und Entwicklung der riesigen Räume in Osteuropa leistete. Dafür arbeiteten zahlreiche Wissenschaftler verschiedenster Disziplinen schon vor dem Überfall auf die Sowjetunion 1941 dem »Reichsführer SS« Heinrich Himmler zu. Das Planungsgebiet bevölkerten damals 200 Millionen Menschen, doch bereits kurz nach Kriegsbeginn 1939 hatte Hitler klargemacht, dass »eine neue Ordnung der ethnographischen Verhältnisse« in Osteuropa anstand, um dort die Herrschaft der »Herrenrasse« zu sichern. Neben Vertreibung und Auslöschung sollte durch die Ermordung der Eliten das soziale Gefüge der dort lebenden Gesellschaften zerstört werden, um ein »führerloses Arbeitervolk« zu schaffen. Auf 50 bis 70 Prozent sollte der deutsche Bevölkerungsanteil steigen und dafür die slawische Bevölkerung zu großen Teilen, die jüdische komplett beseitigt werden.

Einer der wichtigsten Planer des Großprojekts war der Agrarwissenschaftler und SS-Mann Konrad Meyer, der im »deutschen Oxford« Berlin-Dahlem, wo ab 1900 wissenschaftliche Institute der Kaiser-Wilhelm-Gesellschaft angesiedelt worden waren, eine Schnittstelle des Generalplans Ost besetzte. Himmler direkt unterstellt, besaß er auch in den Besatzungsgebieten weitgehende Befugnisse und koordinierte verschiedene wissenschaftliche und zivile Planungsstellen. Meyer wurde nach dem Zweiten Weltkrieg vom US-Militärgericht in Nürnberg in Sachen Generalplan freigesprochen und erhielt an der TU Hannover einen Lehrstuhl für Gartenbau und Landeskultur. So wie er wuschen die meisten Wissenschaftler nach dem Krieg ihre Hände in Unschuld. Mal retteten sie damit die eigene Haut, mal handelten sie aus einem höchst zweifelhaften Korpsgeist heraus, um den guten Ruf der Wissenschaft in Deutschland zu bewahren.

✳ ✳ ✳

Deutsche Wissenschaftler waren nicht nur mit mörderischen Siedlungsplanungen für Osteuropa befasst, sondern schon seit der Entdeckung der Kernspaltung 1938 auch mit der Entwicklung von Atomwaffen. Diese Tatsache gibt noch heute Anlass zu düsteren Spekulationen: Was wäre geschehen, hätte Hitler das Rennen um die Entwicklung der Bombe gemacht? Hätte das Deutsche Reich mit dem Abwurf einer Atombombe den Zweiten Weltkrieg noch zu seinen Gunsten – und zum Unheil der gesamten Welt – entscheiden können? Nur: Waren die deutschen Wissenschaftler damals vielleicht außerstande, eine einsetzbare Bombe zu entwickeln? Oder hätten sie es sehr wohl vermocht, wollten die Waffe aber auf keinen Fall in die Hände der NS-Regierung geben?

An der Nutzbarmachung der Kernspaltung zu militärischen Zwecken arbeiteten die USA ebenfalls mit Hochdruck. Eine vergleichbare Anzahl Wissenschaftler und eine ähnliche Menge Geld wurden investiert, um das Vorhaben möglichst rasch voranzubringen. Auch die Ergebnisse waren zunächst vergleichbar, bis die Amerikaner im Winter 1941/42 aufgrund technologischer Überlegenheit einen Vorsprung erlangten. Waren die Kriegsgegner in ihrem Rennen einige Jahre gleichgezogen, so ließen die Vereinigten Staaten Deutschland nun immer weiter hinter sich zurück – ohne davon zu wissen. Damals war man sich in Washington bereits im Klaren darüber, dass der Krieg noch Jahre dauern würde und es daher durchaus sinnvoll war, die Forschungen weiterzuführen. Auch wenn die Entwicklung einsatzfähiger Bomben noch Zeit brauchte – die Atomwaffen würden höchstwahrscheinlich noch zum Einsatz kommen und möglicherweise kriegsentscheidend sein. Außerdem mochte der Kriegsgegner ähnlich kalkulieren, allein deshalb schien es dringend geboten, schneller zu sein.

Die Überlegungen in Deutschland waren zunächst in der Tat ähnlich. Allerdings hatte bei der deutschen Regierung die Erkenntnis, dass der Krieg nicht in Monaten zu gewinnen war, zu anderen Überlegungen geführt, denn die Ressourcen waren beschränkt. Man entschied sich angesichts des großen Aufwandes an Mitteln und Zeit, bei der Entwicklung der Kernforschung auf großtechnische Produktion zu verzichten und nur die Grundlagenforschung weiter zu betreiben. Das bedeutete, obwohl das Projekt weiterhin gefördert wurde und als »kriegswichtig« galt, das vorläufige Aus für die Bombe. Man konzentrierte sich stattdessen auf die Entwicklung neuer Raketen, den sogenannten Wunderwaffen, mit denen der »Endsieg« herbeigeführt werden sollte. Das verantwortliche Heereswaffenamt rechnete nicht damit, dass noch im laufenden Krieg einsatzfähige Atomwaffen hergestellt werden konnten. Nach dem Krieg aber blühten die Spekulationen darüber, warum Hitlerdeutschland die Entwicklung der Bombe nicht stärker forciert hatte. Waren die deutschen Kernphysiker ihren amerikanischen Kollegen unterlegen? Einer verbreiteten Einschätzung zufolge hatten sie gravierende Fehler gemacht, die einen schnelleren Abschluss des Projektes verhinderten.

Zehn deutsche Wissenschaftler, die am »Uranprojekt« gearbeitet hatten, wurden unmittelbar nach Kriegsende für mehrere Monate in England interniert. Dort wurden sie ohne ihr Wissen abgehört: Die Alliierten wollten herausfinden, wie weit die deutsche Kernphysik tatsächlich gekommen war. Anlässlich des Abwurfs der Atombombe über Hiroshima am 6. August 1945 diskutierten die überrumpelten Wissenschaftler tatsächlich erregt, was die amerikanischen Kollegen da geschafft hatten – im Unterschied zu ihnen. Die Protokolle dieser Abhöraktion wurden erst 1991 veröffentlicht, man versprach sich mit ihrer Hilfe eine abschließende Aufklärung über den wirklichen Grund dafür, dass die Deutschen den USA nicht mit der Atombombe zuvorgekommen waren.

Aber diese Frage ist weiterhin nicht leicht zu beantworten, denn von verschiedenen Seiten wurde aus ganz unterschiedlichen Gründen Legendenbildung betrieben. Amerikanische Kernphysiker rechtfertigten ihre Arbeit an der Massenvernichtungswaffe mit dem Argument, man habe den Deutschen zuvorkommen müssen, um größeres Unheil zu verhindern. Populär wurde auch die These, das deutsche Physikerteam habe substanzielle Fehler gemacht und sei schlichtweg unfähig gewesen, die Bombe zu konstruieren. Auf der anderen Seite begannen sich die deutschen Forscher noch während ihrer Internierung zu rechtfertigen. Der Vorwurf gegen sie war schließlich erheblich: Hatten skrupellose Wissenschaftler ihre Fähigkeiten nicht in den Dienst eines verbrecherischen Regimes gestellt? Wie Millionen andere Deutsche, aber angesichts des besonders prekären Tätigkeitsfeldes in weiter reichender Verantwortung, versuchten die Physiker nun, ihr Tun vor sich und der Welt zu rechtfertigen. Sie behaupteten, untereinander abgesprochen zu haben, den Bau der Bombe nicht zuzulassen. Und die Entscheidung des Heereswaffenamtes von 1942, die aufwendige Großproduktion nicht weiterzuverfolgen, sei schließlich auf der Grundlage ihrer Gutachten erfolgt.

Nun lässt sich aber heute nicht mehr nachweisen, ob es tatsächlich dahingehende Absprachen gegeben hat, denn die einzigen Zeugen sind die Wissenschaftler selbst. Müßig ist auch die Überlegung, ob die deutschen Physiker sich einer Weisung widersetzt hätten, ihr Projekt weiter zu verfolgen. Man kann darüber spekulieren, ob die Deutschen um Werner Heisenberg und Carl Friedrich von Weizsäcker tatsächlich die innere Größe besaßen, ihre eigene Forschungsarbeit zugunsten moralischer Bedenken zu torpedieren, oder ob sie nach der deutschen Niederlage mit einer Mischung aus Verdrängung und Auslegung des eigenen Handelns ihre Selbstachtung wiedergewinnen – und ihre berufliche Perspektive retten wollten. Die Geschichtsschreibung ist sich in diesem Punkt nicht einig, gerade weil man es beurteilen, aber nicht belegen kann: Die einen weisen darauf hin, dass die deutsche Entscheidung 1942 im Wesentlichen ohne Mitwirkung der Wissenschaftler erfolgte. Die anderen gestehen den wissenschaftlichen Größen moralische Bedenken zu – und die bewusste Entscheidung, zu verhindern, was wir uns lieber nicht ernsthaft vorstellen wollen.

✳ ✳ ✳

Es war eine der langlebigsten Lebenslügen, die in Deutschland im Zusammenhang mit Nationalsozialismus und Zweitem Weltkrieg gepflegt wurden: der Mythos, abgesehen von der verbrecherischen Offiziersclique ganz oben und den Vor-Ort-Schergen von SS und SD (Sicherheitsdienst) sei die deutsche Wehrmacht eine anständige Armee gewesen und die deutschen Soldaten ganz überwiegend ehrenhaft geblieben. Zwar hätten sie in einem verbrecherischen Krieg auf der falschen Seite gekämpft, aber als Soldaten seien sie den Befehlen von oben gefolgt. Dieser Mythos wurde bis weit hinauf genährt, Bundeskanzler Adenauer fütterte ihn ebenso mit

Ehrenbekundungen wie hohe Vertreter der westlichen Siegermächte. Dahinter stand neben der Tatsache, dass so gut wie jede Familie Soldaten gestellt und oft genug verloren hatte, die schiere Notwendigkeit, für den Nachkriegsaufbau in beiden Staaten breite Unterstützung zu erhalten – also auch bei denen, die in der Wehrmacht gekämpft hatten. In der so wohligen wie trügerischen Überzeugung richteten sich die Deutschen behaglich ein, bis ein paar Jahre nach der deutschen Wiedervereinigung eine Wanderausstellung den gesellschaftlichen Selbstbetrug mit lautem Paukenschlag als Lebenslüge enttarnte. 1995 in Hamburg eröffnet, wurde die Schau des Hamburger Instituts für Sozialforschung in den folgenden Jahren in mehreren Dutzend Städten in Deutschland und Österreich gezeigt und verzeichnete fast eine Million Besucher. Titel der Ausstellung war »Vernichtungskrieg. Verbrechen der Wehrmacht 1941–1944«, sie dokumentierte die Kriegführung der Wehrmacht in Ost- und Südosteuropa. Enorm viel Empörung wie Zustimmung löste sie aus, die Berichterstattung war umfassend, zahlreiche Demonstrationen dagegen wurden durchgeführt und sogar ein Anschlag darauf verübt. Selbst der Bundestag debattierte über die Wanderausstellung. 1999 wurde sie vorübergehend geschlossen und überarbeitet und Ende 2001 in Berlin erneut eröffnet und auf Reisen geschickt.

Deutschland begann den Zweiten Weltkrieg 1939 mit dem Überfall auf Polen, das sehr schnell besiegt wurde. Danach wandte sich die Wehrmacht zunächst nach Westen, wo der Angriffskrieg bereits mit Kriegsverbrechen einherging, die aber nur ein Vorspiel waren zu dem, was 1941 mit dem Überfall auf die (seit 1939 mit Nazideutschland verbündeten) Sowjetunion begann. Wie der Überfall Polens war die »Operation Barbarossa« von Beginn an als Vernichtungskrieg geplant. Hitler ging es erklärtermaßen nicht nur um Eroberung und Sieg, sondern um die komplette Beseitigung dessen, was er als »jüdischen Bolschewismus« bezeichnete. Dazu gehörte massiver Terror gegen die Zivilbevölkerung ebenso wie eine weitgehende Straffreistellung für Wehrmachtssoldaten bei Vergehen gegen Zivilisten, die eigentlich das Militärrecht verbot. Offiziere vor Ort und ihre Männer konnten also weitgehend nach Belieben vorgehen, und der Brutalisierung in ihren Reihen leistete die Propaganda Vorschub, die auf Hitler verwies und einen Krieg beschwor gegen das »sowjetische Untermenschentum«, das ebenso mit radikal auszumerzendem Ungeziefer gleichgesetzt wurde wie die Juden. Zentral für diese Radikalisierung der Wehrmacht ist der »Kommissarbefehl« von 1941, in dem der Kampf gegen die »jüdisch-bolschewistische Gefahr« als »Daseinskampf des deutschen Volkes« eingestuft wurde, der nach Forderung des »Führers« mit »unerhörter Härte« zu führen sei. Mit anderen Worten: Es war ein Existenzkampf, in dem (fast) jedes Mittel erlaubt war. Dazu gehörte die völkerrechtswidrige Liquidierung von gegnerischen politischen Kommissaren und die Unterversorgung von Kriegsgefangenen, was ebenfalls internationalen Vorschriften widersprach und zu einem Massensterben in deutschen Kriegsgefangenenlagern führte. Die bestürzende Zahl von 3,3 Millionen sowjetischen, also vor allem ukrainischen, russischen und belarussischen Soldaten überlebte die deutsche Kriegsgefangenschaft nicht. Während von 100 sowjetischen Kriegsgefangenen knapp 58 in Gefangenschaft starben, waren es von 100 britischen oder US-amerikanischen Kriegsgefangenen nicht einmal vier. Beim Massenmord an der Zivilbevölkerung in der Ukraine, in Belarus und Russland wurden SS und Sicherheitspolizei zwar mit entsprechenden Vollmachten selbst tätig, aber sie stützten sich auf die Zuarbeit und Assistenz der Wehrmacht und hoben dafür die eigentlich geplante Arbeitsteilung immer wieder auf.

All dies heißt nicht, dass jeder Wehrmachtsangehörige als Kriegsverbrecher anzusehen ist oder alle Soldaten sich an der Ermordung der Zivilbevölkerung beteiligten. Doch die Wehrmacht war im Krieg gegen die Sowjetunion ab 1941 eingebunden in diese Operationen, wie sie schon vor dem Überfall der Sowjetunion geplant waren, und Soldaten der Wehrmacht wurden an den Verbrechen beteiligt oder beteiligten sich freiwillig daran. Einen angeblichen »Befehlsnotstand«, der nach 1945 immer wieder zur Verteidigung bemüht wurde, gab es nicht, denn im Unterschied zu Deserteuren, die hingerichtet wurden, zog die Befehlsverweigerung bei Erschießungskommandos allenfalls die Verachtung von Kameraden, aber keine bedrohlichen disziplinarischen Maßnahmen nach sich.

Die Kriegführung im Osten war, wie die Historikerin Birthe Kundrus schrieb, »keine Reaktion auf Schandtaten der Truppen Stalins, sondern präventiv gewollt. Insofern geht es bei der den Verbrechen der Wehrmacht nicht um Taten, die der Kampfsituation entsprangen [...] Vielmehr konzipierte die deutsche Armee diesen Krieg von vorneherein als schwersten Bruch mit dem Völkerrecht – und erteilte damit eine Carte blanche zum Morden.«

Teil der verbrecherischen Kriegsstrategie der Wehrmacht in Osteuropa war der »Ernährungskrieg«. Nach den Erfahrungen aus dem Ersten Weltkrieg, in dem die deutsche Zivilbevölkerung aufgrund der alliierten Blockade Hunger litt, sollte diesmal der Hunger für die Deutschen kein Begleiter des Krieges sein. Zwar wurden, lange vorbereitet, bereits vier Tage vor Kriegsbeginn Lebensmittelkarten eingeführt, aber es gab bis Kriegsende kaum ernsthafte Engpässe in der Versorgung der Zivilbevölkerung. Der Hunger kam erst mit Kriegsende, und er wurde umso größer, je mehr Flüchtlinge aus den verlorenen Ostgebieten in die zerbombten Städte strömten. Wer den Krieg mitgemacht hat, erinnert sich vielleicht noch, dass die Lebensmittelkarten bis 1945 gegen eine erstaunliche Vielfalt von Waren eingelöst werden konnten. Allerdings wird noch heute verdrängt, woher die Waren stammten und dass dafür anderswo Menschen an Hunger starben.

Als sich die deutsche Armee 1941 nach Osten in Gang setzte, traf das Berliner »Reichsministerium für Ernährung und Landwirtschaft« klare Regelungen: Himmler hatte zuvor von dem Ziel gesprochen, in der Sowjetunion 30 Millionen Menschen sterben zu lassen. Hermann Göring erwartete »das größte Sterben seit dem Dreißigjährigen Krieg«. Zum einen plante das Deutsche Reich, mit der rücksichtslosen Ausbeutung der eroberten Länder das Defizit ausgleichen, das durch die britische Handelsblockade entstanden war, denn Europa war damals noch auf Nahrungsmittelimporte aus Übersee angewiesen. Als im Frühjahr 1941 zum ersten Mal die Lebensmittelrationen gekürzt werden mussten, erkannten die Führungsspitzen der NSDAP darin eine ernsthafte Gefahr für die Stimmung im Land. Zum anderen sollte die Wirtschaftskraft der Sowjetunion dauerhaft zerstört werden. Zudem war unerlässlich, dass die drei Millionen Soldaten, die nach Osten drängten, direkt aus den eroberten Gebieten ernährt wurden.

Der Plan ging auf, jedenfalls solange Deutschland an der Ostfront erfolgreich war – und das sogar mit beachtlichen Rationen, die drei- bis viermal größer waren als die der Familien zu Hause. Viele Soldaten schickten sogar Lebensmittel nach Hause, was der »Führer« ausdrücklich befürwortete. Man sollte sehen, dass es den kämpfenden Angehörigen gut ging. Was man nicht sah, war das unermessliche Leid, das die kleinen Paketsendungen – und noch mehr die langen Züge, die zum Beispiel aus der »Kornkammer« Ukraine Getreide nach Deutschland brachten – für die Zivilbevölkerung insbesondere der Sowjetrepubliken Ukraine und Weißrussland bedeuteten. Was die Besatzungsarmee abschöpfte, fehlte in den Töpfen der hungernden Bevölkerung.

Der Staatssekretär des Ernährungsministeriums Herbert Backe trichterte der Armee ein, dass es auf die Ernährung der »Feindbevölkerung« nicht ankäme. Viele Millionen würden ohnehin sterben, und das Mitleid für die hungernden Menschen könne man sich sparen angesichts der Notwendigkeit, Deutschland das

Durchhalten zu ermöglichen und den »Endsieg« herbeizuführen. Ein wissenschaftlicher Berater des Ernährungsministeriums notierte neben statistischen Angaben zur Bevölkerung Weißrusslands 1941: »Verhungern!« Göring brachte diese Menschenverachtung auf eine grausame Formel: »Wenn in diesem Krieg gehungert wird, dann hungert nicht der Deutsche, sondern andere.« Dieses Ziel wurde in der Tat erreicht – und brachte den Hunger schließlich doch noch nach Deutschland: Nach dem Ende des Krieges 1945 nämlich bestimmten Hunger und Lebensmittelknappheit das Leben der Deutschen – bis kurz vor der westdeutschen Währungsreform.

✳ ✳ ✳

Lebenslügen zum Zweiten Weltkrieg sind keine rein deutsche Domäne. Als die deutsche Wehrmacht im Zweiten Weltkrieg nach und nach immer mehr Länder besetzte, regte sich überall der Widerstand der Bevölkerung, der nach Ende des Krieges zu einem wichtigen Teil der öffentlichen Erinnerung wurde. Heroisch, wie er war, konnten sich die Nationen an der Tatsache aufrichten, dass sie der deutschen Besatzung etwas entgegengesetzt hatten. Da ist es nicht weit zur Verklärung und zum Narrativ, ganze Nationen hätten den deutschen Besatzungstruppen geschlossen widerstanden oder nur eine kleine Minderheit habe mit den Besatzern kollaboriert. Um keine Missverständnisse aufkommen zu lassen: Hätten in Deutschland ähnlich viele Widerstand geleistet wie in Frankreich oder Polen, Italien oder Jugoslawien, wäre es vermutlich nie so schlimm gekommen. Doch zur historischen Wahrheit gehört, dass es in den besetzten Ländern Antisemitismus ebenso gab wie Zusammenarbeit mit den Deutschen, insbesondere beim millionenfachen Mord an europäischen Juden.

Wohl am bekanntesten ist der Widerstand gegen die deutsche Besatzungsmacht in Frankreich: in der okkupierten Zone wie im unbesetzten Teil der Vichy-Regierung unter Marschall Pétain. In die französische Geschichte ging die Periode von 1940 bis 1944 als *les années noires* ein, als »die schwarzen Jahre«. Die Résistance wurde zum Gründungsmythos der Vierten Republik: Ihre moralische und militärische Leistung verschaffte Frankreich den Platz in der Reihe der Siegermächte, einer ihrer Führer, Charles de Gaulle, der von London aus seine Landsleute zum Widerstand aufgerufen hatte, wurde zu einem der wichtigsten Präsidenten der *République Française* im 20. Jahrhundert. Aber war der französische Widerstand gegen Hitlerdeutschland so umfassend, wie sein Mythos, der bis heute nachwirkt, vermuten lässt? Standen die Franzosen mehrheitlich hinter den Kämpfern der Résistance? Oder ist dieser Mythos, der für die Nachkriegsgeschichte Frankreichs eine so enorme Bedeutung hatte, eigentlich ohne historische Grundlage?

Der französische Widerstand war zweigeteilt. Die Auslands-Résistance mit ihren anfangs rund 70 000 Angehörigen operierte vor allem von England aus, während die innere Résistance organisiert und individuell Widerstand leistete – die Aktionen reichten vom Drucken von Flugblättern bis zu wirkungsvoller Sabotage. Die Schlüsselfigur der Auslands-Résistance war der spätere Präsident Charles de Gaulle, den inneren Widerstand verkörperte über seinen Tod in den Folterkellern der Gestapo hinaus Jean Moulin. Nicht nur moralisch stellte sich die Neugründung Frankreichs nach dem Ende der Besatzung in die Tradition der Résistance, auch organisatorisch stützte man sich auf Planungen der Widerstandsorganisationen.

Nach dem Krieg versicherte sich Frankreich kollektiv des Widerstands gegen die nationalsozialistische Besatzungsmacht und die willfährige Vichy-Regierung als einigender, grundlegender Kraft des Neubeginns. Dabei erfuhren naturgemäß die Verdienste größere Betonung als die unrühmlichen Aspekte der Besatzungszeit: Der Widerstand wurde mythisch überhöht, die Kollaboration verharmlost. In politischen Auseinandersetzungen wurde die Résistance vereinnahmt und instrumentalisiert – sei es in den innenpolitischen Kämpfen zwischen Gaullisten und Kommunisten, sei es bei den Auseinandersetzungen wegen des Algerienkriegs. Mochten Rechte und Linke gleichermaßen vertreten, dass die Résistance als einigende Kraft das »wahre Frankreich« verkörperte, so beanspruchten sie doch das Hauptverdienst jeweils für sich. Aber nicht nur politisch, sondern auch für die persönliche Identifikation der Franzosen spielte der Widerstand eine ebenso wichtige Rolle: Selbst wenn man von Hitlerdeutschland militärisch in nur sechs Wochen schmählich besiegt worden war, belegten die heroischen Taten der Widerständler, dass Frankreich wenigstens moralisch ungebrochen aus dem Krieg hervorgegangen war.

Den Grundstein für den Mythos der Résistance legte General de Gaulle selbst, als er nach der Befreiung Frankreichs die Besatzungsjahre schlichtweg ignorierte und politisch und gesellschaftlich einfach an 1940 anknüpfte – als wären die dunklen Jahre derart obskur gewesen, dass man sie ebenso gut außer Acht lassen konnte. Flugs war die Nation mit der Résistance in eins gesetzt und der unangenehme Anteil der französischen Kollaboration inklusive Vichy ausgeblendet. Psychologisch war das klug, denn es half dem Land, die schwierige Nachkriegszeit zu meistern. Historisch gesehen war es jedoch fatal, denn das Nachkriegsfrankreich gründete damit zwar nicht auf Betrug, aber eben doch auf einer Lebenslüge über das Ausmaß der Widerstandsleistung. Man verdrängte die französischen Vichy-Beamten, die den Deutschen eifrig zugearbeitet hatten; man vergaß den ausgeprägten französischen Antisemitismus, der die Judenverfolgung guthieß. Die Vichy-Regierung war weder ein bloßer Unfall der französischen Geschichte noch eine kraftlose Marionette am reißfesten Faden in Hitlers Hand. Vielmehr handelte es sich um eine Regierung williger und vielfach antisemitischer Kollaborateure, die sich beispielsweise bei der Verfolgung der französischen Juden mit eigenen Ideen unrühmlich hervortaten.

In der Erinnerung schrumpfte die Zahl derjenigen, die dem Nationalsozialismus gleichgültig bis zustimmend gegenüberstanden – zugunsten all der tapferen Männer und Frauen in Frankreich, die ihr Leben im Kampf gegen Hitlerdeutschland aufs Spiel setzten. Aber wie in anderen Ländern unter brutalen Besatzungsregimen auch war die Zahl der aktiven Widerständler verschwindend gering, wenn man den Anteil der aktiv oder passiv Kollaborierenden dagegenstellte. Realistischen Schätzungen zufolge waren nur zwei Prozent der Franzosen aktive Widerständler. Die Mehrheit der Franzosen dagegen verhielt sich passiv – anfangs schockiert von der katastrophal raschen Niederlage, dann abwartend, wie sich der Krieg entwickelte. Wie in anderen besetzten Ländern stand die Bevölkerung den Deutschen zwar überwiegend ablehnend gegenüber – zumal in Frankreich die alte »Erbfeindschaft« noch Bestand hatte –, aber wie anderswo auch lähmte die rasche Folge deutscher Siege; und in Frankreich kam hinzu, dass das Land nach schwierigen Jahren innerlich zu zerrüttet war, um trotz der katastrophalen Niederlage einig gegen die Besatzer zu stehen. Die Lage änderte sich 1942/43, als die ersten Niederlagen und vor allem der Untergang der Wehrmacht in Stalingrad den Widerstandsgruppen Zulauf verschafften. Daneben hatte es in Vichy ein Ende mit der Fassade vom eigenständigen Kurs, und allmählich stieg das Ansehen des anfänglich kaum bekannten de Gaulle. Immer mehr Franzosen widersetzten sich schließlich, als der Hunger wuchs und Hunderttausende zum Arbeitsdienst ins »Reich« deportiert wurden.

Mehr als 20 Jahre lang konzentrierte sich die französische Geschichtsschreibung der Besatzungszeit auf die Résistance und war häufig weniger um ausgewogene Bewertung denn um Ehrenbezeugung an den Widerstand bemüht. Erst dann begann das Land, sich mit dieser Täuschung auseinanderzusetzen und mit der eigenen Vergangenheit differenzierter umzugehen. Wie in Deutschland zwang die Studentenbewegung Ende der Sechzigerjahre das

Land, genauer nachzufragen, wie es eigentlich gewesen war. In den Siebzigern setzte eine breite Debatte ein, die weit über die Geschichtswissenschaft hinausging, und dabei schlug das Pendel der historischen Beurteilung mitunter ebenso extrem aus wie in der verharmlosenden Haltung zuvor.

Die Wogen schlugen hoch, als Frankreich um den Mythos Résistance stritt. In der erregten Atmosphäre verweigerte das französische Fernsehen über zehn Jahre lang die Ausstrahlung des schonungslosen Dokumentarfilms *Das Haus nebenan* von Marcel Ophüls und zeigte ihn erst 1981. Das erinnerte an die Fünfzigerjahre, als die Zensur in einem Film von Alain Resnais *(Nuit et brouillard,* dt.: *Nacht und Nebel)* den Anblick eines französischen Polizisten herausschneiden ließ, weil er an der Deportation von Juden beteiligt war. Doch die Aufarbeitung war nicht aufzuhalten.

Eine weitere Welle eingehender und rückhaltloser Untersuchungen zu den Themen Besatzung, Kollaboration und Widerstand erreichte Frankreich in den Neunzigerjahren. Helle Aufregung war das Ergebnis eines Buches, das 1994 die Vichy-Vergangenheit des damaligen Präsidenten Mitterrand entlarvte. Einige Jahre später erklärte Präsident Chirac, Frankreich habe sich während des Krieges an den französischen Juden vergangen. 1998 wurde der Vichy-Beamte Maurice Papon für seine Beteiligung an der Deportation von Juden aus Bordeaux zu zehn Jahren Haft verurteilt. Diese und ähnliche Skandale und Diskussionen ermöglichten eine immer offenere Diskussion über die Zeit der Okkupation. Inzwischen ist das Bild der schwarzen Jahre Frankreichs in der Geschichtsschreibung einer differenzierten Zeichnung in vielen Grautönen gewichen. Allzu einfache »Wahrheiten« haben nun einmal nur eine begrenzte Lebensdauer.

* * *

In Polen brachte die Auseinandersetzung um eine Mittäterschaft polnischer Bürger an der deutschen Mordmaschinerie gar ein eigenes Gesetz hervor. Unter der rechtsgerichteten PiS-Regierung beschloss das polnische Parlament Anfang 2018 ein »Erinnerungsgesetz«, nach den Worten von Justizminister Zbigniew Ziobro zum »Schutz des guten Namens von Polen«. Inhaltlich eher vage formuliert, zielt es letztlich darauf ab, eine unliebsame Debatte mindestens zu erschweren, indem es Aussagen zu einer Mittäterschaft von Polen beim Genozid der Deutschen an den europäischen Juden als potenziell diffamierend gegenüber der polnischen Nation erklärt. Ein ähnliches Gesetz von 2006, das die Anschuldigung gegen die polnische Nation, an kommunistischen oder nationalsozialistischen Verbrechen beteiligt gewesen zu sein, unter Strafe stellte, war zwei Jahre später vom polnischen Obersten Gerichtshof als verfassungswidrig aufgehoben worden. Das Gesetz von 2018 wurde einige Monate später lediglich entschärft, indem das Strafmaß gestrichen wurde. Hintergrund beider Gesetze waren im größeren Kontext die vielfachen Erkenntnisse polnischer und internationaler Historiker, die nach dem Ende der kommunistischen Herrschaft in Polen freier forschen konnten. Im Besonderen aber ging es um ein Buch, das 2001 in Polen für enormen Aufruhr gesorgt hatte, weshalb das Gesetz auch »Lex Gross« genannt wurde, nach dem Autor des Buches. Jan Gross' Buch *Nachbarn: der Mord an den Juden von Jedwabne* erschien 2000 im polnischen Original sowie 2001 in englischer und deutscher Übersetzung und behandelte das Massaker in der polnischen Kleinstadt Jedwabne nordöstlich von Warschau am 10. Juli 1941. Dort lebten etwa 1600 Juden, von denen eine große Zahl an diesem Tag Opfer eines Pogroms wurden. Kurz zuvor hatte am 22. Juni die deutsche Wehrmacht den Krieg gegen die Sowjetunion begonnen und war in den Teil Polens eingefallen, der seit 1939 unter sowjetischer Besatzung gestanden hatte.

Die ländliche, überwiegend arme Region war über Jahrzehnte geprägt von der nationalistischen Endecja-Partei und der katholischen Kirche, beide stark antisemitisch eingefärbt. Schon vor dem Einmarsch der Deutschen waren vor allem zwei antisemitische Muster gängig, die der deutschen Propaganda bereits entsprachen: Aufrufe zum Boykott jüdischer Geschäfte und Gewerbe sowie die Identifikation der Sowjetunion als jüdisch. Hinzu kamen häufige Predigten lokaler Priester gegen Juden. Zu den Tiraden von Politikern und Kirchenleuten fehlte in der abgelegenen Gegend ein wirksames Gegengewicht, immer wieder kam es in der Region im Nordosten Polens zu gewalttätigen Ausschreitungen gegen Juden. Seit der Neugründung Polens nach dem Ersten Weltkrieg verschärfte sich im ganzen Land die Situation der rund drei Millionen polnischen Juden. Nach 125 Jahren ohne Staatlichkeit wurde nach 1918 das Nationale sehr stark betont, und ein großer Teil der Polen befand, die Juden könnten nicht Teil dieser Nation sein. Auf vielen Ebenen wurden die polnischen Juden benachteiligt, diskriminiert und verfolgt, ob durch behördliche Verordnungen oder gesellschaftliche Anfeindung bis zu Gewalt. Bei aller Feindschaft Deutschland gegenüber seit der Machtübernahme der Nazis war in Polen immer wieder Zustimmung zu Hitlers Judenpolitik zu hören. Das Leben der polnischen Juden war also schon vor der deutschen Besatzung schwer genug, doch mit dem Einmarsch der Wehrmacht wurde es tödlich: Die deutsche Besatzungspolitik war radikal und zielte auf die totale Vernichtung der Juden – wobei den Deutschen die antijüdischen Ressentiments der Polen in die Hände spielten.

Die hatten sich während der knapp zweijährigen sowjetischen Besatzung weiter verschärft. Kurz nach dem deutschen Überfall auf Polen 1939 war im Osten des Landes die Rote Armee einmarschiert, denn Hitler und Stalin hatten in einem geheimen Zusatzprotokoll ihres Nichtangriffspakts vom 24. August Polen unter sich aufgeteilt. Für die Polen erwies sich die sowjetische Besatzung zumindest anfänglich als desaströs, während sich die polnischen Juden, ebenfalls anfänglich, besserstellten. Viele Juden begrüßten – nach den üblen Erfahrungen zuvor nicht weiter verwunderlich – die Ankunft der Sowjets, was sie in den Augen der Polen zu Kollaborateuren und Bolschewisten machte. Die polnische Exilregierung in London war über die Haltung ihrer Landsleute informiert und warnte 1941 vor deutscherseits ermutigten Ausschreitungen gegen Juden. Tatsächlich erging an die SS-Einsatzgruppen vor Ort, die polnische Zivilbevölkerung zu Pogromen zu veranlassen, ohne dass Deutsche dabei aktiv eingreifen sollten.

Wie in anderen Städten der Region kam es in Jedwabne zu einem Pogrom, dem mindestens 340 Menschen zum Opfer fielen – die genaue Zahl ist weiterhin ungeklärt. Am 10. Juli trieben nichtjüdische Polen ihre jüdischen Nachbarn auf dem Marktplatz zusammen. Bereits dort kam es zu Szenen grausamster Gewalt, die viele Opfer nicht überlebten. Die Überlebenden wurden dann in die Scheune eines Bauern außerhalb der Kleinstadt getrieben, dort eingesperrt und bei lebendigem Leibe elendig verbrannt. Es steht außer Frage, dass das Pogrom von nichtjüdischen Polen ausgeführt wurde; umstritten ist jedoch, wie genau die Beteiligung der Einheimischen an der Ermordung ihrer Nachbarn zu bewerten ist: Handelten sie auf Befehl oder Ermunterung der Deutschen oder ging die Initiative gar von der einheimischen Bevölkerung aus? Schauten Wehrmacht und SS nur zu oder mordeten sie ebenso, womöglich zu größeren Teilen als Polen?

Angaben von Zeitzeugen und Erkenntnisse von Untersuchungen nach Kriegsende sind nicht eindeutig. Wenn man aber zusammenträgt, was über Jedwabne und andere Pogrome in derselben Region zwischen dem Einmarsch der Deutschen und den Ereignissen im Sommer 1941 bekannt ist, ergibt sich ein Bild: Die eingetroffenen Deutschen beabsichtigten, es zu Pogromen kommen zu lassen, jedoch fehlen Beweise dafür, dass sie entgegen ihren Anweisungen mitgemordet hätten. Belegt ist jedoch, dass sie anwesend waren und in einigen Fällen das Geschehen fotografierten. Zum ersten Pogrom kam es am 27. Juni in der Kleinstadt Szczuczyn, in der rund 2500 Juden lebten. Hier ging der Pogrom von der polnischen Bevölkerung aus, die mehrere Hundert jüdische Einwohner ermordete. Die anderen Pogrome der Region wurden von den Deutschen initiiert, aber von Einheimischen ausgeführt, die nach Angaben von Zeitzeugen dafür nicht allzu viel Ansporn brauchten – ob aus Hass, Rache oder Gier. In einigen Fällen erkundigten sich Polen vorab bei den deutschen Besatzern, ob die Ermordung von Juden unter Strafe stand, und erhielten freie Hand.

15 Jahre nach dem Zweiten Weltkrieg wurde in Jedwabne ein Gedenkstein errichtet, der die Morde den Deutschen zuschrieb. Doch durch die Demokratisierung Polens nach 1989, insbesondere aber infolge einer Dokumentation der Filmemacherin Agnieszka Arnold und der Untersuchungen des Historikers Jan Gross, der die Täterschaft der Polen nachwies, kam Bewegung in die Aufarbeitung. 60 Jahre nach dem Pogrom bat auf einer Gedenkveranstaltung in Jedwabne der polnische Staatspräsident Aleksander Kwaśniewski um Vergebung für die Morde, betonte aber dabei, »dass diese Entschuldigung keine Anklage gegen das polnische Volk bedeutet«, sondern »ein Ausdruck der Trauer und des Schmerzes, dass es zu einem Verbrechen von Nachbarn an Nachbarn kommen konnte, von polnischen Bürgern an anderen polnischen Bürgern«. Ein neues Denkmal an der Stelle, an der die Scheune stand, in der Menschen verbrannt wurden, wurde später geschändet, und die Bewohner der Stadt haben zu großen Teilen ihren Frieden mit der Erinnerung nicht gemacht. Damals wie heute wird in Polen die Erinnerung an Jedwabne und andere Massaker an Juden kontrovers diskutiert, wie das Erinnerungsgesetz dokumentiert. Die Sache wird nicht einfacher durch die politische Instrumentalisierung des Themas. Ganz allgemein fällt es jedoch vielen Polen als Mitglieder einer der großen Opfernationen des NS-Terrors schwer, anzuerkennen, dass es damals in ihren Reihen

auch Täter gab. Und wie im Fall anderer Gesellschaften nicht nur in Europa behindert das kollektive Opferbewusstsein einen differenzierten Blick auf die eigene Vergangenheit.

* * *

Im Zweiten Weltkrieg fielen zahlreiche europäische Länder unter deutsche Besatzer, die ihre Maschinerie zur Ermordung der europäischen Juden installierten. Doch nicht überall lief die Mordmaschine gleichermaßen wie geschmiert, und die recht unterschiedlichen Ergebnisse haben in der Forschung viel Interesse geweckt. Der Anteil der jüdischen Bevölkerung, derer die Deutschen habhaft werden konnten, um sie zu ermorden, ist sehr unterschiedlich. Und weil der Anteil niederländischer Juden, die in den Vernichtungslagern umkamen, vergleichsweise hoch ist, fiel das Land bald unter das Verdikt, der Besatzungsmacht beim Massenmord willig assistiert zu haben.

Am 10. Mai 1940 überfiel die deutsche Wehrmacht die Niederlande entgegen wiederholter Beteuerungen Hitlers, die Neutralität des Nachbarn zu achten. Das Land traf die Invasion unvorbereitet, sodass der Feldzug schon nach fünf Tagen vorbei war. Die Bevölkerung reagierte auf die neuen Verhältnisse zunächst verängstigt bis hysterisch; Regierung und königliche Familie flohen nach England. Wie in Norwegen übernahm alsbald ein Reichskommissar die Macht. Nach einer ersten, im Unterschied zur folgenden noch vergleichsweise zivilen Phase der Besatzung begann im Frühjahr 1941 der Terror für die Holländer – und insbesondere für die Juden. Bis zum Ende der Besatzungszeit im Herbst 1944 wurden drei Viertel der rund 140 000 Juden der Niederlande deportiert und ermordet.

Im Vergleich zu den anderen von Deutschland besetzten Ländern in Westeuropa war die Vernichtungspolitik des NS-Regimes in den Niederlanden besonders erfolgreich. Während in Belgien immerhin 60 Prozent der Juden den nationalsozialistischen Terror überlebten, überstanden in Frankreich drei Viertel, in Dänemark sogar 98 Prozent der jüdischen Bevölkerung die deutsche Besatzung. Wie kam es, dass sich in den Niederlanden nur jeder vierte Jude vor der Deportation retten konnte oder das Konzentrationslager überlebte, wo doch die Niederlande bis heute als überaus tolerantes Land gelten, das seine jüdischen Bürger nach Kräften schützte? Wie konnte es kommen, dass Hitlers Beauftragter für die Logistik der Judenvernichtung Eichmann sich ebenso zynisch wie lobend über die Niederlande äußerte, weil dort die Judentransporte wie geschmiert liefen und sie zu beobachten eine Freude sei? Wieso konnten sich nur so wenige Juden in Verstecken über die Besatzungszeit retten? Eine häufige Einschätzung lautet, die Holländer hätten dem Schicksal ihrer jüdischen Mitbürger überwiegend gleichgültig gegenübergestanden. Wurde nicht schließlich das Mädchen Anne Frank, die vielleicht berühmteste Tagebuchschreiberin der Welt, von Niederländern verraten, schließlich ins KZ Bergen-Belsen deportiert und dort ermordet?

Die tragische Auffälligkeit des niederländischen Beispiels wurde von Historikern immer wieder untersucht. Zwar lassen sich die Entwicklungen in den verschiedenen besetzten Ländern vergleichen, aber die Unterschiede sind trotzdem erheblich. Das betrifft die Struktur der Besatzung ebenso wie das Maß an Kollaboration oder der jüdischen Integration. Trotzdem ragt die Todesrate der niederländischen Juden heraus, was auf verschiedene Ursachen zurückgeführt wird: zum einen auf die besonders effektive deutsche Vorgehensweise, zum anderen auf die Autorität einer bereitwillig assistierenden niederländischen Bürokratie. Andere legen dar, die holländischen Juden hätten sich großenteils nicht einmal versteckt, weil sie ausgesprochen autoritätshörig gewesen seien. Außerdem hätten sie kaum Möglichkeiten gehabt zu fliehen, weil es zu wenige Fluchtmöglichkeiten ins Ausland gab, sie zu arm waren oder keinen Unterschlupf finden konnten. Zudem hätten die

Niederländer überwiegend mit ihren Besatzern kooperiert. Einen schlagkräftigen niederländischen Widerstand gab es außerdem erst gegen Ende der Besatzungszeit, als die meisten Juden längst deportiert und ermordet worden waren. Alle diese Faktoren können in unterschiedlichen Anteilen als Erklärung herangezogen werden. Zum Beispiel stießen die deutschen Besatzer tatsächlich auf eine Bürokratie, die ihrer eigenen eher entsprach als die in Belgien oder Frankreich und die »Zusammenarbeit« erheblich erleichterte. Und der verbreitete Autoritätsglaube in den Niederlanden beförderte die Haltung, der Besatzungsmacht entgegenzukommen. Zumindest bis zur Niederlage der Wehrmacht vor Stalingrad war der Wille zur gefügigen Kooperation mit den scheinbar übermächtigen Deutschen verbreitet. Ebenso richtig ist, dass die von der Besatzungsmacht geschaffenen »Judenräte« mit ihren Mördern kooperierten. Zutreffend ist auch, dass die Flucht in entlegene Gegenden oder außer Landes in den Niederlanden erheblich schwieriger zu bewerkstelligen war als beispielsweise in Frankreich. Aber all das und weitere Aspekte konnten den Verdacht nicht entkräften, dass die Niederländer weniger als die Bevölkerung anderer besetzter Länder in Westeuropa taten, um dem Mord an ihren Mitbürgern entgegenzutreten.

Antisemitismus gab es in den Niederlanden ebenso wie in anderen Ländern. Er war aber zum Beispiel im Unterschied zu Frankreich nur sehr schwach ausgeprägt und nicht einmal im rechten Politikspektrum sonderlich verbreitet. Antisemitisch ausgerichtete Rechtsradikale wurden erst durch die deutsche Besatzung zu einem maßgeblichen politischen Faktor, machten sich damit in der Bevölkerung aber überwiegend unbeliebt. Die niederländischen Juden waren integriert und etabliert, andererseits ermöglichte die besondere Struktur der niederländischen »Säulen«-Gesellschaft mit segmentierten Gesellschaftsgruppen, dass sie während der Besatzung besonders rasch in Isolation gerieten. Waren also die nichtjüdischen Niederländer wenn nicht ausgemachte Antisemiten, dann aber doch den Juden gleichgültiger eingestellt als Franzosen oder Belgier?

60 Jahre nach dem Ende der Okkupationszeit ergaben statistische Untersuchungen anhand bisher nicht verwendeter Dokumente, dass die Einschätzung der passiven Haltung der Niederländer – Juden und Nichtjuden gleichermaßen – korrigiert werden muss. Jetzt erst konnte nachgewiesen werden, dass sehr viel mehr Juden, die sich versteckt hatten, aufgespürt und in Vernichtungslager verbracht wurden. Das bedeutet aber auch, dass die Zahl der versteckten Juden und damit der Nichtjuden, die ihnen beim Untertauchen halfen, größer war als bislang angenommen. Tatsächlich lässt sich belegen, dass mehr Nichtjuden als bisher bekannt wegen »Judenbegünstigung« im Gefängnis oder im KZ saßen, auch wenn sich die exakten Zahlen nicht mehr rekonstruieren lassen. An der beklagenswert niedrigen Zahl der geretteten niederländischen Juden ändern die Ergebnisse zwar nichts, denn die Untersuchungen belegen ebenso, dass die Methoden der deutschen Sicherheitspolizei und ihrer niederländischen Helfer beim Aufspüren von Verstecken in den Niederlanden besonders effektiv waren. Aber es dient ebenso der Rehabilitierung der Rolle der nichtjüdischen Niederländer während der Besatzungszeit wie die Feststellung, dass bei Weitem nicht alle aufgespürten Juden wie beispielsweise Anne Frank verraten worden waren. Die Verfolgungsmethoden der Besatzer waren nämlich insbesondere in den Niederlanden höchst effizient, und ihre Erfolge gründeten nicht allein auf skrupellose Niederländer, die die ausgesetzten Kopfgeldprämien einstreichen wollten. Wie in anderen Ländern auch war nur eine Minderheit der Niederländer bereit, sich zur Rettung ihrer jüdischen Mitbürger selbst in Gefahr zu bringen. Aber trotzdem ist der Fall der Niederlande kein besonders unrühmliches Beispiel wie so oft angenommen.

Phönix aus der Asche

Damit war wohl kaum zu rechnen gewesen: Das Land, das den Zweiten Weltkrieg entfesselt und ganz Europa mit Terror und Zerstörung überzogen hatte, das seinerseits mit Zerstörung, empfindlichen Gebietsverlusten und Teilung bestraft worden war, vollzog in seinem westlichen Staatenteil nur wenige Jahre nach dem Zusammenbruch einen rasanten wirtschaftlichen Aufstieg. Da lag es nahe, dieses unerwartete Wiedererstehen als »Wirtschaftswunder« zu beschreiben. Und wie ein Mysterium muss es auf die Westdeutschen gewirkt haben, die in noch immer kriegsversehrten Städten ihre Nasen an den Schaufensterscheiben platt drückten, denn nach der Währungsreform 1948 füllten sich plötzlich die Auslagen und das allmählich steigende Lohnniveau seit den frühen Fünfzigerjahren ermöglichte es, als Konsument davon zu profitieren. Und voller Stolz konnten sie verfolgen, dass deutsche Produkte in Ländern, gegen die man eben noch unerbittlich Krieg geführt hatte, schon wieder gefragt waren. Aber ebenso überraschend kam der westdeutsche Wiederaufstieg auch im Ausland an, das den deutschen Zusammenbruch als in jeder Hinsicht total erlebt und es für ausgemacht gehalten hatte, dass es eine lange Zeit beanspruchen würde, bis sich die Deutschen davon wieder erholt hätten.

Das »Wunder« kann ziemlich genau datiert werden: Im Sommer 1952 schnellten mit einem Mal die Wachstumsraten der westdeutschen Wirtschaft nach oben, der Handelsüberschuss blieb beständig, und bei niedrig bleibender Inflationsrate stieg der Lebensstandard spürbar an. Aber kam diese Entwicklung wirklich so plötzlich und unerwartet, wie es viele Zeitgenossen wahrgenommen haben?

Einer der Erklärungsansätze für eine tatsächlich gar nicht so verwunderlich verlaufene Entwicklung bezieht sich paradoxerweise auf ebenden Aspekt, der zur Wahrnehmung als Wunder besonders viel beitrug: den deutschen Zusammenbruch und die »Stunde null«. Weil das Ende NS-Deutschlands 1945 in jeder Hinsicht als total wahrgenommen wurde, schien eine Erholung vom Totalzusammenbruch angesichts eines weitgehend zerstörten Landes als besonders schwierig. Die sogenannte Tabula-Rasa-Hypothese jedoch versteht das Kriegsende als Chance des totalen Neuanfangs, weil zwar quasi mit nichts angefangen werden musste, aber damit auch der Aufbau einer modernen Wirtschaftsinfrastruktur möglich war, der langfristig einen Standortvorteil nach sich zog. Und auch der politische und gesellschaftliche Neuanfang barg nach dieser Lesart ein enormes Potenzial, weil keine behindernden Verkrustungen mehr im Wege standen, sondern zupackend, spontan und kalkuliert entschieden werden konnte. Diese Hypothese ist einerseits plausibel und durchaus reizvoll, wurde aber gleichwohl immer wieder angegriffen, weil sie doch ein wenig vereinfachend argumentiert. Ganz allgemein ist der Mythos der Stunde null in die Jahre gekommen, denn der Neuanfang war in vielerlei Hinsicht nicht so radikal, wie der Begriff nahelegt. Das gilt auch für den wirtschaftlichen Bereich.

Deutschland erschien komplett zerstört. Weltweit zeigten Wochenschauen lange Kamerafahrten durch endlose Trümmerwüsten, in denen man sich kein Leben mehr vorstellen mochte. Tatsächlich aber verdeckten der Augenschein und die grimmige Befriedigung der Alliierten über die verheerende Wirkung ihrer enormen Anstrengungen, dass das eigentliche Ziel des massiven

Bombenkriegs völlig verfehlt worden war. Die Wohngebiete deutscher Städte waren in der Tat zu großen Teilen zerstört oder stark beschädigt. Die sogenannten strategischen Zerstörungen der Industrieanlagen aber, auf die die Bombardements anfangs vor allem abgezielt hatten, fielen sehr viel geringer aus als geplant, und die Kriegswirtschaft produzierte vielerorts noch bis kurz vor Kriegsende bei hohem Ausstoß. Weil Deutschland in seiner industriellen Substanz weniger getroffen war als vermutet, folgte im Sommer 1945 dem faktischen Stillstand der Produktion fast überall im Land deren baldige Wiederaufnahme. Der entbehrungsreiche und düster stimmende Eiswinter 1946/47, der ins Arsenal kollektiver Erinnerung einging, ist dabei keineswegs ein Beleg für die siechende deutsche Nachkriegswirtschaft. Vielmehr erwies er sich als wirtschaftslähmend aufgrund der zerstörten Verkehrsinfrastruktur und der zugefrorenen Wasserwege, nicht wegen eines Stillstands in den Fabriken. Während im Ruhrgebiet die Kohlenhalden anwuchsen, froren in anderen Landesteilen die Menschen.

Trotz der enormen Verluste an Menschen gab es auch keinen Mangel an Arbeitskräften, denn acht Millionen Flüchtlinge aus den abgetrennten Teilen des Deutschen Reichs füllten die Lücken zahlenmäßig wieder auf. Allerdings waren die Arbeitskräfte anfangs oft nicht dort verfügbar, wo sie gebraucht wurden. Ebenso hatten die nach und nach ankommenden knapp drei Millionen Flüchtlinge aus Ostdeutschland ihren Anteil am Wirtschaftsaufbau, außerdem von dort abwandernde Firmen. Die Rolle der Vertriebenen ist ohnehin als erheblich anzusetzen, so in Bayern, wo ganze Branchen aus Schlesien oder Pommern wieder zusammenfanden, sich am Wiederaufbau beteiligten und wesentlich dazu beitrugen, aus einem weitgehenden Agrar- ein florierendes Industrieland zu machen.

Alles in allem waren die Voraussetzungen also nicht so schlecht wie angenommen, und doch dauerte es, bis der Wiederaufbau Erfolg zeitigte und in einen dauerhaften Aufschwung überging. Anfänglich wirkte sich die Aufteilung Deutschlands in mehrere Besatzungszonen hemmend aus, weil die Siegermächte nicht dieselbe wirtschaftliche Strategie für Deutschland verfolgten und die Zonen durch Grenzen voneinander getrennt waren. Außerdem verhielten sich die Alliierten wirtschaftspolitisch eher zögerlich, was sich hemmend auswirken musste.

Doch bereits im Jahr 1947 kam es zu Entscheidungen und Entwicklungen, die eine baldige wirtschaftliche Konsolidierung ermöglichten. Mit der Zusammenlegung der US-amerikanischen und der britischen Zone zur westdeutschen Bizone im Januar 1947 und schließlich der Gründung »Trizonesiens« unter Einschluss der französischen Zone im Jahr darauf wurden die Voraussetzungen dafür geschaffen; ein Weiteres tat der einsetzende Außenhandel seit 1948, den die Exportbranche zu nutzen verstand. Gleichzeitig bewogen die weltpolitischen Entwicklungen die US-Regierung, die bisherige zögerliche Wirtschaftspolitik in Deutschland durch erhöhten Einsatz zu befördern – um dadurch zu verhindern, dass auch Westdeutschland unter sowjetischen Einfluss geriet. Deutschland wurde zum Schlüsselland für die US-amerikanischen Anstrengungen, was den Wiederaufbau Europas betraf. Der Schwerpunkt lag fortan darauf, eine leistungsfähige Verkehrsinfrastruktur wiederherzustellen: eine weitere Voraussetzung für den folgenden Aufschwung. Bereits ab Herbst 1947 gewann die Produktion an Schwung, wovon die Menschen aber einstweilen nicht profitierten, weil die Waren zunächst gehortet wurden und erst nach Einführung der D-Mark in die Läden kamen. Zum Mythos D-Mark und Wirtschaftswunder trug maßgeblich bei, dass sich im wahrsten Sinne des Wortes über Nacht die Schaufenster wieder füllten – ein Kalkül des späteren Wirtschaftsministers und Kanzlers der Bundesrepublik, Ludwig Erhard, damals Direktor des Wirtschaftsrats der Bizone.

Letzte, aber kaum weniger wichtige der hausgemachten Voraussetzungen für den Aufschwung waren schließlich die Währungsunion, die in den Westzonen 1948 durchgeführt wurde, denn mit der neuen Währung und freier Preisbildung erhielt die wirtschaftliche Entwicklung eine solide Basis, und die Einführung der sozialen Marktwirtschaft, die ebenfalls nicht »wie Manna vom Himmel fiel«, wie der Wirtschaftshistoriker Werner Abelshauser betonte, sondern seit der Weltwirtschaftskrise 1929 als Reformkonzept entwickelt worden war. Damit und mit der Gründung der Bundesrepublik ging außerdem der staatliche bzw. alliierte Einfluss auf die Wirtschaft stark zurück. Jetzt gewann die Wirtschaft ihrerseits politischen Einfluss und konnte diesen für sich nutzen. Schließlich hatte man gemeinsame Ziele: Stabilität und Wohlstand, für die man an einem Strang zog. Überschätzt wird hingegen der Einfluss des Marshallplans als Initialzündung für den wirtschaftlichen Aufschwung. Von Volumen und Ausrichtung her konnte er gar nicht so kraftvoll wirken wie gemeinhin angenommen, zumal er erst richtig anlief, als die Konsolidierung im westlichen Nachkriegsdeutschland bereits ein gutes Stück vorangekommen war. Sein durchaus beachtliches Verdienst liegt eher im politischen und ideellen Bereich, nicht zuletzt durch seine wirtschaftsliberalen Vorgaben und als Voraussetzung für die Gründung der Bundesrepublik im Juni 1949.

Anfang der Fünfzigerjahre spielten schließlich weltpolitische Entwicklungen bei der weiteren wirtschaftlichen Konsolidierung eine entscheidende Rolle. Die ideologische Spaltung der Welt im Kalten Krieg, in Deutschland spätestens seit der Berlinkrise und -blockade Bestandteil des Alltags, vertiefte sich durch den Koreakrieg (1950–1953), als der kommunistische Norden sich das demokratische Südkorea einverleiben wollte, was sich zur Machtprobe zwischen den Supermächten USA und UdSSR auswuchs. In Deutschland wirkte der Konflikt in Ostasien ökonomisch segensreich: Mitte 1952 vollzog sich der Durchbruch zu einem sich selbst tragenden Wirtschaftsaufschwung, weil im Gefolge des Krieges der Export boomte und die westdeutsche Wirtschaft die Kapazitäten bereitstellen konnte, um davon zu profitieren. Auch die Wiedergutmachungspolitik der Regierung Adenauer trug dazu bei, da sie eine wichtige Voraussetzung dafür schuf, dass die Bundesrepublik in den Kreis international respektierter Staaten wieder Aufnahme fand – kein unerheblicher Standortvorteil für die Wiedereingliederung in die Weltwirtschaft.

So nachhaltig der Boom sein mochte: Der vermeintlich dramatische Zuwachs bei den Produktionszahlen zu Anfang der Fünfzigerjahre ist ein weiterer Teil des Mythos Wirtschaftswunder, denn er geht auf statistisch unsaubere Befunde zurück. Sorgsam bereinigt, ergibt sich ein weniger drastisches Bild, denn die Produktionszahlen der westdeutschen Wirtschaft stiegen schon seit 1947 stetig, aber gleichmäßig. Und schließlich war der Wirtschaftsaufschwung keineswegs auf die besiegten Länder Westdeutschland und Österreich beschränkt, sondern ergriff in den Fünfzigerjahren den Großteil Westeuropas, das sich vom Zweiten Weltkrieg zunehmend erholte. In der Tat allerdings war die Bundesrepublik das erste der westeuropäischen Länder, in dem der Aufschwung spürbar wurde.

Ein Wunder ist etwas, das man nicht erklären kann, und genau so musste der schließlich einsetzende Aufschwung auf die meisten Beobachter wirken. Tatsächlich aber hatte das vermeintliche Wunder einen mehrjährigen Vorlauf und sogar einige ältere Wurzeln – und lässt sich lückenlos herleiten, mögen die Fachleute auch über manchen Einflussfaktor streiten. Gleichwohl blieb der Begriff Wirtschaftswunder, Mitte der Fünfzigerjahre aufgekommen, in aller Munde, und der Mythos wirkte fort – selbst da, wo man erklärtermaßen ganz andere Wege ging: 1968 beispielsweise erschien in Ostberlin das Buch *Wirtschaftswunder DDR*, das den Nachweis zu erbringen versuchte, der ostdeutsche Weg der Planwirtschaft sei eine Erfolgsspur. Und beim Weg in die Wirtschafts- und Währungsunion im Sommer 1990 vertrauten viele westdeutsche Politiker und Wirtschaftsfachleute darauf, das Wunder der Fünfziger ließe sich durch den Impuls der westdeutschen Marktwirtschaft für die Noch-DDR rasch wiederholen. Beide Versuche, das Wirtschaftswunder der Fünfzigerjahre als Wiederholungstat für sich zu reklamieren, gingen bekanntlich daneben und hinterließen einen schalen Nachgeschmack.

* * *

Ein berühmter Bestandteil des angeblichen Wirtschaftswunders ist der unwahrscheinliche Aufstieg der Volkswagen AG nach dem Ende des Zweiten Weltkriegs. Wer brauchte auch Autos, wenn es fürs Erste ums nackte Überleben in einem besiegten und zerstörten Land ging? Zwar hatten von den vier Millionen Vorkriegs-Pkw nur 300 000 den Krieg überstanden, aber selbst für die fehlten Treibstoff und Reifen. Und doch nahmen die Kölner Fordwerke noch im Mai 1945 die Fahrzeugfertigung wieder auf, und auch in Eisenach begann BMW trotz großer Schäden wieder Pkw zu produzieren; man griff dafür zunächst auf Vorkriegsmodelle zurück. Andere Hersteller hatten mit Demontagen zu Reparationszwecken zu kämpfen, so Auto-Union in Zwickau und Chemnitz, Opel in Rüsselsheim, aber auch Daimler-Benz, deren Fabriken außerdem massive Bombenschäden erlitten hatten. Im Potsdamer Abkommen verfügten die Siegermächte außerdem, dass die deutschen Autobauer nur ein Sechstel ihrer Produktion von 1936 fertigen dürften – was aber schon wenige Jahre später zugunsten des wirtschaftlichen Wiederaufbaus verworfen wurde.

In all dem automobilen Elend erhob sich jedoch wie Phönix aus der Asche das riesige Automobilwerk in Wolfsburg, das seit Mai 1945 Volkswagenwerk hieß. Dabei blieb zunächst unklar, was mit dem Werk in der ehemaligen »Stadt des KdF-Wagens« geschehen sollte: Privatisierung? Demontage, und falls ja: ganz oder teilweise? Zunächst nutzten die Siegermächte das Werk für Wartung und Reparatur ihrer eigenen Fuhrparks, was größere Demontagen einstweilen verhinderte. Aber waren die Produktionsanlagen nicht weitgehend zerstört? Wurde das spätere Volkswagenwerk nicht sprichwörtlich auf Kriegstrümmern wieder neu errichtet? So lautet die verbreitete Meinung über die Anfänge von Volkswagen nach dem Zweiten Weltkrieg. Und diese Ansicht unterstützte die Führung des Autobauers auch nach Kräften, denn der Wiederaufstieg sollte nicht durch den Ballast der Vergangenheit vereitelt werden.

Der glühende Autofan Adolf Hitler bekundete gerne, das Auto habe ihm die schönsten Stunden seines Lebens geschenkt. Dank guter Beziehungen fuhr er schon seit 1923 zumeist kostenlos zur Verfügung gestellte Mercedes. Spätere Bilder von ihm im »Führer-Mercedes«, den man sogar als Spielzeugmodell kaufen konnte, gehören zum kollektiven Erinnerungsgut. Die Nationalsozialisten versprachen Wohlstand – und dazu sollte ein »Volkswagen« gehören, wie er schon seit den 1920er-Jahren gefordert wurde. Das Auto sollte 1938 auf den Markt kommen, sein offizieller Name lautete »KdF-Wagen« – benannt nach der das Projekt tragenden Freizeitorganisation »Kraft durch Freude« –, die Produktionsstätten dafür errichtete man nach US-Vorbild. Gleich neben diesen Fabriken am Mittellandkanal nahe dem niedersächsischen Fallersleben begann der Bau einer nationalsozialistischen Musterstadt: das heutige Wolfsburg. Man dachte in großen Dimensionen, denn für das Volksauto war ein reißender Absatz vorgesehen: Dereinst sollten in der größten Autofabrik der Welt jährlich anderthalb Millionen Wagen vom Band rollen. Bis zum geplanten Termin konnte der deutsche Volksgenosse immerhin an einer Ansparaktion teilnehmen und sozusagen designierter Autobesitzer werden: »5 Mark die Woche musst du sparen, willst du im eignen Wagen fahren!« Die allgegenwärtige Werbung konnte fast vergessen machen, dass das Modell noch gar nicht vom Band lief, wie die Exil-SPD feststellte: »Diese durch das Propagandaministerium geschickt laufend genährte und gelenkte Autopsychose hält die Masse von der Beschäftigung mit der trostlosen Gegenwart fern. Bei dem Autosparer hat Hitler innerpolitischen Kredit bis zur einstigen Wagenauslieferung. Es ist bekannt, dass der Mensch während der Zeit, wo er auf ein bestimmtes Gut hin spart, sich über manche Entbehrung leicht hinwegsetzt.« Die über 250 Millionen Reichsmark, die nach und nach dabei anfielen, kamen dem Staat zudem sehr gelegen.

Dann aber brach Nazideutschland den Zweiten Weltkrieg vom Zaun, und von Hitlers Vorgaben, der »KdF-Wagen« müsse wahlweise drei Erwachsene mit Kind oder drei Soldaten mit Maschinengewehr und Munition aufnehmen können, wurde letztere Wirklichkeit. Ein Flüsterwitz aus Norddeutschland hatte dieses Kalkül beim Projekt »Volkswagen« ohnehin längst thematisiert: Fietje arbeitet in einer Fabrik, in der das Gefährt hergestellt wird. Er trifft Hein, der ihm empfiehlt, doch jeden Tag ein Stück davon in der Tasche mit nach Hause zu nehmen. Fietje antwortet: »Das habe ich schon die ganze Zeit getan.« Darauf Hein: »Und trotzdem hast du noch immer kein Auto?« Fietje: »Nein, ich habe das alles schon drei- bis fünfmal zusammengebaut, aber es geht einfach nicht.« Hein: »Nanu, das ist ja merkwürdig.« Fietje: »Ja, weißt du, da kommt jedes Mal eine Kanone beim Zusammensetzen heraus!« In Berlin lautete der unvermeidliche Spitzname für das in Aussicht gestellte Volksauto »Bomberwagen«. Im späteren Wolfsburg stellte man sich zwar auf Rüstungsproduktion ein – gleichwohl war, allen Annahmen zum Trotz, weder die Fabrik von vornherein als Rüstungsschmiede noch das Auto für den Armeegebrauch konzipiert worden. Der ab 1940 gefertigte »Kübelsitzwagen« erwies sich trotzdem als robust und zuverlässig. Dass er zur beliebten Beute der Kriegsgegner wurde, mag seine Nachkriegskarriere begünstigt haben.

Als der Krieg zu Ende war, machte sich Volkswagen zunutze, dass die Konkurrenz den Neuanfang verzögerte – und profitierte von der erstaunlichen Tatsache, dass trotz der unübersehbaren und auf den ersten Blick verheerend wirkenden Bombentreffer auf das Werk nur acht Prozent der Maschinen zerstört waren, weil man den Großteil rechtzeitig ausgelagert oder zur Sicherheit eingemauert hatte. Vieles war unversehrt, der Rest wurde alsbald repariert. Bombentreffer hatte es ohnehin erst gegen Ende des Krieges gegeben, vor allem im Hochsommer 1944. Überaus akkurate Untersuchungen der »United States Strategic Bombing Survey« bestätigen das von anderer Seite: Insgesamt wurden 2182 Bomben über den Fabrikanlagen abgeworfen, von denen aber nur 263 auf Gebäude fielen und wiederum ein Großteil gleich unter dem Dach explodierte, anstatt weiter unten maßgebliche Zerstörung anzurichten. Bei der schlechten Bombenbilanz mag mitgespielt haben, dass man sich im späteren Wolfsburg während des Krieges große Mühe gab, den Schaden von vornherein zu begrenzen: Zur Desorientierung der Bomberpiloten wurden der Mittellandkanal abgedeckt, Vernebelungsanlagen installiert und sogar ein Scheinwerk errichtet. Von den vier Produktionshallen war lediglich eine zu zwei Dritteln zerstört, insgesamt ein Fünftel der baulichen Anlagen war kaputt.

Angesichts dieser erträglichen Schadensbilanz machte man sich ans Werk. Zudem zahlte sich nunmehr aus, dass die Fabrik vor dem Krieg auf dem neuesten Stand der Technik errichtet und mit eigener Stromversorgung ausgestattet worden war. Das hitlersche Volksauto wurde nun für die britische Besatzungsmacht und für deutsche Behörden gefertigt. Das erwies sich als ein weiterer Vorteil, weil die britische Militärbehörde aus diesem Grund das Werk förderte und Demontagen verhinderte. Bereits im März 1946 konnte man den tausendsten Volkswagen gebührend feiern, ein halbes Jahr später waren es bereits zehntausend. Verkauft wurden sie zunächst ins Ausland, in Deutschland mangelte es noch bis zur Währungsreform 1948 an Nachfrage. Und auch dann blieben Fahrrad und Motorrad für einige Zeit die Volksvehikel der bescheidenen Möglichkeiten – erstmals 1957 überstieg die Zahl der Autos die der Motorräder.

Volkswagen erhielt zudem 1947 in Heinrich Nordhoff, ein vormaliger Opel-Mann, einen gewieften Chef, der sich auf das Modell Käfer konzentrierte und so den beispiellosen Aufstieg des heute weltweit größten Autokonzerns einleitete. Dass 1956 die junge Bundesrepublik zum größten Autoexporteur der Welt wurde, war dem Erfolg des VW Käfer zu verdanken, der im Jahr darauf zwei Millionen Mal produziert wurde. Zunächst stiegen Kanadier und Brasilianer in den Kleinwagen mit dem charakteristischen Buckel, dann Autofahrer in den USA, Südafrika, Australien und schließlich sogar in Frankreich. Als Inbegriff des wirtschaftlichen Wiederaufstiegs in Westdeutschland verlieh man dem Käfer und seinem Heimatwerk die unbefleckte Aura eines Newcomers. Dass der Wagen, der nun weltweit als sympathisches Freiheitsvehikel angepriesen wurde, einst für eine totalitäre Gesellschaft und ihre gleichgeschalteten Volksgenossen entworfen worden war, ließ man tunlichst unter den Tisch fallen. Und dazu gehörte die Legende, 1945 wie der Rest des Landes bei null angefangen zu haben. Dem kam zupass, dass die Fabrik ausweislich zahlreicher Fotos mehr als ramponiert wirkte und dass externen Berichten auch ausländischer Beobachter zufolge die Fabriken größtenteils zerstört waren – auch wenn in diesem Fall der Augenschein trog. Dennoch: VW-Chef Nordhoff höchstpersönlich bestätigte die allgemeine Ansicht, seiner Aussage zufolge war die tatsächliche Zerstörung total.

Sogar ein Roman über die Geschichte des Werkes wurde verfasst, in dem der Autor Horst Mönnich den Käfer verherrlichte, um ihn seiner zweifelhaften Herkunft als »KdF-Wagen« zu entheben: »Es war ein Zusammenfall genialer Ideen an einem Grenzpunkt technischer Entwicklung. Das bewies es jetzt. Mit wunderbarer Selbständigkeit schüttelte es die Asche verbrannter Hirngespinste von den Schultern, machte erst ein paar unsichere Schritte, bekam Boden unter die Füße, und die fremden Ammen, die herbeigeeilt, um es schnell zu ersäufen, drückten es an ihre schwere, breite Milchbrust, stärkten es, und über Schutthalden hin machte es erst an ihrer Hand, dann allein seine anfangs kurzen, dann immer ausgedehnteren Spaziergänge, bis es alle Zeichen von Unterernährung abgelegt hatte.«

Ganz unwidersprochen blieb die frisierte Biographie aber nicht: In den USA erschien die »Ode an einen Herrenvolkswagen«, in der es heißt:

Heil du, Geschäft des Jahrhunderts,
Herrenvolkswagen, kurz VW.
Vom Führer selbst so benannt, wie's heißt.
Ursprünglich nur fürs Herrenvolk gedacht,
Jetzt für jedermann, einschließlich Nicht-Arier,
und sogar für Juden und Neger zu haben.

Solche ebenso bissigen wie berechtigten Einwände gegen die Erfolgsgeschichte Volkswagen konnten aber wenig ausrichten, die Eigen-PR des Autobauers war erfolgreicher. Längst aber steht der Volkswagenkonzern zu seiner Vergangenheit – mehr als sechs Jahrzehnte nach Kriegsende besteht auch keine Notwendigkeit mehr, die Ursprünge des Volkswagenwerks unter den Teppich zu kehren.

Die bessere Hälfte

Staaten berufen sich gern auf mehr oder weniger berechtigte Gründungs- oder Neugründungsmythen wie das westdeutsche Wunder und schaffen sich damit häufig eine Lebenslüge. Beim zweiten deutschen Staat DDR handelte es sich dem eigenen Selbstverständnis zufolge um eine Staatsgründung aus dem Geist des Antifaschismus, in der die Widerstandskräfte gegen Hitlerdeutschland eine natürliche Heimat finden sollten. Die Deutungshoheit über den Antifaschismus beanspruchten die deutschen Kommunisten seit den 1920er-Jahren und in Abgrenzung selbst zur Sozialdemokratie; mit der Gründung der Deutschen Demokratischen R e p u - blik 1949 aber wurde sie zu einer staatstragenden Ideologie erhoben. Die Vorstellung, die Kämpfer gegen Hitler und die Nazis hätten sich zusammengefunden, um endlich ihr Ziel des »richtigen« deutschen Staates zu verwirklichen, besaß zudem den Vorteil, von den eigentlichen Geburtshelfern der DDR abzulenken: dem Kalten Krieg im Allgemeinen und der Sowjetunion im Besonderen.

Das Problem der Konkurrenz zum anderen deutschen Staat, der sich unter günstigeren Voraussetzungen bildete und mit größerem Erfolg entwickelte, beschäftigte die DDR bis zu ihrem Ende. Als hilfreicher Aspekt sowohl in der Abgrenzung von der Bundesrepublik als auch zur internen Legitimierung erschien das antifaschistische Erbe. Während der ostdeutsche Staat, so die offizielle Lesart, *tabula rasa* machte und bei null neu anfing, erkannte man im Westen eine fatale Kontinuität zur Zeit vor 1945: Nicht nur beging man dort, so die Sichtweise, den Fehler, ein zweites Mal auf die parlamentarische Demokratie zu setzen, an der doch schon die Weimarer Republik offensichtlich so kläglich gescheitert war. Die Bundesrepublik griff überdies auf alte Strukturen und vor allem das Personal aus der NS-Zeit zurück.

In der Tat erleichterte die Bundesrepublik der ersten Jahrzehnte diesen schematischen Blick auf den Umgang mit dem braunen Erbe. Zweifellos geriet die Entnazifizierung in den Westzonen rasch zur Farce, und statt auf gründliche Aufarbeitung der Vergangenheit setzte man auf Wiederaufbau. Dafür nutzte man personelle Kontinuitäten: Bis in die oberen Etagen der Entscheidungsträger in Politik, Wirtschaft und Gesellschaft waren NS-kontaminierte Personen vertreten, was Glaubwürdigkeit und Außenwirkung des jungen Staates beschädigte. Erst spät stellte sich die Bundesrepublik der problematischen Fortsetzung von alten Strukturen über die Stunde null hinaus – und einige Historikerkommissionen sind noch immer dabei, fatale Kontinuitäten in der Geschichte von Ministerien oder Bundesbehörden zu erforschen.

Drei entscheidende Merkmale wies der offizielle DDR-Antifaschismus auf: Er gründete sich auf eine klare Unterscheidung von Gut und Böse, wobei das Gute östlich der innerdeutschen Grenze zu finden war; er erhob einen Alleinvertretungsanspruch; und er wurde überhöht zum ständigen Kampf – als sozusagen vermeintlich aktive Spielwiese einer revolutionären Gesellschaft, die in einem doch eher starren und autoritären System lebte. Die scharfe Trennung von Gut und Böse bedeutete, das westliche Deutschland im Unterschied zur antifaschistischen DDR als nach wie vor faschistisch anzusehen – ähnlich wie Stalin einst die SPD als faschistisch eingeordnet hatte. Die Kampfbegriffe faschistisch und kapitalistisch wurden dabei ebenso inflationär gebraucht, wie sie austauschbar waren. Und was das Erbe des antifaschistischen Kampfes betraf, reklamierte die DDR eine klare Vorrangstellung des kommunistischen Widerstands gegenüber anderen Formen von Verfolgung und Widerstand. Die DDR hatte das Erbe des heroischen Widerstands gegen den Faschismus angetreten und die »Sieger der Geschichte« unter Zirkel und Ährenkranz vereint; nichtkommunistischer Widerstand dagegen galt als minderwertig. Diese Sichtweise des »besseren Deutschland« lieferte zudem ein geeignetes Argument im ewigen Wettstreit der ungleichen Brüder, bei dem die DDR häufiger schlechter abschnitt. Aus heutiger Sicht erscheint diese Selbstdarstellung überaus durchsichtig, damals aber zeigte sie beachtliche Wirkung, nicht zuletzt bei Kindern und Jugendlichen, die mit gut präparierten Geschichten über die Helden des antifaschistischen Widerstands Idole an die Hand bekamen.

Die Ideologie des Antifaschismus wurde jedoch zu einem zunehmend erstarrten Ritual und zum argumentativen Reflex. In strenger ideologischer Sichtweise musste die Berliner Mauer die offizielle Bezeichnung »antifaschistischer Schutzwall« erhalten, weil sie die Existenz des Staatssozialismus vor westlicher Aggression schützte. Nur war der Bevölkerung durchaus bekannt, dass die Grenzanlagen klar darauf abzielten, dem eigenen Volk den Weg nach Westen zu verwehren. Zuvor war bereits der Aufstand des 17. Juni 1953 als »faschistische Provokation« erkannt worden. Wie erstarrt der Antifaschismus als Staatsideologie schließlich war, erwies sich in der Spätphase der DDR, als Neonazis im Land zwar verschwiegen, aber geduldet wurden – im ohnmächtigen Versuch zu ignorieren, was im antifaschistischen Modellstaat DDR mit seiner engagierten antifaschistischen Erziehung ja gar nicht hätte vorkommen dürfen.

Und doch werden die klare antifaschistische Haltung der DDR und ihr konsequenter Umgang mit Naziverbrechern bis heute als Aktivposten des DDR-Erbes verbucht. Aber wie war es um das

Verhältnis zu den eigenen Altnazis bestellt? Entsprach es dem selbst erhobenen Anspruch, ein wahrhaft antifaschistischer Staat zu sein, der völlig neu anfing?

In der Tat brach die junge DDR zunächst radikaler mit der deutschen Vergangenheit, weil rigoroser als im Westen die Führungsschicht ausgetauscht und die Entnazifizierung durchgeführt wurde. Den Neubeginn verstand man in der Sowjetischen Besatzungszone als »antifaschistisch-demokratische Umwälzung«, die dem Aufbau eines Systems nach sowjetischem Vorbild diente. Die große Zahl rasch frei werdender Stellen ermöglichte den Aufstieg einer neuen Elite, in der allerdings die Exilanten aus Moskau gegenüber den im Land gebliebenen Widerstandskämpfern und den in westlichen Ländern Exilierten, die sich zu einem erheblichen Teil für die Rückkehr in den Osten entschieden, eine klare Führungsrolle reklamierten. Allerdings handhabe man Entnazifizierung und Enteignung nötigenfalls auch pragmatisch, etwa hinsichtlich der Enteignung von Großgrundbesitzern, die dem nichtkommunistischen Widerstand angehört hatten, oder bei der Rücknahme von NS-Enteignungen jüdischer Vermögen, wenn sich deren Besitzer als politisch nicht auf Linie erwiesen. In Internierungshaft gerieten auch nach 1945 Unschuldige, die der neuen Ordnung im Weg standen. Die antifaschistisch-demokratische Umwälzung bestand nicht nur darin, den Boden von Nazi-Altlasten zu befreien, sondern ihn so zu bestellen, dass dem Aufbau eines sozialistischen Staates nach sowjetischem Vorbild möglichst wenig entgegenstehen würde.

Wie im Westen auch erlahmte der Eifer der Entnazifizierung. Im Osten war bald weniger von Bedeutung, wie es jemand mit den Nazis gehalten hatte, als vielmehr, wie loyal er sich nunmehr gegenüber dem neuen System zeigte. Das ist bei näherer Betrachtung nicht so weit entfernt von der Vorstellung in der Bundesrepublik, Altnazis könnten sich beim Wiederaufbau rehabilitieren. In der DDR wurde der Tatbestand der Nazi-Verstrickung überdies kreativ gehandhabt. So rigoros unmittelbar nach Kriegsende NSDAP-Mitglieder aus der Verwaltung entlassen wurden, so gleichgültig zeigte man sich bei offensichtlich überzogenen Maßnahmen, etwa wenn sich Beschuldigungen später als haltlos erwiesen. Dagegen wurde die große Zahl der ankommenden Flüchtlinge von der Entnazifizierung kaum erfasst, was vielen Altnazis den Neuanfang ermöglichte. Zudem ergaben Untersuchungen im Zuge der Archivöffnungen nach der Revolution von 1989, dass auch viele höhere Positionen von Menschen mit Nazivergangenheit bekleidet wurden, und zwar mit Wissen der Staatssicherheit. So war von den 1958 über die Einheitsliste der SED in die DDR-Volkskammer gewählten Abgeordneten jeder siebte ein ehemaliges NSDAP-Mitglied, etwas höher war der Anteil von ehemaligen NSDAPlern unter den SED-Parteimitgliedern. Ähnliches galt für andere wichtige DDR-Gremien und Ministerposten; selbst an Schulen und Universitäten lehrten schon bald viele frühere Nazis.

Politischer Pragmatismus prägte also auch östlich der Elbe den Umgang mit der NS-Vergangenheit: Der seinerzeitige KPD-Funktionär und spätere Staatsratsvorsitzende Walter Ulbricht wies bereits Ende 1945 darauf hin, dass in den Betrieben die Arbeiter mit Nazivergangenheit möglichst zu integrieren seien, da sonst zu befürchten sei, sie würden sich mit den neuen Machtverhältnissen nicht anfreunden können – er bezeichnete sie als »Arbeiter, die betrogen sind«. Die weichere Strategie rührte nicht nur daher, dass die Betriebe funktionsfähig bleiben sollten, sondern auch von der Angst, die Betreffenden an die SPD zu verlieren, zu der einstweilen noch ein Konkurrenzverhältnis bestand. »Die große SED als Freund des kleinen Nazis« fasste der Volksmund die milde Haltung der Partei gegenüber Mitläufern zusammen, und bereits kurz nach der Gründung der DDR forderte die Einheitspartei mit Ausnahme von Verurteilten die »völlige rechtliche Gleichstellung« ehemaliger Mitglieder von NSDAP und Wehrmacht bis in oberste

Ränge. Wer sich besann und auf die Linie der SED einschwenkte, konnte damit rechnen, zum Antifaschisten reingewaschen zu werden. Die DDR-Schriftstellerin Christa Wolf beschrieb das 1989 so: »Eine kleine Gruppe von Antifaschisten, die das Land regierte, hat ihr Siegesbewusstsein zu irgendeinem nicht genau zu bestimmenden Zeitpunkt aus pragmatischen Gründen auf die ganze Bevölkerung übertragen.«

Die Propaganda der DDR verwandte in den ersten Jahrzehnten nach Gründung der beiden deutschen Staaten viel Energie darauf, die Altnazis an den Schaltstellen der Bundesrepublik auszumachen und zu denunzieren, wofür das Ministerium für Staatssicherheit (MfS) eigene Leute beschäftigte. Westdeutsche Aktivisten wie Beate Klarsfeld erfuhren für ihre Arbeit konkrete Unterstützung aus Ostberlin, unter anderem in Form von wertvollem Archivmaterial. Die Stasi erforschte aber auch die Vergangenheit eigener Leute, nutzte belastende Erkenntnisse jedoch sehr selektiv, beispielsweise um sie zur Mitarbeit mit dem MfS zu zwingen. Andere ließ man wissen, was man wusste, um so auf subtile Weise Wohlverhalten zu erzwingen. Von Anklagen sah man, zumal wenn Fall oder Tatbestand nicht spektakulär genug erschienen, in den meisten Fällen ab: Dem antifaschistischen Staat war sehr daran gelegen, den eigenen Mythos nicht revidieren zu müssen. Beispielsweise wurde im Prozess gegen den in der DDR lebenden ehemaligen SS-Obersturmbannführer Heinz Barth wegen seiner Beteiligung am Massaker von Oradour 1944 der Angeklagte zwar überführt und schuldig gesprochen, weitere Verdächtige wurden jedoch verschont, weil zu viele Kriegsverbrecher dem »besseren« Staat allzu schlecht zu Gesicht gestanden hätten. Tausende juristisch verwertbare Ermittlungsergebnisse zu Kriegsverbrechen verblieben ungenutzt in den Archiven, selbst in sozialistischen Bruderstaaten begangene Taten wurden trotz eindeutiger Beweise nicht geahndet, so im Fall von Polizei-Mordaktionen während des Zweiten Weltkriegs in Polen und in der Sowjetunion. Ebenso bedeutete die Verstrickung ins Euthanasie-Programm der Nazis noch lange nicht, dass ein DDR-Bürger dafür vor Gericht gestellt worden wäre. Selbst im Fall der Waldheimer Prozesse gegen Nazis 1950 kamen zahlreiche Verurteilte trotz hoher Haftstrafen schon bald wieder frei, ohne dass die Öffentlichkeit davon hätte Notiz nehmen können. Mancher Kriegsverbrecher ging in den Westen und wurde dort ein weiteres Mal verurteilt.

Der Umgang der beiden deutschen Staaten in Sachen Vergangenheitsbewältigung war also gar nicht so verschieden: Beide Seiten verfuhren im eigenen Sinne pragmatisch mit belasteten Personen in den eigenen Reihen.

Das Volk steht auf

Ausgelöst durch Proteste von Berliner Arbeitern auf einer Baustelle am Krankenhaus Friedrichshain, artikulierten seit dem 15. Juni 1953 Arbeiter in der ganzen DDR ihren Protest gegen die von der SED verfolgte, sogenannte neue Politik. Wie andere sozialistische Staaten versuchte auch die DDR, das Wirtschaftswachstum mittels neuer Wege zu beschleunigen – letztlich auf dem Rücken der Arbeiter. Aus deren Ablehnung der jüngst verhängten Normenerhöhungen und abermaligen Lohnkürzungen wurden Streiks, und schließlich kam es zu einer landesweiten Erhebung breiter Bevölkerungskreise gegen die Regierung. West wie Ost waren überrascht von den plötzlichen Entwicklungen. Die DDR-Regierung erwies sich als unfähig, einlenkend zu reagieren, solange es noch möglich war. Als der Sturz des DDR-Regimes unmittelbar bevorzustehen schien und Präsident wie Regierungschef bereits im sowjetischen Hauptquartier Zuflucht gefunden hatten, griff der »große Bruder« ein: Am Mittag des 17. Juni verhängte der sowjetische Stadtkommandant den Ausnahmezustand über Berlin, und russische Truppen beendeten die Kämpfe gewaltsam. Der Westen schaute gelähmt zu, zur Untätigkeit gezwungen.

Nach der Niederschlagung der Proteste lautete die offizielle DDR-Lesart der Ereignisse zunächst, es habe sich um einen vom Westen gesteuerten faschistischen Putschversuch gehandelt. Den

Vorwurf der »imperialistischen Provokation« nahm man später wieder zurück, die Anschuldigungen gegen »Konterrevolutionäre« wurden jedoch aufrechterhalten. Die von den Arbeitern kritisierten Bestimmungen wurden zwar später ausgesetzt, die Tage im Juni aber wurden zu einem jahrzehntelang wirkenden Tabu. Insbesondere dass es sich von Anfang an um politische Forderungen gehandelt hatte und nicht um bloßen sozialen Protest aufgrund der schwierigen Lebensverhältnisse, wurde unter den Teppich gekehrt.

Der westdeutsche Bundestag hingegen fasste schon am 1. Juli 1953 den Beschluss, den 17. Juni zum gesetzlichen Feiertag zu machen. Während die CDU einen »nationalen Gedenktag« für ausreichend hielt, wollte die SPD einen deutschen Nationalfeiertag. Man einigte sich auf einen Kompromiss. Der SPD ging es um die Betonung des Einheitswillens und die heroische Auflehnung der ostdeutschen Arbeiterschaft. Die CDU unter Adenauer hingegen war auf die Westintegration fixiert.

Heute ist der ehemalige BRD-Gedenktag zur deutschen Einheit, damals vor allem ein beliebter arbeitsfreier Tag im Frühsommer, fast vergessen. Allenfalls erinnert man sich noch an schale Rituale im Bonner Bundestag, an Beschwörungen der Zusammengehörigkeit dies- und jenseits der deutsch-deutschen Grenze und an parteipolitische Schuldzuweisungen: Man stritt bei dieser Gelegenheit, wer das rechte Politikkonzept habe, ob Westbindung oder Ostverträge die Sternstunde bundesrepublikanischer Nachkriegspolitik darstellten.

Auch in der westdeutschen Beurteilung der damaligen Ereignisse in der DDR gingen die Meinungen und Einschätzungen auseinander. Worum handelte es sich nun bei den Ereignissen im Juni 1953, kurz nach dem Tod Stalins? Waren die Proteste in Ostberlin und in fast 300 Orten der DDR spontan oder geplant, hatten sie die deutsche Einheit als konkrete Perspektive im Blick oder vor allem die Verbesserung der Lebensumstände im Sinn? Außerdem stritt man, ob es nur um die Rücknahme der Normenerhöhungen für Arbeiter oder um den Sturz des Regimes gegangen war. Handelte es sich um einen begrenzten Arbeiteraufstand oder um eine landesweite Erhebung?

Der 17. Juni 1953 war genau das, was die unmittelbaren Ereignisse nahelegen: ein Protest gegen die Politik der DDR-Regierung, der ohne das Eingreifen der Sowjetunion zum Sturz der SED geführt hätte. Die Proteste richteten sich gegen das autoritäre Regime und gegen undemokratische Verhältnisse. Daher propagierte man freie Wahlen, die vermutlich gesamtdeutsche gewesen wären. Denn damals war die Wiedervereinigung noch kein unerreichbar scheinendes Ideal wie in den Sechziger- und Siebzigerjahren, sondern erklärtes Ziel aller Parteien, inklusive der SED. Worüber man sich im Falle einer Wiedervereinigung hätte einigen müssen, war die Politik in einem gemeinsamen Staat. Wie 1989 auch bedeutete die Ablehnung der Verhältnisse in der DDR nicht automatisch eine uneingeschränkte Zustimmung zum politischen System der Bundesrepublik – auch wenn der Westen das anders auffassen wollte.

Weil sich die Ereignisse des 17. Juni 1953 innen- und deutschlandpolitisch so gut einsetzen ließen, lag der Akzent im Westen vor allem auf dem Aspekt der Einheit. Seit den Siebzigerjahren jedoch wurde diese Lesart immer häufiger infrage gestellt: War es den Demonstranten nicht viel mehr um Ziele gegangen, die mit der deutschen Frage gar nichts zu tun hatten?

Der 17. Juni ist ein Lehrbeispiel für den Einfluss der jeweiligen Umstände auf die Einordnung und Vereinnahmung von Ereignissen. Der Kalte Krieg hatte die Wahrnehmung enorm beeinflusst, die Konkurrenz der beiden deutschen Teilstaaten über den »richtigen Weg« war noch täglich spürbar. Daher ist es naheliegend, dass die Ereignisse im Juni 1953 jeweils innerhalb des eigenen Denkschemas verarbeitet, interpretiert – und benutzt wurden. Und infolgedessen gibt das kurze Leben des westdeutschen Feiertages wenig Auskunft über das, was tatsächlich passiert ist, sondern sehr viel mehr über die Geschichte der Bundesrepublik. Und wie so oft bei Ereignissen der Zeitgeschichte bedarf es des zeitlichen Abstands und veränderter Umstände, um eine Einordnung ohne Scheuklappen oder rosa Augengläser vorzunehmen.

Wo ich bin, ist vorn

Am 20. September 1991 stürzte der französische Staatspräsident
François Mitterrand Bundespräsident Richard von Weizsäcker in
einige Verlegenheit. Fast ein Jahr nach der deutschen Wiedervereinigung besuchten die beiden Weimar, und bei dieser Gelegenheit
äußerte Mitterrand öffentlich und mit großer Geste: »Ich war der
Erste, der die deutsche Einheit unterstützt hat.« Warum musste
sich der deutsche Gastgeber gut überlegen, wie er darauf reagieren
sollte?

Offizielle diplomatische und politische Losungen haben schon
in den wenigen Jahren nach dem sogenannten Mauerfall und der
deutschen Wiedervereinigung manchmal verklärt, manchmal ver-
dreht, was damals eigentlich geschah und, vor allem, wer dabei
welche Rolle spielte. Da die Hauptakteure der bewegten Zeit nach
dem 9. November 1989 zum großen Teil von der politischen Bühne abgetreten sind, haben sie mit ihren Lebenserinnerungen an
dem Bild, das die Geschichte einst von ihnen zeichnen wird, eifrig
mitgemalt. Und natürlich kennt die Eitelkeit der Politiker keine
Grenzen. Wer will schon zugeben, eine historische Situation und
ihr Potenzial völlig falsch eingeschätzt zu haben? Oder eingeste-
hen, dass persönliche Überzeugungen so stark waren, dass sie es
unmöglich machten, auf die rasante Entwicklung der Jahre
1989/1990 weitsichtig und ohne Egoismus zu reagieren? So feilen

historische Persönlichkeiten in ihren Darstellungen der jüngeren Vergangenheit schon zu Lebzeiten an der eigenen Person – und stricken sich mitunter auch Lebenslügen.

Eigentlich muss sich im Nachhinein niemand schämen, denn die Veränderungen in Europa vollzogen sich 1989/1990 mit einer Geschwindigkeit, die jeden Zeitgenossen schwindeln lassen musste. Eine Wiedervereinigung Deutschlands, die nach Öffnung der Mauer zunächst nur in weiter Ferne möglich schien, rückte nach wenigen Wochen in greifbare Nähe. Die politischen Führer der unmittelbar betroffenen Länder, die Alliierten des Zweiten Weltkriegs und Nachbarländer wie Polen, erkannten unterschiedlich schnell, dass die Dynamik der Ereignisse kaum aufzuhalten war, zumal die deutsche Diplomatie äußerst geschickt damit umzugehen verstand. Schon im Januar 1990 war es so weit, dass auch die Sowjetunion unter Michail Gorbatschow den Deutschen nicht nur zugestand, über die Option einer staatlichen Einheit frei zu entscheiden, sondern auch zu wählen, welchem Bündnis das wiedervereinigte Land angehören sollte.

Margaret Thatcher beschrieb in ihren Memoiren vergleichsweise freimütig ihre Politik zwischen dem 9. November 1989 und dem 3. Oktober 1990. Sie machte keinen Hehl aus ihrem Versuch, die Vereinigung von DDR und BRD zu verhindern – oder wenigstens erheblich zu verzögern. Die frühere Premierministerin Großbritanniens führte dafür strategische Erwägungen an und die Gefahr, die ihrer Ansicht nach Gorbatschow und seiner Perestroika drohte, wenn ein wiedervereinigtes Deutschland in das westliche Bündnissystem integriert würde.

Kein Staatschef würde in seinen Memoiren zugeben, dass psychologische Aspekte seine Handlungen beeinflussten oder dass bloße Konkurrenz Ländern den Umgang miteinander schwierig macht. Und schon gar nicht, dass persönliche Sympathien eine maßgebliche Rolle in der Geschichte spielen können. Margaret Thatcher verstand sich aber nun einmal besonders gut mit Gorbatschow, um den sie im Sog der Entwicklungen Angst hatte. Ihr Verhältnis zu Helmut Kohl und George Bush war dagegen erheblich kühler.

In François Mitterrand sah Margaret Thatcher den geeigneten Partner in ihrem Versuch, nicht einfach zu akzeptieren, was sich in Deutschland abzeichnete. In ihren Memoiren beschreibt die Britin, wie groß die Ängste und Vorbehalte der beiden Regierungschefs waren. Mitterrand verärgerte die bundesdeutsche Regierung, weil er als einziges Regierungsoberhaupt an einem geplanten Staatsbesuch in Ostberlin kurz vor Weihnachten 1989 festhielt und so die Existenz eines Staates unterstützte, den es Monate später nicht mehr geben würde. Zuvor hatte er zwar das Selbstbestimmungsrecht der Deutschen anerkannt – aber ausdrücklich in zwei Staaten. Die Einheit stehe im Übrigen keineswegs unmittelbar bevor, ließ er verlauten. Aber er enttäuschte trotzdem die Hoffnungen von Margaret Thatcher, denn seine Politik richtete sich schließlich doch am Unvermeidlichen aus: Die staatliche Einheit Deutschlands war nicht mehr aufzuhalten. Thatcher fand seine Haltung »schizophren«.

In Wahrheit war es wohl so, dass die Regierungschefs, vor allem in London und Paris, den europäischen Status quo so lieb gewonnen hatten, dass es ihnen ungemein schwerfiel, sich eine so grundlegend veränderte Lage in Europa anders als gefährlich vorzustellen. Die Bundesrepublik drohte das sorgfältig austarierte Gleichgewicht in Europa empfindlich zu stören, wenn sie plötzlich um knapp 20 Millionen Einwohner anwuchs – ganz zu schweigen vom vergrößerten Territorium und seiner Wirtschaftskraft. Die Amerikaner sahen die Ereignisse entspannter und mit sehr viel mehr Pragmatismus. Als die Sowjetunion Deutschland die freie Bündniswahl zugestand und die Gefahr eines neutralen Riesen in der Mitte Europas gebannt war, fügten sich Frankreich und Großbritannien. Zudem hatten die Institutionen der EG unmissverständlich klargemacht, dass sie die Wiedervereinigung vorbehaltlos begrüßten. Die Kohl-Regierung bemühte sich überdies erfolgreich, die Europatreue eines vereinigten Deutschland zu beschwören, was zwar nicht die Europaskeptikerin Thatcher, wohl aber Mitterrand beruhigte.

Trotzdem betrieb der französische Präsident Geschichtsklitterung, als er in Weimar kühn behauptete, ein Pionier unter den Befürwortern der deutschen Einheit zu sein. Dazu wurde er nämlich erst, nachdem er eingesehen hatte, dass der 3. Oktober 1990 nicht mehr zu verhindern sein würde. Bis dahin lavierte und taktierte er durchaus, wenn auch mit viel mehr diplomatischem Geschick und Rücksichtnahme als seine britische Amtskollegin. Und wie reagierte nun Weizsäcker auf die sprachliche Akrobatik des französischen Präsidenten? Er antwortete ausgesprochen diplomatisch, indem er das »frühzeitige und zupackende Engagement« des westlichen Nachbarn im Osten Deutschlands würdigte. Damit verwies er auf die französische Wirtschaft, die tatsächlich zu jener Zeit in den neuen Ländern erheblich investierte.

Gestürzte Helden

Strumpfbehost heldenhaft

Der edle Räuber aus dem Nottingham Forest ist seit Jahrhunderten eine ebenso bekannte wie beliebte Heldenfigur. Balladen, Theaterstücke und Erzählungen widmen sich seiner Geschichte, Kinder verschlingen begeistert Bücher über seine Abenteuer. Zu seiner inzwischen weltweiten Popularität haben in unserer Zeit vor allem die Verfilmungen der Geschichte von Robin Hood beigetragen. Ob der kuschelige Fuchs in Walt Disneys Zeichentrickfilm von 1973, ein rassiger Errol Flynn im Hollywood-Klassiker von 1938 oder der solide Kevin Costner in der Verfilmung von 1991, ob Russell Crowe (2010) oder Taron Egerton (2018) – Robin Hood ist ein ungemein positiver Held. Meist wird er nicht nur als mutiger Kämpfer für die Armen dargestellt, sondern auch als Nationalheros, der gegen die Unterdrückung der Engländer durch die normannischen Besatzer aus Frankreich kämpft. So politisch korrekt erscheint sein selbstloses Wirken, dass sogar eine Umweltschutzorganisation guten Gewissens den Namen des Gesetzlosen und ausgezeichneten Bogenschützen leicht abgewandelt annehmen konnte – und darauf vertrauen durfte, dass der Bezug aufs selbstlose Engagement des Paten allseits deutlich wird.

Robin Hood – das ist der aufrechte, die Gerechtigkeit liebende, fromme Ehrenmann und geächtete Adelige, der einem verschuldeten Ritter zur Seite springt, mit der Kirche und dem Gesetz in

Konflikt gerät und mit seinen treuen Gefährten Little John und Bruder Tuck im Wald lebt. Robin, der den Armen gibt, was er den Reichen genommen hat, wird schließlich zum Mörder des Sheriffs von Nottingham – ein übler Schurke, der kein anderes als dieses Schicksal verdient hat. Von König Richard Löwenherz begnadigt, gelangt er an dessen Hof, wo er es aber nicht lange aushält. Er kehrt zurück in seine Wälder, wo er schließlich, 20 Jahre später, durch Verrat zu Tode kommt. Robin Hood ist trotz seiner Stellung außer-

h a l b

der Gesellschaft der Nobelmann schlechthin: frommer als die Kirchenleute, ehrenhafter als die Geschäftsmänner, gerechter als die Gesetzeshüter und großzügiger als die Reichen. Er ist der Vorläufer von Jesse James und Billy the Kid, von Bonnie and Clyde, Superman und Spiderman.

Natürlich gehen wir nicht davon aus, dass Robin Hood genau so existiert hat, wie uns die Filme, Jugendbücher und Comics nahelegen. Aber gegeben hat es Robin Hood durchaus, einen wahren Kern besitzen diese unterhaltsamen Geschichten, die ein wohlig romantisches Bild vom Mittelalter vermitteln. Die Legende des ritterlichen *outlaw*, der Bericht des unerschrockenen Kämpfers für Gerechtigkeit und Vaterland. Oder etwa nicht?

In der Tat reicht die Legende von Robin Hood sehr weit zurück. Erstmals erwähnt wird sie bereits 1377, die erste schriftliche Fassung stammt aus der Mitte des 15. Jahrhunderts. Drei schottische Chronisten des 15. und 16. Jahrhunderts gaben dem Helden der Erzählung auch schon eine historische Zuordnung: Sie verlegten seine Abenteuer mal ans Ende des 12. Jahrhunderts, mal in die Mitte und auch ans Ende des 13. Jahrhunderts.

Ziehende Spielleute und wandernde Geschichtenerzähler verbreiteten die Legende und ergänzten sie nach Belieben oder Bedarf. Die vornehmlich mündliche Wiedergabe führte dazu, dass die Erzählung über die Generationen entwickelt und mit anderen Überlieferungen angereichert wurde. Mit Sicherheit kennen wir nicht mehr alle Versionen, die über das Leben des Robin Hood kursierten. Andererseits lassen sich Spuren anderer bekannter Geschichten in den Berichten über Robin Hood identifizieren. Mit der Erfindung des Buchdrucks wurde der Stoff schließlich auf Papier weiterverbreitet und sein Inhalt beständiger.

Das lange Leben als Legende gab natürlich reichlich Gelegenheit für Ausschmückungen. Und so muss hier die Demontage des stolzen Helden beginnen, den wir seit unserer Kindheit so lieb gewonnen haben: In den frühen Chroniken ist Robin Hood eine bloße Lokalfigur und kein Kämpfer für die Ehre Englands. Auch zum Adeligen wird er erst im 16. Jahrhundert, und zum englischen Nationalhelden im Kampf gegen die Normannen gar erst um 1800. Und selbst die wohl beliebteste Eigenschaft des Robin Hood wurde erst später hinzugefügt: Die frühen Legenden wissen nichts von einem Wohltäter, der die Reichen beraubt, um das Elend der Armen zu lindern. Dort stellt sich der Gesetzlose eher als begeisterter, blutrünstiger Kämpfer dar, der seine Gegner brutaler als nötig zur Strecke bringt: Der Sheriff wird nicht nur erschossen, sondern auch noch enthauptet; ein anderer Feind wird erschlagen, sein Haupt abgetrennt und aufgespießt umhergetragen. Die eigentliche Legende verherrlicht das gewaltsame Leben der Ausgestoßenen, die im Mittelalter den Schutz der Wälder suchten und schon mal im Streit zum Mörder wurden. So wie das tatsächlich überaus gefährliche und beschwerliche Leben im mittelalterlichen (Ur-)Wald romantisch verklärt wird, werden die Verbrecher zu Helden stilisiert, die sie gar nicht waren.

Das alles klingt recht eindeutig nach einer Legende ohne Hand und Fuß. Und wirklich hat zu Robin Hoods angeblichen Lebzeiten kein Chronist seine Abenteuer aufgeschrieben – wo sie doch spektakulär genug gewesen wären, um schriftlich festgehalten zu werden. Nirgendwo bezeugt jemand, diesen Mann gekannt zu haben. Hat es also nie einen wirklichen Robin Hood gegeben, wie häufig behauptet wird?

In alten Urkunden taucht aber wirklich eine Variante des Namens Robin Hood auf: Ein Mann stand 1261 vor Gericht und erhielt ein Jahr später den Spitznamen Robehod – das lässt vermuten, dass der Genannte bereits einen gewissen Ruf hatte und dieser Ruf mit einem bestimmten Namen verbunden wurde. Der erste ähnlich genannte Träger ist uns aus einem Dokument von 1226 bekannt. Darin geht es um einen Geächteten namens Robert Hod – möglicherweise ist das der Mann, auf den all die Legenden zurückgehen. Andererseits kam dieser Name häufiger vor, wenn auch nicht gerade in Zusammenhang mit einem Gesetzesbrecher, der an unseren Robin Hood zumindest erinnert. Für diesen Robert Hod als den echten Robin Hood spricht außerdem, dass im Zusammenhang mit ihm von einem Mann die Rede ist, der später Sheriff von Nottingham wird – auffällig, wo doch die Legende von einem solchen Sheriff als dem Erzfeind Robins spricht. Doch ein Beweis ist auch das nicht.

Schon Mitte des 19. Jahrhunderts verbannte ein britischer Gelehrter Robin Hood kaltblütig ins Reich der Legende. Er behauptete, der Name sei eine abgewandelte Form von »Robin of the Wood«, was in Zusammenhang stehe mit Märchenerzählungen und Aberglauben, die die Menschen damals mit dem Wald in Verbindung brachten. Aber auch dafür blieb der kluge Mann einen Beweis schuldig. In jedem Fall erwähnen Chroniken seit dem späten 13. Jahrhundert gelegentlich »Robinhood« als Bei- oder Spitznamen. Das ist ein deutliches Indiz dafür, dass zu dieser Zeit die Legende von Robin Hood bereits bekannt war.

Es gilt also weiterhin, was der wohl beste britische Robin-Hood-Kenner James C. Holt einmal geschrieben hat: Die Frage, wer Robin Hood war, ist weit weniger bedeutsam als das beharrliche Fortleben der Legende. Über die Jahrhunderte wurde die Legende immer wieder verändert und den Bedürfnissen der Zeit angepasst. Und ein anderer Robin-Hood-Fachmann meinte, jede Generation bekomme den Robin Hood, den sie verdient. Vielleicht ist also die spannendste Frage, was aus Robin Hood noch alles werden kann.

Roadmovie des Mittelalters

Das stolze Herrschergeschlecht der Staufer hat schon die Fantasie der Zeitgenossen beflügelt. Sei es der alte Rotbart Friedrich Barbarossa in seinem Kyffhäuser (dem wir im nächsten Kapitel wiederbegegnen) oder der Falkenzüchter Friedrich II., der wie ein Messias zurückerwartet wurde. Auch Konradin, der letzte dieser berühmten Dynastie, macht darin keine Ausnahme. Geboren 1252 auf der Burg Wolfstein nahe Landshut, wuchs er bei der Familie seiner Mutter, den bayerischen Wittelsbachern, auf. Seinen Vater lernte er nie kennen, denn Konrad IV., König des Heiligen Römischen Reiches und König von Sizilien, starb noch vor der Geburt des Sohnes in Italien – an den Folgen einer Malariaerkrankung.

Deutschland war damals in Anhänger und Gegner der Staufer gespalten. Den Parteigängern gelang es nicht, den Jungen auf den deutschen Königsthron zu hieven. Aber Konradin wollte seinem Vater nacheifern – und den verblassten Glanz seiner Familie wiederauferstehen lassen –, deshalb zog er nach Italien, um vor Ort seinen Erbanspruch auf die sizilianische Königskrone durchzusetzen. Konradin wusste, dass dieses Ziel nur im Kampf zu erreichen war und er gegen den mächtigen Karl von Anjou kämpfen musste.

Der jugendliche Herrschaftsanwärter brach gen Süden auf, vom Papst mit einem Bannfluch belegt, den er einfach ignorierte.

Und trotz aller Versuche, ihn politisch zu isolieren, empfing ihn das eigens geschmückte Rom mit allen Ehren, als er die Ewige Stadt im Juli 1252 erreichte. Die begeisterten Römer nannten den schönen Jüngling zärtlich »Corradino«, woraus in Deutschland später Konradin wurde. Eigentlich hieß der Junge Konrad, wie sein Vater. Nach diesem Triumph zog Konradin weiter Richtung Apulien, wo Karl von Anjou versuchte, einen Aufstand niederzuschlagen. Doch sein Heer zog Konradin entgegen, und so kam es zur Schicksalsschlacht bei Tagliacozzo, auf halber Strecke zwischen Rom und der Adriaküste. Konradin unterlag mit seinem Heer der Übermacht des herausgeforderten Anjou.

Nach der verlorenen Schlacht konnte der blutjunge Kämpfer zwar mit ein paar Gefährten fliehen, wurde aber schon bald gefangen genommen und an seinen Erzrivalen Karl ausgeliefert. Dieser ließ den letzten Staufersspross in einem zweifelhaften Prozess als »Räuber, Empörer, Aufwiegler und Verräter«, wie die Anklage auflistete, zum Tode verurteilen und in Neapel öffentlich köpfen. Die Leiche ließ Karl wie die Leiche eines streunenden Hundes am Strand verscharren, erst im Jahr darauf erlaubte er eine würdigere Beisetzung.

Mit seinem Tod aber beginnt das »zweite Leben« des Konradin, des schönen Jünglings und letzten Erben der Staufer: Über einhundert literarische Werke variieren das Motiv des idealistischen Herrschersohnes. Sie erzählen von jenem jungen Mann, der sein rechtmäßiges Erbe antreten will und von der kalten politischen Realität unerbittlich daran gehindert wird, bis der gewaltsame Tod dem vielversprechenden Sprössling des großen deutschen Herrschergeschlechts ein tragisches Ende bereitet.

In jeder Epoche sponnen Dichter an der Legende über die 16-jährige Lichtgestalt Konradin. Oft klingt der Mythos geradezu nach einem mittelalterlichen Roadmovie: der Fürstensohn unterwegs, rastlos und voller Sehnsucht nach einer Bestimmung, die sich ihm nie erfüllt. Das blutige Schicksal ereilt ihn in der Fremde, und selbst als Toter darf er nicht mehr in die Heimat zurückkehren. Diese Legenden variieren die Elemente des Tragischen immer wieder aufs Neue: Jugend und Schönheit, Idealismus und Einsamkeit, ein aussterbendes Geschlecht von einstiger Größe, früher Tod und Fremde. Diese Motive waren für romantisierende literarische Stoffe wie geschaffen – vor allem zur Zeit des Nationalsozialismus, als man der Jugend den tapferen Adelsspross, der natürlich auf allen Abbildungen blondes Haar hatte, als Vorbild vermitteln wollte. Insbesondere den Jungen der Hitlerjugend sollte Konradin als Prototyp des »wahrhaft deutschen Helden« nahegebracht werden.

So machte die Nachwelt – unbekümmert, was die historischen Tatsachen betrifft – aus dem erfolglosen letzten Staufer, was er nie gewesen ist: Aus dem Unglücksraben wurde eine Lichtgestalt, aus dem arglosen Idealisten ein mutiger Held. Und den tragischen, vorzeitigen Tod eines Jünglings stilisierte man zum grandiosen Scheitern eines Unbeirrbaren.

Nationalhelden unter
der Lupe

Dem Volk der Ungarn oder Magyaren kommt in Europa eine Sonderrolle zu. Ganz am Ende der langen Periode der Völkerwande-
rung und später als die anderen Völker Europas nahmen sie ihr
Land erst um 900 n. Chr. in Besitz, und ihre Sprache ist ein Aus-
nahmefall unter den europäischen Idiomen. Im 10. Jahrhundert
mischten die Ungarn ihre neuen Nachbarn ganz ordentlich auf –
entlang der südöstlichen Grenze des Frankenreiches, im Groß-
mährischen Reich, in Oberitalien und sogar im Byzantinischen
Reich versetzten die magyarischen Reiterscharen insgesamt fast
fünfzigmal die Menschen in Angst und Schrecken. Die europäischen Chroniken dieser Zeit beschreiben in grellen Farben, wie
grausam diese Heiden und Barbaren über die friedliche Christenheit herfielen – und wie wenig die Überfallenen ihnen militärisch
entgegenzusetzen hatten. Die ungarischen Reiterheere waren
nämlich ungeheuer beweglich und im Kampf mit Bogen und Säbel
bewährt, und da kamen die schwerfälligen christlichen Ritter in
ihren Rüstungen einfach nicht mit. Erst mit der Ungarnschlacht
auf dem Lechfeld bei Augsburg 955 machte König Otto, der spätere Kaiser Otto der Große, dem barbarischen Schrecken ein Ende.
In den folgenden Jahrzehnten arrangierten sich die Ungarn mit
ihren Nachbarn, ließen Missionare ins Land und wurden unter
König Stephan I. bald darauf Christen. Damit waren die »Noma-

denstämme aus der asiatischen Steppe«, die die Geschichtsschreiber des 10. Jahrhunderts noch hilflos als »Geißel Europas« bezeichnet hatten, im christlichen Abendland angekommen.

In Ungarn ist das Bewusstsein, andere Ursprünge zu haben als
die übrigen europäischen Völker, noch immer verbreitet und trägt
neben ihrer singulären Sprache zu einer gewissen Isolierung der
Ungarn bei. Diese vermeintliche Sonderrolle war immer wieder
der Auslöser, nach den Ursprüngen der Ungarn und ihrer Sprache
zu suchen. Ebenso ist diese Suche nach einem Stammbaum aber
auch ein Zeichen für die Ankunft der Ungarn in Europa, denn damals versuchten die anderen Völker Europas genauso, sich mit
mehr oder weniger abenteuerlichen Herleitungen eine möglichst
ruhmreiche und weit zurückreichende Abstammung zurechtzu-
basteln. Und die ging vorzugsweise auf das Alte Testament zurück.

Bis heute werden die Ungarn häufig als Nachfahren der Hunnen angesehen. Im Mittelalter bezeichneten westeuropäische und
byzantinische Chronisten die Ungarn als skythisches oder hunni-
sches Reiter- und Nomadenvolk – eine Einordnung, die ungarische Chroniken später übernahmen. Somit galt der Hunnenkönig
Attila als Ahne der Ungarn, zumal er Jahrhunderte vor den
Árpáden das Gebiet des späteren Ungarn beherrscht und das
Abendland ebenfalls mit seinen Kriegszügen in Atem gehalten
hatte. Noch heute werden daher viele ungarische Babys Attila getauft, und der Hunnenkönig des 5. Jahrhunderts wird gerne als
ungarischer Nationalheld beansprucht. In mancherlei politischen
Auseinandersetzungen dient die wilde Herkunft von den Hunnen
als willkommenes Argument, aber schon der Begründer der ungarischen Herrscherdynastie der Árpáden, Großfürst Árpád, hat
sich auf die Verwandtschaft zu Attila berufen, als er das Land für
sich und sein Volk beanspruchte. Nur: Diese Verwandtschaft existiert gar nicht.

Zunächst waren die Ungarn gar keine wirklichen Nomaden,
denn sie betrieben Ackerbau. Vor ihrer Christianisierung durch

Stephan den Heiligen, der im Jahr 1001 zum ersten ungarischen König gekrönt wurde, führten sie eine Art Mischexistenz zwischen den Landwirtschaft treibenden Siedlungsvölkern Europas und den asiatischen Nomadenvölkern. Wie die anderen europäischen Völker auch waren die Ungarn außerdem kein reines Reitervolk – die Europa heimsuchenden Reiterhorden des 10. Jahrhunderts wurden aus der Kriegerschicht gebildet und von sogenannten Hilfsvölkern unterstützt, die sich an den Streifzügen beteiligten.

Die falsche Auffassung von den skythischen, also asiatischen Nomaden verbreiteten westeuropäische Geschichtsschreiber im 10. Jahrhundert unter dem Eindruck der furchterregenden Reiterhorden, die Dörfer verwüsteten und ihre Bewohner niedermetzelten. Die Schreiber »identifizierten« diese »barbarischen Horden« mal als Skythen, mal als Hunnen oder Awaren, bis sich der Name Ungarn durchsetzte. Im 13. Jahrhundert wurde diese Auffassung von den ungarischen Chronisten übernommen und die Abstammungsthese fortan als Tatsache angesehen. Aufwendige Analysen ungarischer und westeuropäischer Geschichtswerke aus dem Mittelalter haben ergeben, dass die Ungarn in Bezug auf ihre vermeintliche hunnische Abstammung auf das »Wissen« ihrer Kollegen westlich der Donau zurückgriffen. Am Aufwand, der für die Klärung dieser Frage betrieben wurde, lässt sich ermessen, wie sensibel dieses Thema bis heute ist.

Das christliche Mittelalter bemühte sich, die Herkunft seiner Herrscher möglichst weit, also bis ins Alte Testament, zurückzuverfolgen. Wie andere Ahnenforscher machten ungarische Chronisten nach der Christianisierung des Landes als Stammvater einen der Söhne Noahs aus, auf die nach dem Ende der Sintflut, so das Alte Testament, alle Völker der Menschheit zurückzuführen seien. Die ungarische Chronik *Gesta Hungarorum* beschreibt um 1200 diese Abstammungslinie, aus der sich der Hunnenkönig Attila herleiten lässt. Von Noahs Sohn Japhet, bzw. von dessen Nachkomme Magog, stammten die nordischen Skythen ab, die wiederum als Vorfahren von Hunnen, Goten und Mongolen angesehen wurden.

Die Behauptung, die Ungarn seien Abkömmlinge der Hunnen, taucht erst um 1280 auf. Der ungarische Chronist Simon Kézai schreibt, die Hunnen hätten Ungarn gleich zweimal erobert: ein erstes Mal unter Attila und dann erneut unter Árpád, dem Begründer der Dynastie der Árpáden, die Ungarn vom Ende des 9. Jahrhunderts bis 1301 beherrschten. Somit galt Attila als Vorfahr Árpáds und damit Ahnherr der Ungarn.

Kézais *Gesta Hungarorum* wurden zur Grundlage des historischen Selbstverständnisses der Ungarn. Diese Herkunftstheorie wurde von der Geschichtsforschung bis Ende des 19. Jahrhunderts übernommen und auch danach nur sehr zögernd infrage gestellt. Sprachwissenschaftler unterstützten aber ihre Wissenschaftskollegen mit dem Argument, die Turksprache der Hunnen unterscheide sich grundlegend von der finnisch-ugrischen der Ungarn. Und das widerspricht der These einer ethnischen Verwandtschaft.

Trotzdem lässt sich die Legende von den Hunnen als Vorfahren der Ungarn bis heute nicht nur in populären Darstellungen, sondern auch in manchen wissenschaftlichen Büchern wiederfinden. Attila war eben nicht nur für die Árpádenfürsten eine akzeptable Legitimation für ihre Landnahme, weil seine Reputation erst von Dschingis Khan übertroffen wurde – er ist noch heute ein lieb gewonnener »Ahnherr«, von dem man sich nur ungern verabschiedet.

* * *

Beim Lesen deutscher Sagenbücher starren Kinder seit jeher fasziniert bis erschrocken auf Illustrationen in Sagenbüchern, wo der germanische Held Siegfried mit dem Drachen kämpft oder gar in seinem Blut badet. Ebenso erschauern Besucher der Bayreuther Festspiele beim Drachenkampf in Richard Wagners »Siegfried«

oder bei seinem Tod in der »Götterdämmerung«. Thomas Mann nannte Siegfried einen »Hanswurst, Lichtgott und anarchistischen Sozialrevolutionär« zugleich.

Aber hat es diesen Helden des »deutschesten aller deutschen Stoffe«, so der Dichter Heiner Müller, überhaupt gegeben? Häufig wurde die Siegfried-Sage beschworen und dabei auch immer wieder ihr wahrer Kern betont. Man identifizierte den mutigen Recken entweder mit dem bereits genannten Arminius oder Hermann, der die Römer besiegte, oder mit dem ostfränkischen König Sigibert, der 575 ermordet wurde. Auch zu anderen historischen Gestalten aus der merowingisch-fränkischen Zeit vor Karl dem Großen wurden Verbindungen hergestellt. Wie sehr der Stoff über die Jahrhunderte auch ausgeschmückt worden sein mochte – einen authentischen Bezug zur deutschen Geschichte musste die spannende Sage doch haben! Die Nibelungensage, als »deutsches Nationalepos« zuletzt unter den Nazis zu Ruhm gelangt, beschreibt Siegfrieds Schicksal vor dem Hintergrund des Untergangs der Burgunder durch den Hunneneinfall.

Bei aller Beschwörung konnte Siegfried jedoch bis heute keiner historischen Person zugeordnet werden, auch ein mythischer Wahrheitskern ist nicht nachweisbar. Aber das tat seiner Karriere im Kontext der »Nibelungensage« keinerlei Abbruch. Als für die viel zitierte »verspätete Nation« der Deutschen nach der Reichsgründung 1871 dringender Bedarf für einen politisch nutzbaren, »wahrhaft deutschen« Mythos bestand, hatte man ein Problem: Es fehlte der passende Stoff. Eine Lichtgestalt wie Wilhelm Tell oder Jeanne d'Arc, die für die ganze »neue« Nation akzeptabel war, ein Idol, das ein Gemeinschaftsgefühl schaffen half. Der rein preußische Friedrich der Große taugte bei aller propagandistischen Verwertung dafür wenig.

Der Nibelungenstoff erwies sich als geeignete Projektionsfläche für nationale Gefühle und wurde zu einem wesentlichen Bestandteil der Nationalerziehung in den Schulen. In Siegfried verdichtete sich bald, was der Jugend an Deutschtum nahegebracht werden sollte. Der um 1200 entstandene, möglicherweise von einem Kleriker am Passauer Hof verfasste Stoff war in Vergessenheit geraten und 1755 wiederentdeckt worden. Seit Anfang des 19. Jahrhunderts erfreute er sich zunehmender Beliebtheit, vor allem in einer bis heute gern gelesenen Übersetzung aus dem Mittelhochdeutschen von Karl Simrock. Noch Goethe lobte dessen Übertragung als authentisch. Die vermeintlich urdeutschen Tugenden darin stammen aber gar nicht aus dem Original, sondern tauchen erstmals in der schiefen – oder absichtsvoll verklärenden – Übersetzung des Bonner Germanisten Simrock auf. So kam das neu gegründete Reich zu einem Lichtgott, der den Helden anderer Nationen in nichts nachstehen sollte.

Bis zum Ende des Zweiten Weltkriegs musste der Nibelungenstoff immer wieder für politische und nationalistische Zwecke herhalten. Die »Nibelungentreue« soll es gewesen sein, die das Deutsche Reich an der Seite Österreich-Ungarns in den Ersten Weltkrieg ziehen ließ. Ein »Dolchstoß« wie der in den Rücken Siegfrieds soll dem deutschen Heer 1918 den Todesstoß verpasst haben (siehe *Sollen sie doch Kuchen essen!«).* Und schließlich der bisherige Endpunkt dieser propagandistischen Ausnutzung in der Verherrlichung einer schrecklichen und verlustreichen Niederlage: Nach der Schlacht von Stalingrad verklärte Göring 1943 zum 10. Jahrestag der Machtübernahme Hitlers vor Wehrmachtsangehörigen die unterlegenen deutschen Truppen als Wiedergänger der Nibelungen, die in Etzels Halle einen aussichtslosen, aber angeblich heroischen Kampf fochten.

Mit diesem Aspekt des Untergangs ist es schon eine komische Sache: Ist es doch bemerkenswert, dass eine Sage zum Nationalmythos stilisiert wurde, an deren Ende der Untergang steht, wie heroisch auch immer.

* * *

Doch der deutschen Nation standen ja noch andere Nationalhelden zur Verfügung. Hoch oben auf der Spitze des Kyffhäuser erheben sich die Ruinen der gleichnamigen Reichsburg, ehemals in ganzer Pracht stolz die Bergkette überragend. Seit dem Ende des 19. Jahrhunderts ergänzt ein Denkmal die Ansicht: das Kyffhäuserdenkmal am südlichen Ende des Harzer Mittelgebirges, das Kaiser Wilhelm I. zusammen mit dem rotbärtigen Staufer Friedrich Barbarossa zeigt, der als Erwachender im Krönungsmantel und mit Kaiserkrone dargestellt ist. Ein anderes Monument der Zeit sind die beiden Reiterstandbilder Wilhelms und Barbarossas vor der Goslarer Kaiserpfalz, ein trautes Kameradenpaar hoch zu Ross.

Barbarossa starb, durchaus noch ein rüstiger älterer Herr, auf dem dritten Kreuzzug 1190, weitab der Heimat. Sein Leichnam sollte in Jerusalem beigesetzt werden, verschwand aber irgendwo auf dem Weg spurlos. Vielleicht waren dieser geheimnisvolle Tod und das weitere Schicksal seiner sterblichen Überreste der eigentliche Ursprung einer Sage, die sich seit Anfang des 16. Jahrhunderts um den Stauferkaiser rankt und sich im 19. Jahrhundert großer Popularität erfreute – sodass ein deutsches Nationaldenkmal für den Kaiser der Reichsgründung von 1871 wie selbstverständlich einen sieben Jahrhunderte früher lebenden Vorgänger gleichfalls ehrte. In Anspielung auf den rotbärtigen Staufer wurde Wilhelm I., der auch einen Bart trug, »Barbablanca« genannt. Reichskanzler Bismarck setzte 1878 sogar eine Forschergruppe in Gang, um in Kleinasien nach dem Grab des Kaisers zu suchen – ohne Erfolg.

Um eine Erklärung dafür war die Legende nicht verlegen: Ihr zufolge war Barbarossa auf dem Kreuzzug gar nicht gestorben, sondern lebte weiter, nämlich im Inneren des an Höhlen reichen Kyffhäuser. Dort, so die Erzählung, sitze er an einem Tisch und erwarte, halb wach, halb schlafend, den Zeitpunkt seiner Rückkehr, während sein Bart einstweilen wachse und wachse – durch die Tischplatte hindurch. Ein hübsches Motiv, das natürlich reichlich künstlerische Verwendung fand – und zu sehr witzigen politischen Karikaturen führte. Im »Volksbüchlein von Kaiser Friedrich« von 1519 heißt es, der Kaiser sei »verloren gegangen« und niemand wisse so recht, wo er hingekommen sei, aber manche behaupteten, er sei am Leben und würde in einem hohlen Berg auf seine Rückkehr warten. Nicht nur im Kyffhäuser vermutete man den alten Herrn, sondern auch in einer steinernen Höhle bei Kaiserslautern oder in der Nähe von Salzburg. Die Brüder Grimm wähnen ihn im Thüringischen. Sie wissen außerdem von mehreren Versionen der Sage: In manchen, so erklären sie, wachse der Bart durch den Tisch, in anderen um ihn herum. Und solange noch Raben um den Berg flögen, würde Barbarossa nicht zurückkehren und seine Mission erfüllen.

Die erst lange nach seinem Tod entstandene Mär vom Kaiser, der zurückkehren und sein Volk in eine Zeit von Ruhm und Frieden führen würde, bezog sich ursprünglich gar nicht auf Barbarossa, sondern auf seinen Enkel, Kaiser Friedrich II., der 1250 starb. Mehr noch als an seinen Großvater knüpften sich im späten Mittelalter an den jüngeren Friedrich Hoffnungen auf seine Wiederkehr als Friedenskaiser, der mit einem tausendjährigen Reich das in der Bibel vorhergesagte Ende der Welt einläuten würde. Endzeitliche Erwartungen waren zu jener Zeit sehr verbreitet. Freilich gab es auch die päpstliche Partei, die das strahlende Herrscherbild des erbitterten Gegners, gegen den zu Lebzeiten immerhin ein Kreuzzug ausgerufen worden war, zu demontieren versuchte. Sie zeichnete das Bild vom Antichristen, das krasse Gegenteil des biblischen Friedenskaisers.

Mit Barbarossa als Hauptdarsteller aber überlebte die Sage vom wiederkehrenden Kaiser das Mittelalter. Seit 1815, als Napoleon zum Abtreten gezwungen worden war und die Deutschen allmählich ein Nationalgefühl zu entwickeln begannen, wurde die Sage von Barbarossa zu einem beliebten literarischen Sujet mit politischem Hintergrund. Auf dem Kyffhäuser fand während der Revolution von 1848 eine Feier statt, bei der sich thüringische Patrioten in einem eigens verfassten Gedicht der Zustimmung des alten Kaisers zu ihrer Erhebung versicherten. Damals begannen Vereine im schwäbischen Stammland Barbarossas, das Adelsgeschlecht als Namensgeber zu erwählen. Noch heute gibt es Vereinswappen, die den Berg abbilden, Philatelisten, die sich nach den Staufern benennen – oder Ruderer, die unter dem Schlachtruf:»Staufen, Staufen in die Riemen!« ihren Herausforderern davonfahren.

Das Herrschergeschlecht der Staufer, das den Glanz des deutschen Mittelalters und den Stolz des deutschen Kaisertums verkörperte, erwies sich bald als ausgesprochen geeigneter historischer Bezugspunkt bei der Gründung des Deutschen Reiches 1871 durch Wilhelm I. und seinen Kanzler Bismarck. Gerade Barbarossa taugte vortrefflich als Projektionsfläche für eine nationale Stimmung, aber der Stauferfürst diente auch als Ahnherr und lieferte Ideen für Symbolpolitik. Als beispielsweise Kaiser Wilhelm II. 1898 nach Palästina reiste, bestand er darauf, die Strecke Haifa–Jerusalem hoch zu Ross zurückzulegen – wie seinerzeit Barbarossa als Kreuzritter. Und natürlich fanden die ungezählten Gedichte um den Rauschebart-Kaiser im Berginnern Eingang in die Schulbücher des Kaiserreichs.

Aus heutiger Sicht mag es befremdlich bis lächerlich wirken, wenn die Hohenzollern unbekümmert in die Fußstapfen der mittelalterlichen Vorgänger traten und in den vielen Denkmälern mit großer Geste die Vergangenheit bemühten. Doch das war harmlos im Vergleich zu dem, was noch kommen sollte. Denn die Nationalsozialisten nutzten den Staufermythos so inflationär wie schamlos für ihre Propaganda, sei es durch»Sonnwendfeiern« der Hitlerjugend in der Barbarossakirche von Hohenstaufen oder durch einen historischen Umzug, der aus Anlass der Eröffnung des »Hauses der Deutschen Kunst« 1937 in München stattfand. Ganz zu schweigen vom»Unternehmen Barbarossa«: Auf persönliche

Veranlassung Hitlers wurde ein anderer Titel für die militärische Operation zum Überfall der Sowjetunion 1941 kurzerhand abgesetzt. Hitler bestand auf einem Verweis auf Kaiser Rotbart – ob er damit einen neuen Kreuzzug anzeigen wollte oder den »Aufbruch Gesamteuropas gegen den (roten) Bolschewismus«, wie die Nazipropaganda tönte, sei dahingestellt. Jedenfalls war der nationale Staufermythos dadurch vollends diskreditiert. In diesem Sinne endet denn auch Günter Kunerts »Neuere Ballade infolge älterer Sage«:

Tief in Höhlen des Kyffhäuser
Lebt nur noch als Schimmelpilz
Eine alte deutsche Sage:
Die betrogne Hoffnung will's.

✳ ✳ ✳

Albanien liegt abseits der ausgetretenen europäischen Reisepfade und lässt eine touristische Infrastruktur weitgehend vermissen – dabei hat es einiges zu bieten, darunter viel unberührte Natur mit rauen Gebirgen und schroffen Küsten. Ob auf dem Land oder in der Hauptstadt Tirana, allenthalben stößt man auf den Namen Skanderbeg, sei es auf Straßenschildern, Kognakflaschen oder Standbildern. Das berühmteste Denkmal des Nationalhelden hoch zu Ross in Tirana ziert den gleichnamigen Platz, der von einem Sammelsurium an Architekturstilen verschiedener Epochen umgeben ist. Auf ihn führt der Prachtboulevard zu, an dem zahlreiche Lokale allerbesten Kaffee ausschenken. Errichtet wurde das Denkmal 1968 zum fünfhundertsten Todestag des albanischen Nationalhelden, es ersetzte damals ein Stalindenkmal. Hinzu kam später gegenüber die Statue des kommunistischen Staatschefs Enver Hodscha, der 1991 vom Sockel gestürzt wurde – der Standort ist noch erkennbar. Zu den Gebäuden an der ausgedehnten Platzanlage gehören außer verschiedenen Ministerien, Bank und Parteizentrale das Historische Nationalmuseum und eine Moschee. Das spiegelt die albanische Gegenwart ebenso wider wie die Vergangenheit: Politik, Religion, Geschichte stehen in wechselseitiger Abhängigkeit und beeinflussen die nationale Gedenkkultur. Für den mittelalterlichen Albanerführer Skanderbeg gilt das ganz besonders.

Ob in ihrer Frühzeit, unter Fremdherrschaft oder nach epochalen Veränderungen: In bestimmten Phasen brauchen Nationen positive Identifikationsfiguren, bestenfalls Nationalhelden. Gefestigte Nationen in beruhigten Verhältnissen halten an ihnen liebevoll fest, müssen sich aber gefallen lassen, wenn Historiker ihnen ihre Helden madig machen, weil sie zwischen historischer Substanz und nachträglicher Zueignung unterscheiden. So verhält es sich auch im Fall Skanderbeg. Als vor einigen Jahren ein junger Historiker eine neue Biografie des Albanerfürsten vorlegte, brach in Albanien und im Kosovo ein Sturm der Entrüstung los. Da half es auch nicht, dass der Mann Schweizer ist und der Parteinahme eher unverdächtig. Er habe Skanderbeg beleidigt, was natürlich einer Beleidigung aller Albaner gleichkam; selbst Historiker forderten staatliche Maßnahmen gegen die das Nationalgefühl schädigenden Forschungsergebnisse, als handele es sich um ansteckende Krankheiten. Andere erklärten aufgebracht, wissenschaftliche Erkenntnisse, die am Nationalmythos kratzen, seien aus Schulbüchern und Populärkultur gefälligst herauszulassen. Der bekannteste Schriftsteller des Landes, Ismail Kadare, der sich das albanische Mittelalter immer wieder vorgenommen und metaphorisch aufgeladen den krummen türkischen Säbel mit dem geraden albanischen Schwert verglichen hat, schrieb von einer Kampagne, wie es in der albanischen Geschichte nie eine schändlichere gegeben habe. Andere witterten den Versuch, das Heimatland von innen heraus zu destabilisieren, indem man es seines historischen Gedächtnisses berauben wolle. In allen verfügbaren Foren wurde kontrovers diskutiert, zu einem erheblichen Teil allerdings übersteigert und polemisch, verletzend und wenig sachdienlich. Dem Verfasser der »Skandalbiografie« wurden für den Fall eines Besuchs in Skanderbegs Wirkungsort Kruja Prügel angedroht, und man empfahl ihm die Einweisung in die Psychiatrie. Das alles brachte vor allem eines zutage: Die Revision eines Nationalhelden ist ein heikles Unterfangen, wenn sie das Selbstverständnis eines Landes bis ins Mark zu treffen scheint.

Georg Kastriota, genannt Skanderbeg, war ein Adeliger aus dem mittleren Balkan. Seine vermögende Familie stammte aus der Region Dibra an der heutigen mazedonischen Grenze und gehörte zu den einflussreichsten des Landes. Albanien lag damals im Bereich des osmanischen Expansionsdrangs. Seit Mitte des 14. Jahrhunderts hatte sich die Herrschaftsnahme der Osmanen auf dem Balkan recht schnell vollzogen, da die Kleinstaaten dem Eindringling wenig entgegenzusetzen hatten, auch keine wirkungsvoll koordinierte Anstrengung zur Abwehr. Zu zerstritten und uneinheitlich ging es zu, auch in Albanien bekriegten sich die Adelsfamilien gegenseitig. Nach und nach wurden die Balkanvölker dem neuen Großreich der Osmanen einverleibt und zum Teil islamisiert. Weil aber die Türken an allen Ecken und Enden mit Unruhen und zumal mit Ungarn gut beschäftigt waren, verblieben den Albanern noch einige Jahrzehnte Atempause. In den ersten Jahrzehnten des 15. Jahrhunderts aber war es so weit: Skanderbegs Vater Johann Kastriota verlor 1428 gegen die Osmanen, wurde zu ihrem Gefolgsmann und blieb Herr über seinen Besitz, musste allerdings zur Sicherheit Geiseln stellen. 1430 wurde Albanien türkisch.

1405 geboren und als Christ getauft, kam Georg als junger Mann mit zwei Brüdern als Geisel an den Hof des Sultans, wurde Muslim und machte Karriere als Soldat – wobei Ersteres die Voraussetzung für Letzteres war. Sein Mut seine Stärke und Unerschrockenheit ließen aufhorchen. Georg, der sich in Anlehnung an Alexander den Großen Iskender Beg (= Fürst Alexander) nannte, trat in die Dienste des Sultans, der ihn 1438 als seinen Statthalter in die Heimat und als Bey von Dibra auf die Festung Kruja entsandte. Dort betätigte sich Skanderbeg zunächst konspirativ gegen seinen Dienstherrn und knüpfte Kontakt zur Republik Venedig. Nachdem aber sein Vater von den Osmanen ermordet wurde, kündigte er dem Sultan die Gefolgschaft auf, wurde wieder Christ und stritt fortan offen für einen Aufstand gegen das Osmanische Reich. Als 1443 der ungarische Heerführer János Hunyadi gegen die Türken vorübergehend die Oberhand erlangte, nutzte Skanderbeg die Gunst der Stunde und verkündete in seiner Heimatstadt die Unabhängigkeit Albaniens. Ein Jahr später erreichte er in Alessio den Zusammenschluss mehrerer Stämme zur »Albanischen Liga«, um dem Druck der Türken etwas entgegenzusetzen. Um den Zusammenhalt der Aristokratie zu stärken, heiratete Skanderbeg in die einflussreiche Familie der Arianiti ein und gab seine Schwester einem Thopia zur Frau. Als Befehlshaber der Liga errang er zum Teil glänzende Einzelsiege, die aber ohne auswärtige Hilfe auf Dauer verpuffen mussten. Und doch währte Skanderbegs Kampf den Rest seines Lebens – einerseits war der Gegner übermächtig, andererseits verfügten Skanderbeg und seine Männer über den Vorteil der Guerilla, die versteckt operieren und auf Unterstützung der Bevölkerung vertrauen konnte. Das und einiges taktisches Geschick führten trotz aller Widrigkeiten und gegen alle Wahrscheinlichkeit dazu, dass sich der Kampf zwei Jahrzehnte hinzog und die Osmanen mehrmals in arge Bedrängnis gerieten.

Europaweit berühmt wurden Skanderbeg und seine Liga, als Sultan Murad II. die Festung Kruja viereinhalb Monate belagerte, aber trotz zahlenmäßiger Überlegenheit seiner Truppen von den Albanern geschlagen werden konnte. Die europäische Christenheit feierte Skanderbeg als Helden, Papst Nikolaus V. sandte Glückwünsche, sein Nachfolger Calixt III. verlieh ihm den Titel eines *Athleta Christi*.

Dann aber begab sich Skanderbeg in die Abhängigkeit von Neapel und Rom, weswegen Venedig eifersüchtig auf den Plan trat und auf dem Balkan einen Stellvertreterkrieg gegen den Rivalen Neapel vom Zaun brach. Das wiederum behinderte Skanderbegs Kampf gegen das Osmanische Reich. Einige Zeit zogen sich die Auseinandersetzungen noch hin, unterbrochen von Waffenstillstandsverträgen mit den Türken, bis sich 1466/67 der neue Sultan Mehmed II. der Sache in aller grausamen Entschiedenheit zuwandte. Mehmed hatte 1453 bereits Konstantinopel erobert und die wichtigste Kirche der orthodoxen Christenheit, die Hagia Sophia, in eine Moschee umgewandelt. Anschließend richtete sich sein Interesse auf den Balkan, den er bis zur Adria unter osmanische Herrschaft brachte. Nunmehr geriet Skanderbeg ins Hintertreffen, zumal die Liga längst bröckelte. Mehmed höchstpersönlich belagerte Kruja, wenn auch zunächst vergeblich. Als Skanderbeg 1468 starb, war der albanische Kampf zwar noch nicht beendet, denn mehrere Städte behaupteten sich noch bis Anfang der 1570er-Jahre, die unzugänglichen Bergregionen sogar darüber hinaus. Aber die Symbolfigur des vereinten Kampfes fehlte, und Albanien stand fortan für fast ein halbes Jahrtausend unter osmanischer Herrschaft.

Der Mythos des albanischen Volkshelden Skanderbeg hat seither einige Kurven genommen: Zunächst wurde er von der westlichen Christenheit inmitten der Bedrohung durch die Osmanen zum Helden im Widerstand gegen den Islam gemacht. Im 19. Jahrhundert erhob man ihn im Zuge der Nationalbewegung für den Unabhängigkeitskampf der Albaner gegen die andauernde türkische Herrschaft zum Symbol der Nation. Und als Albaniens kommunistischer Staatschef Hodscha 1960 mit der Sowjetunion brach, wurde Skanderbeg erneut zum Symbol – und in Tirana ersetzte sein Denkmal das Stalins. Die Festung Albanien, das sich isolierte und gegen alles Auswärtige zu behaupten suchte, wurde gleichgesetzt mit der Festung Kruja, auf der Skanderbeg den Türken trotzte. Heute gilt Skanderbeg vielen nicht nur als Pate der Nation, sondern auch als Symbol für die Zugehörigkeit Albaniens zu Europa, dem man sich annähern will.

Zu den Fragen, die der zu Beginn erwähnte Historiker Schmitt in seiner Skanderbeg-Biografie anspricht, gehört auch dessen ethnische Zugehörigkeit – auf dem Balkan stets eine sehr heikle Frage. Heute jedenfalls, denn im Mittelalter spielte das eine untergeordnete Rolle. Schmitt identifiziert Skanderbegs Mutter als Slawin, was im historischen Kontext eigentlich nicht überrascht, aber es rührt nicht nur am Mythos des albanischen Urvaters, sondern berührt auch die aktuelle Politik, denn danach könnte Skanderbeg mütterlicherseits serbischer Herkunft sein. Auch Skanderbegs Vater legte wohl keinen Wert auf die albanische Schreibweise seines Vornamens Johannes (Gjon), sondern hieß Ivan – die Verwendung slawischer Namensschreibung war damals verbreitet. Als Inbegriff einer Nation, die sich gegen das Slawentum behaupten musste, nutzt er damit nur noch begrenzt. Dann die Sache mit der Religion: Skanderbeg wechselte den Glauben offenbar mehrfach, von christlich-orthodox zu muslimisch und schließlich zu katholisch – auch das ist nicht ungewöhnlich. Schwieriger für den Gehalt des Mythos wird es beim Kampf gegen die Osmanen, denn viel spricht dafür, dass Skanderbegs Beweggrund nicht der Wunsch war, sein Land zu einen und zu befreien, sondern vor allem, seinen Vater zu rächen, der auf Befehl des Sultans ermordet worden war. Was schließlich die Bilanz der mehr als zwei Jahrzehnte währenden Kämpfe betrifft, so waren die Leidtragenden wie so oft die normalen Leute, deren Land verwüstet und deren Söhne getötet wurden. Als der Widerstand aufgegeben wurde, verzeichnete Albanien einen empfindlichen Bevölkerungsrückgang. Hier lässt sich ein Grund für den bis heute wirksamen Rückstand Albaniens ausmachen – auch das ein unliebsamer Kratzer am Denkmal. Und schließlich war der vereinte albanische Freiheitskampf weder so geeint noch so albanisch, wie oft dargestellt: Die Albanische Liga handelte nur kurze Zeit wirklich geschlossen, und andererseits beteiligten sich am Kampf gegen die Türken auch Bulgaren, Serben und Walachen. Im Übrigen verstärkte

Skanderbegs erbitterter Widerstand die osmanische Herrschaft nur und ließ die Türken in Albanien auch nach dem Sieg mit harter Hand regieren.

Am Sockel von Helden zu kratzen gehört zu den Aufgaben einer kritischen Geschichtswissenschaft, die immer gut daran tut, sich politisch oder ideologisch nicht vereinnahmen zu lassen. Was der Schweizer Historiker in seiner akribisch recherchierten, umfassenden Biografie schreibt, ist in der Tat ein Schlag ins Kontor derjenigen, die einen Nationalmythos so bewahren wollen, wie sie ihn lieb gewonnen haben oder wie er ihnen nützlich ist. Es verhält sich nun einmal so, wie ein Rezensent schrieb: »Heute gibt es zwei Skanderbegs – den historischen und den zum Nationalheld erhobenen Mythos, wie er in albanischen Schulen und von nationalistischen Intellektuellen in Tirana oder Prishtina dargestellt wird. Beide haben weniger miteinander zu tun als entfernte Verwandte.« Das hat der Albaner mit vielen anderen Nationalhelden gemeinsam, die zum Mythos erhoben wurden.

✶ ✶ ✶

Ohne selbst je in der Schweiz gewesen zu sein, schrieb Friedrich Schiller 1804 das weltberühmte Drama *Wilhelm Tell*, sein letztes vollendetes – und erfolgreichstes Stück. Generationen von Schulkindern haben es gelesen, unzählige Male ist es aufgeführt worden. Die bewegende Szene, in der der brutale Landvogt Geßler Tell zwingt, seinem eigenen Sohn mit Pfeil und Bogen einen Apfel vom Kopf zu schießen, hinterlässt wohl bei jedem Leser oder Zuschauer einen nachhaltigen Eindruck. Die ergreifende Sage des einfachen Landmannes, dessen Mut und Schießkunst seinen eigenen Sohn rettet, den verhassten Vogt zur Strecke bringt und schließlich den Aufstand auslöst, aus dem der Freiheitskampf der Schweizerischen Eidgenossenschaft wird, ist noch heute eine so gute Story wie damals.

Damals? Schiller siedelte sein Drama vor dem Hintergrund historischer Entwicklungen an und stützte sich wie bei seinen anderen historischen Stoffen auf alte Chroniken. Im 13. Jahrhundert versuchten die Schweizer, die ungeliebte Herrschaft der Habsburger abzuschütteln, Österreich wollte aber nicht auf seine Ansprüche verzichten. 1291 schlossen die drei Urkantone Uri, Schwyz und Unterwalden einen Verteidigungsbund, der sich gegen die Habsburger richtete. So entstand die Schweizer Eidgenossenschaft, die dann Kanton um Kanton wuchs. Als mit Rudolf I. erstmals ein Habsburger römisch-deutscher König wurde, spitzte sich die Lage zu. Rudolf sandte Landvögte zur Verwaltung, die Eidgenossen wehrten sich und besiegten 1315 in der Schlacht am Morgarten das kaiserliche Heer.

Schillers Drama trug erheblich zum Nachruhm des Freiheitskampfes der Schweizer bei. Immer wieder sah man im Tyrannenmord Wilhelm Tells eine willkommene Rechtfertigung für eigene politische Ziele: Während der Französischen Revolution und auch im nordamerikanischen Freiheitskrieg war Wilhelm Tell ungeheuer populär. Sogar in China und Japan verbreitete sich die Kunde vom mutigen Schweizer. Nicht grundlos ließ andererseits Hitler das Stück 1941 aus dem Lehrplan der deutschen Schulen streichen. Und 1969 benannte sich eine Gruppe von palästinensischen Al-Fatah-Aktivisten, die auf dem Zürcher Flughafen einen Anschlag auf ein israelisches Flugzeug verübten, nach dem schweizerischen Freiheitskämpfer.

Vor allem in der Schweiz selbst jedoch bedeutet Wilhelm Tell sehr viel. Auf dem Felsen in Küsnacht bei Zürich, auf dem Tell den tödlichen Pfeil gegen Geßler angelegt haben soll, wurden ihm zu Ehren zwei Kirchen errichtet. Sein Antlitz zierte bereits Schweizer Münzen und Briefmarken. Aber auch wenn Schillers Drama auf Tatsachen beruht, auch wenn mittelalterliche Chroniken vom Helden Tell berichten – hat es ihn wirklich gegeben?

Die meisten Schweizer behaupten: natürlich. Und das ist verständlich, denn ein solcher Volksheld ist schließlich eine feine Sache. Den gibt man nicht widerstandslos preis. Warum auch sollten ihn zuverlässige Geschichtsschreiber des Mittelalters erfunden haben?

Mit Entrüstung reagieren in der Schweiz sogar Historiker, wenn die Authentizität des Helden angezweifelt wird, wie es seit der Aufklärung im 18. Jahrhundert immer wieder geschah. Insbesondere dann, wenn die Legende der jeweiligen politischen Haltung entspricht.

Aber leider hat Wilhelm Tell mit ziemlicher Sicherheit nicht existiert. Die Ereignisse im späten 13. und frühen 14. Jahrhundert waren vergleichsweise unspektakulär. Das jedenfalls legen die zeitgenössischen Chroniken nahe, die sich auf Berichte über kleinere regionale Ereignisse beschränken. Das Image des rebellischen Volkes, das gegen fremde Herrschaft aufbegehrt, erhielten die Schweizer Eidgenossen erst nach dem Morgartenkrieg. Und noch viel später erst passten die Schweizer Chronisten offenbar eine existierende skandinavische Legende in ihre Texte ein, um die Lücken über die Schweizer Vorgänge 200 Jahre zuvor zu füllen – und dramatisch wie volkstümlich auszuschmücken.

Die Meinungen der Forscher gehen zwar noch immer auseinander, aber alles spricht gegen die Existenz Tells. Im Unterschied zu vorangegangenen Auseinandersetzungen mit der habsburgischen Herrschaft gibt es über einen Aufstand wie jenen, den Wilhelm Tell ausgelöst haben soll, keine zeitgenössischen Belege. Der Popularität des Stoffes und des Helden wird das keinen Abbruch tun – aber ein authentischer Gründungsheld der Schweizerischen Eidgenossenschaft ist Wilhelm Tell nicht.

✳ ✳ ✳

Volks- und Nationalhelden sind also eine durchaus heikle Sache. Einerseits kann man ihnen Denkmäler setzen, mit ihnen geschichtliche Abläufe personalisieren und den Geschichtsunterricht ein wenig packender gestalten. Man kann sie identitätsstiftend einsetzen, als Kronzeugen besserer Zeiten oder enttäuschter Hoffnungen nutzen. Andererseits werden Volkshelden immer wieder instrumentalisiert und dabei nicht selten missbraucht oder in ihrer historischen Substanz und Bedeutung entstellt.

Für das Tiroler Freiheitsjahr 1809 steht wie kein Zweiter der Gastwirt, Wein- und Pferdehändler Andreas Hofer aus St. Leonhard im Südtiroler Passeiertal. Sein Gasthof, der Sandwirt, liegt südlich vom Dorfzentrum und ist heute ein Museum nebst Denkmal und Kapelle, gleichwohl aber noch immer Wirtshaus. Dort wurde Hofer, jüngstes Kind und erster Sohn des Gastwirtspaares, am 22. November 1767 geboren und tags darauf getauft. Es waren die mittleren Regierungsjahre der Kaiserin Maria Theresia, die Familie war seit einhundert Jahren im Besitz des Gasthofes. Noch halbwüchsig, verlor er nacheinander beide Eltern, übernahm im Jahr der Französischen Revolution den väterlichen Besitz und heiratete. Andreas Hofer war sehr fromm, wenngleich als guter Wirt einem Glas selten abgeneigt; er galt als gutmütig, aber auch mal zu einer Rauferei aufgelegt; wirtschaftlich war er nur mäßig erfolgreich. Von großer Statur, trug er einen enormen Vollbart, den er bis zu seinem Tod nicht ablegte.

Die Französische Revolution von 1789 entfaltete eine ungeheure Dynamik. Nicht nur verbreiteten sich die Ideen von Freiheit, Gleichheit, Brüderlichkeit in ganz Europa, Revolutionstruppen versetzten außerdem die Fürsten des alten Europa in Angst und Schrecken, zumal nachdem 1793 ihr Pariser Kollege Ludwig XVI. und schließlich seine Frau Marie Antoinette, Tochter der Wiener Kaiserin Maria Theresia, der eben erfundenen Guillotine zum Opfer gefallen waren. Anstatt dass die Koalitionstruppen der alten Mächte es vermocht hätten, die französische Monarchie wieder einzusetzen, rückten die Revolutionäre über den Rhein nach Osten vor. Der junge General Napoleon Bonaparte mischte mit seiner Südarmee den Kontinent ordentlich auf.

Tirol gehörte seit mehr als vier Jahrhunderten zu den habsburgischen Besitzungen, zuvor war es lange bayerisch gewesen. Innerhalb des Habsburgerreiches genoss Tirol einigen Spielraum und legte Wert auf das gewohnte Maß an Unabhängigkeit. Man war kirchentreu und konservativ – das, was man heute abfällig als »mittelalterlich« bezeichnet. Allen Reformbestrebungen unter Maria Theresia und deren Sohn Joseph II. hatte man sich erfolgreich verweigert.

Wie andere fromme und habsburgtreue Tiroler lehnte Andreas Hofer die französische Umwälzung, die einer österreichischen Prinzessin das Leben genommen hatte und eine stramm antikirchliche Politik verfolgte, rundheraus ab. Trotz vereinzelter Sympathieäußerungen für die Ideale der Revolution in den Städten ließen sich Habsburgs Untertanen mehrheitlich nie dafür begeistern. Die Tiroler erwiesen sich in ihrer Kirchentreue durch die kraftvolle österreichische Gegenreformation und jesuitische Volksmission als überaus standfest. Als die Auswirkungen der Revolution im Frühsommer 1796 ihr Land in Form des Krieges erreichten, verweigerten sie die Unterwerfung unter Napoleon, auch wenn dieser versprach, nur in Richtung Wien durchziehen zu wollen. Gemeinsam widerstanden die österreichische Armee und die Tiroler Schützen den napoleonischen Truppen. Andreas Hofer war unter dem Aufgebot der Passeirer im Kampf gegen die Franzosen, spätestens 1797 als Kommandant. Aber weitere Kriege folgten, die politische Landkarte veränderte sich, und Tirol wurde zu einem gefährdeten Gebiet, das an die französische Einflusssphäre grenzte. Kaiser Franz II. musste in den Friedensschlüssen von Campo Formio 1797 und Lunéville 1801 die Neuordnung Italiens akzeptieren und die österreichischen Niederlande aufgeben, auf linksrheinische Gebiete verzichten und geistlichen Besitz zur Disposition stellen sowie französische Satrapenstaaten in Holland, Italien und der Schweiz hinnehmen.

Aus dem revolutionären Frankreich wurde nach mehreren Häutungen wieder eine Monarchie mit Napoleon als »Kaiser der Franzosen«, und der römische Kaiser Franz II. proklamierte das Kaiserreich Österreich, dem er als Franz I. vorstand, womit er für knapp zwei Jahre der einzige Doppelkaiser der Geschichte war, bis er 1806 die Reichskrone ablegte. 1805 kam es im dritten Koalitionskrieg zum erneuten Zusammengehen von England, Russland und Österreich, doch konnte man Napoleon ein weiteres Mal nicht bezwingen. Die Schlacht bei Austerlitz am 2. Dezember 1805 geriet zur krachenden Niederlage der Koalitionäre, der folgende Friedensschluss zu Pressburg war für Österreich verheerend. Wien verlor erheblich an Land, unter anderem ging Tirol an Bayern, das inzwischen ein treuer Gefolgsstaat Napoleons geworden war – schon weil es am kommenden Neujahrstag 1806 zum Königreich aufstieg. Bayern wollte Tirol völlig modernisieren, mehr noch, als es die Habsburger versucht hatten, nämlich im radikalen Stil der napoleonischen Neuordnung. Dazu gehörte, dass zugunsten einer allgemeinen Wehrpflicht Tirol das Recht auf eine eigene Landesverteidigung verlor. Noch dazu mussten die jungen Landeskinder befürchten, auf französischer Seite gegen Österreich ins Feld zu ziehen. Selbst seinen Namen sollte Tirol verlieren und fortan, in drei bayerische Landkreise aufgeteilt, Südbayern heißen.

Auch ein weiterer österreichischer Versuch, Napoleon die Stirn zu bieten, schlug fehl: Nach anfänglichem Sieg in diesem fünften Koalitionskrieg verlor Erzherzog Karl die Schlacht bei Wagram im Sommer 1809, Österreich lag am Boden. Nicht aber Tirol: Dort gelang ein Aufstand gegen den neuen Landesherrn und Verbündeten Napoleons, Bayerns ersten König Maximilian I. Joseph. Wut und Ärger der konservativen Tiroler hatten nicht zuletzt kirchenpolitische Maßnahmen nach sich gezogen, außerdem die Einführung der Wehrpflicht. Zum Propagandisten und Anführer des

Aufstands stieg Andreas Hofer auf. Während im Mutterland Erzherzog Karl gegen Frankreich ins Feld zog, nahm das Tiroler Landaufgebot mit österreichischer Assistenz Innsbruck ein und behauptete sich im Frühjahr und Sommer 1809 gleich zweimal am Bergisel. Die Bayern mussten sich den ungeheuer motivierten Tirolern geschlagen geben, schon weil die Rebellen erfolgreich eine Partisanentaktik anwandten.

In dieser kurzen Zeit des Triumphes wurde Hofer Oberkommandant des Landes Tirol, das er im Namen Franz' I. verwalten wollte und dies von der Innsbrucker Hofburg aus nach traditionellen, ständisch-konservativen Grundsätzen tat. Nach dem Abzug der Bayern herrschte dort regelrecht Anarchie, und Hofer hatte alle Hände voll zu tun, die öffentliche Ordnung wiederherzustellen. Aus Wien sandte der Kaiser Geld, eine Ehrenmedaille und das Adelspatent. Letzteres lehnte Hofer dankend ab: »Den Adel brauch ich nicht.« Doch eine lange Zeit war ihm für sein patriarchalisch-hemdsärmeliges Wirken nicht vergönnt, denn nach der Aufteilung Tirols rückten abermals bayerische und napoleonische Truppen ein: Die unbotmäßigen Untertanen, in Bayern als »unkultiviertes Volk ohne Verstand und Vernunft« und »insurgierte Tollköpfe« angesehen, sollten zur Räson gebracht werden. In einem letzten verzweifelten Versuch kam es zur vierten Bergisel-Schlacht, die die Widerständler verloren. Weil aber Bayern allein den Aufstand nicht hatte niederzwingen können, wurde Tirol nunmehr unter Italien, Bayern und den neu gegründeten Illyrischen Provinzen, die Gebiete der Adriaküste und der Ostalpen umfassten, aufgeteilt. Hofer floh vor den Bayern, die ein Kopfgeld von 1500 Gulden auf ihn ausgesetzt hatten, wurde jedoch Ende Januar 1810 auf der Pfandleralm festgesetzt, wenige Wochen später in Mantua zum Tode verurteilt und hingerichtet. Er bestand darauf, stehend zu sterben, und hielt ein Kruzifix in den Händen.

Andreas Hofer war zum Märtyrer im antinapoleonischen Kampf geworden, aber die gedemütigten Tiroler hatten einstweilen andere Sorgen. Dort dauerte es noch mehr als ein halbes Jahrhundert, bis der aufständische Gastwirt zum Volkshelden wurde. Anders im Ausland: Die preußische Königin Luise verherrlichte Hofer noch vor seinem Tod und unter dem Eindruck der katastrophalen Niederlage, die Napoleon ihrem Land beigebracht hatte, als vorbildhaften Helden. In anderen napoleonfeindlichen Ecken Europas tat man es ihr nach, vor allem in England, wo die Bergisel-Kämpfe schon mal als erste Schlachten der Befreiungskriege bezeichnet wurden, die ja bekanntlich erst 1813 begannen. Die Tiroler galten fortan als freiheitsliebendes Volk, dem sich zahlreiche Dramen und Romane widmeten. Als in den Befreiungskriegen Volkswehren in den Kampf gegen Napoleon geschickt wurden, diente Hofer als Heldenfigur, der Aufstand als Vorbild, und die Tiroler galten als besonders wehrhaftes Völkchen. Nach dem Wiener Kongress und der abermaligen Neuordnung Europas blieb Andreas Hofer der strahlende Held, auch im Verständnis der wiedererstarkten Monarchie – zumal der kaisertreue Rebell sicher nicht zu jenen Kräften gehört hätte, die Demokratisierung statt Restauration forderten.

Andreas Hofer starb zweifellos im Kampf gegen die bayerische Herrschaft, mochte die auch angesichts der politischen Veränderungen durch Napoleon rechtmäßig sein. Berücksichtigt man den früheren grundsätzlichen Widerstand der Tiroler gegen politische und gesellschaftliche Reformen, so war der Aufstand gegen die bayerische Herrschaft zwar entschlossen, ist aber kaum als spontan zu bezeichnen. In der Sache nämlich widerstanden die Tiroler ähnlichen Maßnahmen wie zuvor, nur eben jetzt gewaltsam. Vor allem aber wurde dabei ein Kampf gegen Modernisierung geführt, nicht einer für Freiheit an sich, und seine Träger waren die Verlierer der neuen Verhältnisse. Denn statt Freiheitskampf handelte es sich um einen Befreiungskampf von Bayern, deren Herrschaft die Tiroler zwar abschütteln wollten, aber nur, um sie wieder gegen Habsburgs Oberhoheit einzutauschen – übrigens unter einem Kaiser, der inzwischen absolut regierte. Hofer bezeichnete sich selbst als »vom Haus Österreich erwählter Kommandant«. Ziel war die Wiedervereinigung mit dem Kaiserreich und die Rückkehr zu den Zuständen der Zeit vor 1805. Der Aufstand gegen das napoleonische Bayern wurde auch nicht von ganz Tirol getragen, insbesondere in Südtirol stand man dem Ansinnen mindestens kritisch gegenüber. Und die Adeligen Tirols verfolgten den von Bauern getragenen Aufstand sowieso misstrauisch.

Andreas Hofer war, wiewohl Märtyrer im Kampf gegen die bayerische Herrschaft, nicht einmal Held im militärischen Sinn, denn er zeichnete sich weder durch besonderen Heldenmut noch durch Fortüne als Kommandant aus. »Er war in der Einschätzung von Einsatz und Reserve völliger Laie, er hatte kaum eine Ahnung von der Artillerie und erwies sich leider auch als schlechter Organisator bei der Verteilung von Nachschub und Munition«, schrieb ein Biograf. Gleichwohl trug er mit seinem Charisma und seiner guten Vernetzung, mit Entschlossenheit und Mut wesentlich zur Vorbereitung der Tiroler Erhebung bei und war im entscheidenden Moment deren maßgeblicher Führer.

Noch im frühen 21. Jahrhundert ist der Staatsheld der vor Jahrzehnten untergegangenen DDR ein höchst präsenter Mann. Zumindest auf ihrem früheren Staatsgebiet tragen Straßen und Plätze vieler Städte und Gemeinden weiterhin den Namen Ernst Thälmanns, in Berlin steht noch immer das riesige Bronzedenkmal Lew Kerbels, das dem Namenspatron eines Vorzeige-Wohnbauprojekts im Osten der Stadt gewidmet wurde. Allerdings gibt es heute weder die vielen Thälmann-Gedenkstätten wie zu Lebzeiten der DDR, noch erhält der Mann das Maß an Aufmerksamkeit, das er im sozialistischen Deutschland genoss, als blutjunge Thälmann-Pioniere fröhlich marschierten und der Satz des dänischen Dichters Martin Andersen Nexø noch etwas galt: »Keinem zweiten Opfer der Bestialität klopfen die Herzen der breiten Schichten derart mit Liebe entgegen wie ihm.«

Als brennender Kommunist und KPD-Vorsitzender war der gebürtige Hamburger Ernst Thälmann unermüdlicher Kämpfer für die kommunistische Sache und gegen die Nationalsozialisten, deren Opfer er schließlich 1944 im KZ Buchenwald wurde. In der DDR wurde er als strahlender Held der Arbeiterklasse und leuchtendes Vorbild für die junge Generation regelrecht vermarktet und bedenkenlos vereinnahmt. Noch Ende der Achtzigerjahre befand Staats- und Parteichef Erich Honecker, das sozialistische Deutschland habe Thälmanns Vermächtnis erfüllt. Für den Kult ihres wichtigsten Helden trieb die DDR erheblichen Aufwand, neun Biografien erschienen in den vier Jahrzehnten ihres Bestehens, ein heroisches Filmepos in zwei Teilen kam hinzu. Thälmann tritt daraus als nobler Arbeiter hervor, der im Dienste der Wahrheit gegen seine Gegner streitet, stets um das Beste bemüht und im Falle eines falschen Weges in der Lage, den Fehler rechtzeitig zu erkennen und umzukehren. Schulkinder merkten sich, dass der Mann schon als Halbwüchsiger eine edle Gesinnung erkennen lässt, wenn er hungrigen Kameraden seine Pausenbrote gibt. Ihn kennzeichnet, was den idealen Kommunisten ausmacht: proletarische Herkunft, Arbeiter mit Verstand, ideologisch unbeirrbar und der Sache treu bis in den Tod. Doch während die biografischen Eckdaten ideal sind, mussten viele Details passend gemacht werden.

Die proletarische Vita Ernst Thälmanns ist zweifellos ohne Makel. 1886 in Altona geboren, arbeitet der Sohn eines Gastwirts und Kolonialwarenhändlers als Kutscher, Hafenarbeiter, Transport- und Landarbeiter. Aber die Fälschungen einiger Biografen begannen schon beim Elternhaus, das zwar proletarisch war, aber keineswegs sozialistisch. Auch Thälmanns Engagement kurz vor Ausbruch des Ersten Weltkriegs gegen den drohenden Waffengang gerät nicht so strahlend wie später dargestellt, und nicht einmal die eigenen

Anhänger lassen sich davon beeindrucken – die Kriegsbegeisterung hat alle Schichten ergriffen. Nicht recht zusammenpassen auch die verschiedenen soldatischen Auszeichnungen zu seinem angeblichen Widerstand gegen den verhassten »Krieg der Reichen« noch an vorderster Front. Zwar gibt es Hinweise auf soldatische Bummelei, jedoch nicht, wie später behauptet, auf Agitation bei den Kameraden; wohl aber verlässt Thälmann die Truppe im selben Rang eines Gefreiten, in dem er Anfang 1915 eingezogen wurde. Nach dem Krieg tritt er den Unabhängigen Sozialdemokraten (USPD) bei, einer Parteineugründung ehemaliger SPD-Mitglieder. Rasch steigt er nach der Vereinigung von USPD und KPD in der Partei auf, bis er 1924 Reichstagsabgeordneter und 1925 KPD-Vorsitzender sowie mehrmaliger Kandidat für das Amt des Reichspräsidenten wird. In seinen Parteiämtern setzt er sich für eine enge Gefolgschaft zu Moskau und der Kommunistischen Internationale (Komintern) ein. Kurz nach dem Reichstagsbrand 1933 verhaftet, sitzt er zwölf Jahre in Einzelhaft in Berlin, Hannover und Bautzen, bevor er ins KZ Buchenwald kommt, wo er ein Jahr vor Kriegsende auf persönlichen Befehl Hitlers ermordet wird.

Die offiziöse Sicht der DDR-Propaganda auf den populären Arbeiterführer bestand keineswegs nur darin, Elemente aus seinem Leben zu überhöhen, um über ein taugliches Vorbild für kommende Generationen zu verfügen. Damit man ein überzeugendes Heldenbild ohne Makel erhielt, wurde zudem nicht nur manches unterschlagen, sondern sogar glatt gefälscht. Das betrifft insbesondere Thälmanns Rolle im missratenen Hamburger Aufstand 1923. Voll revolutionärer Gesinnung hatte er bei Besuchen in Moskau die dortige KP-Führung und die Komintern in ihrer Hoffnung auf einen baldigen »roten Oktober« im von Reparationswirtschaft und Inflation schwer gebeutelten Deutschen Reich bestärkt. Die Sowjetunion hoffte auf Deutschland als nächstes schwaches Glied in der Kette fallender Regime, die Wirklichkeit jedoch entsprach diesem Wunschdenken ganz und gar nicht.

Es ist schwer, in nichtrevolutionärer Zeit Revolutionär sein zu wollen – Thälmann gehörte zu denen, die kurzerhand die Zeit zu einer revolutionären erklärten. Wie Moskau gab er sich der Hoffnung hin, ein kommunistischer Umsturz in seinem Heimatland werde endlich die ersehnte Weltrevolution entfesseln. Eine deutschlandweite Erhebung wurde anberaumt, dann vertagt – und schließlich wegen mangelnder Erfolgsaussichten abgesagt. In Hamburg jedoch begann dessen ungeachtet im Oktober 1923 der bewaffnete Aufstand und endete desaströs: Dilettantisch vorbereitet und mit unzureichender Bewaffnung, dauerte er kaum einen Tag und brach am dritten Abend komplett zusammen. Auf die große Mehrheit der Hamburger Arbeiterschaft wirkte er eben nicht ansteckend – hatte aber Hunderte Menschen das Leben gekostet. Die Verantwortung dafür trug Ernst Thälmann. Er hatte vom Beschluss der KPD gewusst, die Revolution in Deutschland einstweilen doch noch nicht anzustoßen. Ihm aber, Revolutionär um jeden Preis, war der eigene Ruhm wichtiger als das Schicksal derer, die er zum Losschlagen anstachelte. Hätte er das Ohr so nah an der Arbeiterschaft gehabt, wie er selbst und die Legende behaupteten, hätte er die Sache noch rechtzeitig abblasen müssen, um Blutvergießen zu vermeiden. Stattdessen ließ er die wackeren Kämpfer im Glauben, die Arbeiter der anderen deutschen Städte würden ebenso losschlagen wie sie, was die Aussichten auf revolutionären Erfolg natürlich in bedeutend besserem Licht erscheinen ließ und daher unverzichtbar zur Motivation war.

Die offizielle DDR-Legende stellte die Sachlage anders dar: Ihr zufolge wurden die Hamburger Genossen kalt erwischt, da sie von dem wichtigen Beschluss der KP-Führung gar keine Kenntnis erlangt hatten. Die DDR-Historiografie zeichnete überdies das Bild des unbeirrbaren Anführers, dessen Mut und Geschick es zu verdanken gewesen sei, dass ein heldenhafter Kern von 200 Männern trotz übermächtiger Polizei noch erfolgreich standhalten konnte, als der übrige Aufstand zu Ende war. Nur war Thälmann gar nicht der militärische Leiter des Aufstands, überhaupt nahm er bei den eigentlichen Kämpfen gar keine so zentrale Rolle ein, dass die Hamburger Staatsanwaltschaft ihn explizit deswegen hätte verfolgen können. Für eine Anklage musste man sich mit anderen Vorwürfen behelfen.

Mit Moskauer Hilfe wurde Thälmann 1925 Vorsitzender der KPD und sollte zu einem den großen russischen Kommunisten ebenbürtigen Führer aufgebaut werden. Man traute ihm mehr als den intellektuellen Kommunisten, die zu einem eigenen Kopf neigten und sich weniger gut von der Komintern-Zentrale aus lenken ließen. Ein echter Proletarier und moskautreuer Parteisoldat war das, was den Sowjetgenossen am besten schien, um in Deutschland den Boden für einen Umsturz zu bereiten. Für das DDR-Heldenbild bedeutete das, Thälmann als denjenigen Kommunistenführer zu stilisieren, der frühzeitig wusste, dass nur der Weg an der Seite Moskaus zum Erfolg führen konnte. Allerdings erwies sich die enge Bindung an Moskau und die Gleichsetzung von NSDAP und SPD, die Thälmann als Zwillinge bezeichnete, als Hauptgegner, als fatale Schwächung im Abwehrkampf gegen den Nationalsozialismus.

Eine überaus unrühmliche Figur gab Thälmann 1928 in einer KPD-Parteiaffäre ab. Einen persönlichen Vertrauten aus Hamburg, der Parteigelder veruntreut hatte, um sich einen besseren Lebensstil zu gönnen, hielt Thälmann im Amt, bis es nicht mehr ging und das Zentralkomitee den Genossen ausschloss. Dann stolperte der Vorsitzende selbst über die Sache, Moskau aber wollte auf Thälmann als treuen Statthalter in Deutschland nicht verzichten und befahl dessen Wiedereinsetzung in alle Ämter. Nach offizieller Lesart war der wackere Kämpfer, der nur im Sinn gehabt habe, das Wohl der Partei nicht zu gefährden, das Opfer einer Intrige geworden – ein weiterer Mosaikstein der Thälmann-Legende. Der solcherart direkt von Stalin protegierte Funktionär konnte sich seiner Macht in der Partei nunmehr sicherer sein denn je, was er die Genossen auch spüren ließ. Unerbittlich setzte er seine Linie gegen alles »Versöhnlerische« durch und schürte Cliquenbildung und Hahnenkämpfe, wenn sie ihm nützten. Nach sowjetischem Vorbild wurde ein Personenkult um Thälmann in Szene gesetzt und »unser Teddy« in der Parteipresse als »unser Führer« hochgelobt. Das kam nicht nur der Partei zugute, die dem Führerkult um Hitler etwas entgegensetzen wollte, sondern auch dem Gefeierten, der zunehmend selbstherrlicher wurde. Dem Bild vom noblen Arbeiterführer entsprach das allerdings nicht.

Die Ausformung des Thälmann-Kultes in der DDR spiegelte stets die Erfordernisse der Tagespolitik und jeweiligen ideologischen Schwerpunktsetzung wider, und so war Thälmanns unkritische Bewunderung für Stalin beispielsweise naturgemäß kein Thema mehr, nachdem der sowjetische Diktator, mit einiger Verzögerung zu den sozialistischen Bruderstaaten, auch in der DDR posthum in Ungnade gefallen war. Übrigens hatte Stalin für den deutschen Gefolgsmann in NS-Gefangenschaft keinen Finger gerührt: Thälmann hoffte nach Abschluss des deutsch-sowjetischen Nichtangriffspakts 1939 vergeblich auf eine Moskauer Intervention zu seinen Gunsten.

Nach dem Machtwechsel von Walter Ulbricht zu Erich Honecker 1971 erstarrte mit der Neuausrichtung staatlicher Geschichtsauffassung die offizielle Sicht auf die Figur Ernst Thälmann in Glorifizierung. Die Geschichte der KPD wurde, unter Verzicht auf eine eingehende Darstellung anderer Funktionäre und unterschiedlicher Meinungen und Strömungen innerhalb der Partei, nunmehr ganz auf Thälmann zugeschnitten. Unter seiner Parteiführung seit 1925 seien die deutschen Kommunisten endlich ganz und unumkehrbar auf den einzig richtigen, nämlich bolschewistischen Kurs der Moskauer Genossen eingeschwenkt. Dass die Abwehr des Faschismus dennoch gescheitert war, wurde ohne jede Selbstkritik allein der Sozialdemokratie angelastet. Honecker forcierte, dass das Standbild des Arbeiterführers Thälmann aufpoliert wurde, bis kein Makel mehr an ihm haftete. 1979 erschien eine neue Biografie, die den Parteichef und seine Linie als unfehlbar darstellte, während die unterschiedlichen Strömungen im deutschen Kommunismus hingegen weitgehend ausgeblendet wurden. Die Vorbildfunktion des sowjetischen Kurses für die KPD bzw. deren Nachfolgerin SED wurde erst mit der Reformpolitik Gorbatschows wieder kritikwürdig: als Honecker im Festhalten am Gewohnten die Moskauhörigkeit notgedrungen aufgab.

Trotz aller Heldenstarre entwickelte der Kult um Ernst Thälmann in der DDR ein bemerkenswertes Eigenleben: In bewusster Umgestaltung der offiziellen Legende, aber unter Festhalten an deren akzeptablen Elementen widmeten vom eigenen Staat enttäuschte Genossen den Kult kurzerhand um. Der aufrechte Arbeiterführer wurde zur Projektionsfläche für politische Sehnsüchte, die die DDR nicht erfüllte. Selbst Wolf Biermann dichtete:»Mir träumte von Teddy Thälmann die Nacht einen schönen Traum ...«

Der Westen im Osten

Regierende lassen sich ihr Testament gern in Stein meißeln, und das steinerne Vermächtnis des russischen Zaren Peter der Große ist besonders eindrucksvoll gelungen: die Stadt Sankt Petersburg. Mitten im Großen Nordischen Krieg, mit dem Russland, Polen und Dänemark zu Beginn des 18. Jahrhunderts der Vormachtstellung Schwedens und ihres draufgängerischen Königs Karl XII. in Nordeuropa und im Ostseeraum ein Ende setzen wollten, suchte der Zar einen Standort für seine Gründung aus, im Mündungsdelta der Newa. Eben erst hatte man das Gebiet den Schweden abgenommen und damit endlich den ersehnten Zugang zur Ostsee erlangt. Nunmehr ging es darum, einen starken Vorposten zu errichten, der künftigen Angriffen der Schweden etwas entgegensetzen konnte. Vermutlich schwebte Peter von Anfang an mehr als bloß ein militärischer Stützpunkt vor, jedenfalls taufte er die Stadt nach seinem Namenspatron, dem Apostel Petrus.

Als Erstes ging man daran, auf der Haseninsel in der Newa die Peter-und-Paul-Festung zu errichten. Um die Gründung Sankt Petersburgs am Dreifaltigkeitstag 1703 ranken sich allerlei hübsche Legenden, während der Bau der Stadt von eher hässlicher Mühsal geprägt war: Nicht nur gründet sie auf morastigem Grund, die Gegend begünstigte außerdem Seuchen, die unter den abkommandierten Leibeigenen grassierten, abgezehrt und erbarmungslos ausgebeutet, wie sie waren. Unerbittlich aber trieb Peter die Arbeiten voran, für die das ganze große Reich herangezogen wurde, sei es für Arbeitskräfte, Geld oder Versorgungslieferungen. Niemand weiß, wie viele Menschenleben die große Vision des Zaren kostete, der russische Volksmund bezeichnet die Stadt als auf Knochen gebaut. Ebenso wenig ist bekannt, wann genau Peter auf die Idee verfiel, die russische Hauptstadt hierher zu verlegen, aber bereits 1712, noch während des Krieges gegen Schweden, löste Sankt Petersburg Moskau als Hauptstadt ab – bis nach der Oktoberrevolution die Bolschewisten der Stadt an der Moskwa diesen Status zurückgaben. In der frühen Regierungszeit Wladimir Putins, eines gebürtigen Petersburgers mit entsprechender Hausmacht dort, wurden gelegentlich Gerüchte laut, der Präsident plane einen abermaligen Hauptstadtumzug zugunsten seiner Heimatstadt.

Sankt Petersburg wird gern als schlagender Beweis angeführt für Zar Peters Bestreben, sein Land dem Westen anzunähern – nicht nur geografisch, sondern insgesamt und grundlegend. Das rückständige Russland sollte zu den europäischen Großmächten aufschließen, sogar um eine Abkehr von der altrussisch-orthodox-klerikalen Prägung des Moskowiterreiches sei es ihm gegangen. In der Tat war der Umzug an die Newa ein kalkulierter Bruch mit der russischen Tradition, wurden Architekten und Künstler aus dem Westen beauftragt, um der Stadt den rechten Glanz zu verleihen. Bei Hofe galt nunmehr europäische Etikette, westliche Kleidung wurde vorgeschrieben, und mit langen Bärten durften sich fortan nur noch Bauern und die Geistlichkeit zieren.

Zar Peter wollte sein Land modernisieren. Auf einer damals großes Aufsehen erregenden, weil beispiellosen Reise, die ihn 1697/98 über das noch schwedische Baltikum, Preußen, Österreich bis in die Niederlande und nach England führte, war er bestrebt, Erfahrungen zu sammeln, die er zu Hause nutzen wollte. Darunter fielen neben kulturellen Eindrücken beispielsweise auch Informationen über das westeuropäische Wirtschaftssystem des

Merkantilismus. Nach westlichem Vorbild wurden Struktur- und Verwaltungsreformen vorgenommen. Der Zar führte den julianischen (wenn auch nicht den gregorianischen) Kalender ein, förderte den Handel mit dem Ausland und den Aufbau von Manufakturen ebenso wie Bildung und Forschung und modernisierte sein Militär. Aber war Peters Verwestlichung so grundlegend, weitreichend und nachhaltig, wie es seine Entschlossenheit und sein hemdsärmeliger Tatendrang nahelegen? Und wie weit war der Zar überhaupt gewillt zu gehen?

Der russische Nationaldichter Alexander Puschkin schrieb ein Jahrhundert nach Peter dem Großen in einem Gedicht, mit der Gründung von Sankt Petersburg sei das Fenster zum Westen aufgestoßen worden. Das konterte später ein Moskauer Historiker mit der trockenen Bemerkung, das Scheunentor Nowgorod, die alte Handelsstadt östlich von Sankt Petersburg, habe schon mehr als ein halbes Jahrhundert vorher offen gestanden. Und abgesehen von dieser Tatsache war die Annäherung Russlands an das System europäischer Staaten längst im Gange, noch bevor Peter der Große den Thron bestieg. Der Weg nach Westen begann, das mittelalterliche Nowgorod einmal außer Acht gelassen, Mitte des 17. Jahrhunderts mit dem Aufstieg nach langer Krise und der territorialen Westausdehnung. Zulasten Polen-Litauens fielen das Smolensker Gebiet und, weiter südlich, die Ostukraine mitsamt Kiew an Russland. Unter den Nachfolgern Peters zeigte sich zudem, wie sehr diese langfristige Entwicklung mit dem Großmachtstreben des Zarenreiches zusammenhing, das sich unter Katharina der Großen voll entfalten sollte. Ohne eine gewisse Annäherung an die Vorbild-Großmächte Frankreich, England und Österreich, später auch Preußen, konnte Russland nicht in die Oberliga europäischer Staaten vorstoßen. Machtpolitik im europäischen Staatensystem aber ist noch nicht gleichbedeutend mit der Verwestlichung eines östlichen Landes.

Bei näherer Betrachtung ist dieser machtpolitische Sprung

zwar gelungen, ansonsten aber hat sich in Russland unter Peter dem Großen sehr viel weniger verändert, als der Glanz von Sankt Petersburg und das in der verklärenden Geschichtsschreibung andauernde Image Peters als westwärts orientiert vermitteln. Das hat zum einen damit zu tun, dass der ungeduldige Zar die Reformen hektisch, unkoordiniert und situativ anging, wie es seinem ungestümen Naturell entsprach – mit dem Ergebnis, dass viele Neuerungen nicht von Dauer, weil nicht substanziell genug waren. Grundlegende Reformen verlangen einen langen Atem und einen gleichzeitigen Mentalitätswechsel, der aber weder bei Peter selbst noch bei seiner Verwaltung zu beobachten war, ganz zu schweigen vom Volk, das vom Westen nicht den Schimmer einer Ahnung besaß. Ohnehin mangelte es für einen grundsätzlichen Wandel am notwendigen westlich ausgebildeten Personal in ausreichender Zahl. Insgesamt erwiesen sich die Reformen als zu wenig vorbereitet und daher unvollständig und nicht grundlegend, zudem überhastet umgesetzt und oft brachial durchgesetzt, was die notwendige Mentalitätsänderung nicht gerade beförderte. Außerdem betrafen die Reformen keineswegs das gesamte Reich, sondern nur Teile seines riesigen Gebietes. Die meiste Kraft verwandte der Zar auf die Aspekte, die Russlands Rolle als zukünftige Großmacht stärken sollten, also Militär und Wirtschaft. Das Land insgesamt blieb rückständig, vor allem gesellschaftlich, das Leistungsprinzip war kaum durchsetzbar, der westliche Einfluss beschränkte sich auf die obersten Kreise. Eine städtische Bürgerschaft, die den Reformprozess hätte mittragen und nach unten weitergeben können, gab es weiterhin nicht.

Vor allem aber hätte, was die Verfassungsstruktur des Landes betraf, eine strenge Orientierung auf den Westen dessen Herrschaftsmodell übernehmen müssen, in dem der Monarch kein Autokrat war, sondern ständische Gremien bei den Geschicken des Landes mitzureden hatten. Die Zeit Peters des Großen war zwar in Westeuropa die des Absolutismus, der aber erwies sich in

Wirklichkeit als gar nicht so absolut, während der Zar weitgehend autokratisch und ohne ständische Beteiligung regierte, mochte er auch diesbezüglich Reformen anstrengen. Unter Peter dem Großen blieb aber der Widerspruch zwischen Modernisierung einerseits und dem Beharren auf einer autokratischen Herrschaft andererseits ungelöst – für den englischen Parlamentarismus hatte er sich in London nicht sonderlich interessiert. In Russland galt weiterhin, dass das Land nur eisern absolutistisch regiert werden konnte. Wann immer sich Protest regte, reagierte auch Peter mit größtmöglicher Brutalität. Zudem blieb es bei der berüchtigten russischen Leibeigenschaft der Bauern, deren Belastungen unter ihm sogar noch stiegen. Nicht einmal der Adel konnte nennenswerte Verbesserungen in Sachen Eigenständigkeit verbuchen, sondern verblieb in direkter Abhängigkeit vom Zaren; nicht viel anders stand es mit der Kirche. Peter führte sein Land an den Kreis der europäischen Großmächte heran und stieß Modernisierungen an, aber nachhaltig nach Westen rückte Russland deswegen nicht.

Dass Russland keineswegs nur noch westwärts blickte, erweist sich auch an seiner Asienpolitik. Denn das Zarenreich wuchs nicht nur gen Westen, sondern ebenso nach Osten, was allerdings den europäischen Augen schon damals entging. In Asien setzte Peter die expansive Politik seiner Vorgänger fort und schob die Grenzen des Russischen Reiches weit nach Sibirien vor.

Nicht zuletzt blieb Peter bei aller Westorientierung und Faszination für Europa ein durch und durch russisch geprägter Herrscher, der auch ganz persönlich eher ein klassisch autokratischer Despot war und seine Vorstellungen mit aller Härte rücksichtslos durchsetzte. Einen Aufstand der Strelizen, eine mitunter aufmüpfige Berufsarmee, schlug er 1698 nicht nur unerbittlich nieder, er exerzierte gar ein grausames, Monate dauerndes Strafgericht, ließ die Männer foltern und über tausend von ihnen öffentlich hinrichten. Ebenso grausam ging er mit dem eigenen ungeliebten Sohn um. Er befahl, ihn wegen einer angeblichen Verschwörung zum Tode zu verurteilen – der Zarewitsch starb noch vor der Vollstreckung an den Folgen der Folterqualen. Charakterlich war Peter so brutal und zügellos, wie es dem Klischee vom derben Russen entsprach, im verfeinerten, ja verweichlichten europäischen Barock aber undenkbar war. Da ist es eine aufschlussreiche Petitesse, dass der Zar, als er 1717 und damit zwei Jahrzehnte nach seiner großen Lehrreise durch Europa abermals Berlin beehrte, das ihm als Gästehaus zur Verfügung gestellte Schlösschen Monbijou mit seinem Gefolge derart »barbarisch« heimsuchte, dass es selbst den nicht übermäßig feingeistigen preußischen Hof nachhaltig erschütterte. Inzwischen kannte der Zar Europa und seine Sitten ganz gut, hielt es aber offenbar nicht für nötig, sich und sein Gefolge an seine Gastgeber anzupassen, nur ein paar lauwarm bedauernde Bemerkungen über seine schlechte Erziehung ließ er fallen.

Am ehesten könnte man also die von Peter verfolgte Strategie mit »vom Westen lernen heißt siegen lernen« auf den Punkt bringen – das aber bedeutet eine strategisch bedingte, selektive Westorientierung zum Zwecke von wirtschaftlichem Aufschwung und Großmachtpolitik. Darauf passt das Verdikt Rousseaus, der Peter als »nachahmenden Geist« bezeichnete. Und Sankt Petersburg kann man dann doch als steinernes Symbol dafür begreifen, wie der Zar seinen Westdrang in die Tat umsetzte, denn seine Errichtung wurde ähnlich brachial vorangetrieben wie Peters angebliche Verwestlichung. Die Stadtgründung an der Newa aber bewährte sich langfristig auf das Prächtigste, während Peters Reformeifer nur sehr begrenzte Wirksamkeit entfaltete.

Ökologische Ahnenforschung

Klimaproteste sind keine reine Erfindung unserer Zeit, wenn auch die Dringlichkeit, global umweltpolitisch umzusteuern, ihnen aus guten Gründen eine ganz neue Wucht verleiht. Und so hatten schon in den umweltbewegten Achtzigerjahren Indianerweisheiten Hochkonjunktur, die das kostbare Erbe von Mutter Natur gegen die umweltzerstörerische Kraft der modernen Industriegesellschaft verteidigen. Von Postern, Aufklebern und Plaketten mahnten Sprüche voller Sanftmut und Weitsicht zu einem verantwortungsvollen Umgang mit der Natur und ihren Ressourcen, weil andernfalls die Menschheit den eigenen Lebensraum zerstöre und ihre eigene Zukunft gefährde.

Zu diesen gern zitierten Indianerweisheiten gehörte auch die Rede des Häuptlings Seattle. Ihr spiritueller Duktus entsprach ganz dem Stil der Umweltbewegung. Hinzu kam der prophetische Charakter der Rede, die bereits 1854 vor dem US-Präsidenten Franklin Pierce gehalten wurde. So weit die Überlieferung der umweltbewegten Jahre Europas Ende des 20. Jahrhunderts.

Der 41. Bundesstaat Washington im Nordwesten der USA wurde erst 1889 offiziell gegründet, Indianerstämme bewohnten das Land aber schon seit vermutlich 11 000 Jahren. Sie mussten seit den 1850er-Jahren nach und nach dem Expansionsdrang der Vereinigten Staaten weichen. Schon vorher waren Europäer dort gewesen, auf der Suche nach der legendären Nordwestpassage oder auf einträglicher Pelzjagd. 1805 schickte US-Präsident Thomas Jefferson die Lewis-Clarke-Expedition, um die Gegend zu erforschen; es folgten Siedler und Missionare. Kritisch wurde die Lage für die einheimischen Stämme endgültig, als 1853 Isaac I. Stevens mit 35 Jahren Gouverneur des Washington-Territoriums wurde. Er betrieb die Landnahme der weißen Siedler besonders ehrgeizig und rücksichtslos, zumal er auch mit dem für die Entwicklung der Region so bedeutsamen Eisenbahnbau betraut war. Stevens rief alsbald die Indianerstämme zusammen und teilte ihnen mit, sie müssten in Reservate ziehen. Mehr oder weniger unfreiwillig wurden sieben Verträge abgeschlossen, die noch ein Jahrhundert später zu Konflikten führten, weil sich die Garantien für die Indianerstämme als leere Versprechungen erwiesen hatten. Zu diesem Zeitpunkt lebten die Indianer längst in Reservaten, wogegen einige Stämme sich noch erfolglos zu wehren versucht hatten.

Zu den Indianerstämmen der Küste Washingtons, die vor allem vom Fischfang lebten, gehörten neben den Lummi, Swinomish und anderen auch die Suquamish. Nach ihrem Häuptling Seathl taufte der Stadtgründer, ein Goldgräber aus Illinois, die Stadt Seattle. Der Häuptling hatte die Weißen freundlich empfangen, musste aber gleichwohl mit seinem Volk den neuen Siedlern weichen. Die Küstenindianer ließen sich auf die Verdrängung durch die Weißen ohne größeren Widerstand ein, weil ihre Reservate auf ihrem angestammten Land lagen – es waren die Indianer des Landesinneren, die sich den Plänen des ehrgeizigen Gouverneurs widersetzten. Die Küstenindianer tauchen wegen dieser Friedfertigkeit und ihres mangelnden Widerstands in der Geschichtsschreibung kaum auf, im Unterschied zu den Yakima und anderen Stämmen, die gegen die Weißen Krieg führten. Dass dieser Suquamish-Häuptling Seathl bei den Verhandlungen mit Gouverneur Stevens die Küstenindianerstämme vertreten und im Vorfeld der Unterzeichnung des Vertrages von Port Elliott im Januar 1855 eine Rede gehalten hat, ist sicher. Nur ist der Inhalt dieser Rede höchst umstritten. Zunächst war die Rede nicht an den US-Präsidenten adressiert und wurde auch nicht in dessen Anwesenheit gehalten. Der Häuptling sprach vielmehr anlässlich der Unterzeichnung jenes Vertrages, der das Schicksal der Indianer der Küste besiegelte, zu Gouverneur Stevens. Überliefert ist auch, dass Häuptling Seathl eine halbe Stunde lang sprach. Der Inhalt seiner Rede ist dagegen nicht zweifelsfrei dokumentiert.

Die früheste Überlieferung des Inhalts der Rede stammt aus dem Jahr 1887, also mehr als drei Jahrzehnte nach dem Ereignis selbst. Damals schrieb ein weißer Augenzeuge auf, was Seathl vor dem Gouverneur sagte. Allerdings ist bereits diese Version kritisch zu beurteilen, weil der Häuptling in seiner Muttersprache redete. Offenbar verstand der Augenzeuge zwar die Indianersprache, einen Salish-Dialekt, aber wie authentisch die englische Wiedergabe ist, lässt sich nicht mehr klären. Da der Protokollant den Häuptling persönlich kannte, spricht viel dafür, dass er den Gehalt seiner Rede einigermaßen authentisch wiedergegeben hat, wenn auch nicht als zuverlässiges Protokoll.

Wie vorsichtig der Wahrheitsgehalt der Nachschrift auch zu bewerten ist – sie ist die wichtigste Quelle für den Inhalt der Rede. Allerdings geht es in dieser ältesten Überlieferung der Rede in keinem Wort um Umweltgefahren, wenn auch ein möglicherweise authentischer Satz entsprechend ausgelegt werden kann: Seathl sagte: »Jeder Teil dieses Landes ist meinem Volk heilig«, aber das bezog sich weniger auf die Bewahrung einer intakten Umwelt als auf die Tatsache, dass die verehrten Toten der Indianer auf diesem Land begraben waren. Die Rede Seathls ist vielmehr eine traurige Betrachtung des Schicksals der Indianer Nordamerikas, die dem Expansionsdrang der Weißen weichen müssen. Sie ist auch ein Plädoyer für den Respekt der Weißen vor den Toten der Indianer: Denn nach Überzeugung der Indianer werden sie das Land auch dann noch bevölkern, wenn ihre Stämme längst ausgestorben sind. Und darüber, dass die Ureinwohner Nordamerikas gegen die Weißen keine Chancen hatten, gab sich Seathl keinen Illusionen hin. Er starb 1866 im Reservat seines Volkes unweit der Stadt, die nach ihm benannt wurde.

Der Protokollant, der die Rede des Häuptlings 1887 im *Seattle Sunday Star* veröffentlichte, stellte dem Redetext ein Porträt des Häuptlings voran, den er offenbar sehr bewunderte. Danach besaß Seathl Würde und Charisma und strahlte Autorität aus, wenn er sein übliches Schweigen unterbrach und das Wort ergriff. Zudem genoss er bei den Weißen hohes Ansehen. Diese positive Charakterisierung des edlen, würdigen Häuptlings mag auch daher kommen, dass viele Einwohner Seattles ganz und gar nicht auf der Seite ihres Gouverneurs standen, wenn es um die Belange der Indianer ging, sondern sich offen widersetzten.

Diese verspätete Abschrift der Rede des Häuptlings Seathl erfuhr mehrere Redaktionen. Sie wurde von dem amerikanischen Literaturwissenschaftler William Arrowsmith in den 1960er-Jahren in ein Englisch gebracht, das der Sprache der Indianer näher sein soll als die von klassischer Bildung geprägte bisherige Version. Inhaltlich hat Arrowsmith aber nichts verändert. Jene Version der Rede hingegen, die die westliche Umweltbewegung so gerne zitierte, ist entschieden zweifelhaften Ursprungs. Sie hat nämlich nur noch wenig Ähnlichkeit mit der Version des Mannes, der bei der Rede anwesend war und den Häuptling und die Umstände des Vertrages kannte.

Die heute bekannteste und erheblich verfälschte Version der Rede des Häuptlings Seathl wurde durch den Umweltschutzfilm *Home* von 1972 bekannt, der unter anderem in deutschen Schulen gezeigt wurde. Darin wird Häuptling Seathl romantisch als Visionär verklärt. Für die Umweltbewegung war diese Fassung so attraktiv, weil hier ein vermeintlicher Prophet der Umweltzerstörung des 20. Jahrhunderts sprach, obwohl diese zu seiner Lebenszeit in Nordamerika noch gar nicht absehbar war. In der Folge veränderte sich auch der angebliche Ursprung, bis schließlich ein ganz anderer Text einem angeblichen Brief entstammte, den Seathl an den amerikanischen Präsidenten Pierce geschrieben haben soll.

Nachweislich authentisch sind also keine dieser Worte Seathls, und mit fortschreitender Redaktion des Stoffes entfernten sie sich immer mehr von ihrem Ursprung. Aber sie bedienten eine verbreitete Auffassung, die sich nicht nur auf Indianer bezieht: dass die Naturvölker der Erde in völligem Einklang mit ihrer natürlichen Umwelt leben und daher ein noch nicht von Industrialisierung, Kapitalismus und westlicher Lebensart korrumpiertes Verhältnis zu Mutter Erde und ihren Ressourcen hätten. Im Fall des gestürzten Helden Seathl lässt sich also nicht behaupten, die Verfälschung seiner Geschichte habe Unheil angerichtet, ganz im Gegenteil. Historisch ist die berühmte Rede gleichwohl aber nicht.

Literatur

Unermesslich reich an Abbildern

Ambühl, Annemarie:»Kroisos«, in: Möllendorf, Peter von/Simonis, Annette/Simonis, Linda (Hrsg.), Historische Gestalten der Antike. Rezeption in Literatur, Kunst und Musik (= Der Neue Pauly, Suppl., 8), Stuttgart 2013, Sp. 589–594

Cahill, Nicholas D. (Hrsg.): The Lydians and their World (Ausst.-Kat.). Istanbul 2010

Herodot: Das Geschichtswerk (= Griechische Reihe), 2 Bde. Berlin 1967

Marek, Christian: Geschichte Kleinasiens in der Antike. München 2010

Roosevelt, Christopher H.: The Archaeology of Lydia. From Gyges to Alexander. Cambridge 2009

Kräftemessen auf Schlachtfeld und Sportplatz

Brosius, Maria: The Persians. An Introduction (= Peoples of the Ancient World). New York 2006

Fehling, Detlev: Die Quellenangaben bei Herodot. Studien zur Erzählkunst Herodots (= Untersuchungen zur antiken Literatur und Geschichte, 9). Berlin 1971

Goette, Hans Rupprecht/Weber, Thomas Maria: Marathon. Siedlungskammer und Schlachtfeld – Sommerfrische und olympische Wettkampfstätte. Mainz 2004

Jung, Michael: Marathon und Plataiai. Zwei Perserschlachten als »lieu de mémoire« im antiken Griechenland. Göttingen 2006

Lämmer, Manfred:»Der sogenannte Olympische Friede in der griechischen Antike«. Stadion 8/9 (1982/83), S. 47–83

Meier, Christian: Athen. Ein Neubeginn der Weltgeschichte.
Berlin 2004

Morrison, John Sinclair/Coates, John F.: Die athenischen Triere.
Geschichte und Rekonstruktion eines Kriegsschiffs der griechischen Antike (= Kulturgeschichte der antiken Welt, 44). Mainz
1990

Roth, Fritz: Vom olympischen Frieden zum Weltfrieden. Sankt
Augustin 2006

Schulz, Raimund: Die Perserkriege. Berlin 2017

Strauss, Barry: The Battle of Salamis. The Naval Encounter that saved
Greece – and Western Civilization. New York 2005

Wallinga, H. T.: Xerxes Greek Adventure. The Naval Perspective
(= Mnemosyne). Leiden 2005

Weeber, Karl-Wilhelm: Die unheiligen Spiele. Das antike Olympia
zwischen Legende und Wirklichkeit. Zürich 1991

Wegner, Ulrich: Olympische Götterspiele. Wettkampf und Kult.
Ostfildern 2004

Wiesehöfer, Josef: »›Griechenland wäre unter persische Herrschaft
geraten …‹ Die Perserkriege als Zeitenwende?«, in: Sellmer S./
Brinkhaus, H. (Hrsg.): Zeitenwenden. Historische Brüche in
asiatischen und afrikanischen Gesellschaften. Hamburg 2002,
S. 209–232

Young, T. Cyler jr.: »480/479 B. C. – A Persian Perspective«. Iranica
Antiqua 15 (1980), S. 213–239

Orientalisch ausgeschmückt

Clot, André: Harun al Rashid. Kalif von Bagdad. München 2001

Die Erzählungen aus den Tausendundein Nächten, 6 Bde. Leipzig o. J.

el-Hibri, Tayeb: Reinterpreting Islamic Historiography: Harun
al-Rashid and the Narrative of the Abbasid Caliphat. Cambridge
1999

Halm, Heinz: Die Araber. Von der vorislamischen Zeit bis zur
Gegenwart. München 2010[3]

Irwin, Robert (Hrsg.): Islamic Cultures and Societies to the end of the
eighteenth century. Cambridge 2010

Syndram, Karl Ulrich: »Der erfundene Orient in der europäischen
Literatur vom 18. bis zum Beginn des 20. Jahrhunderts«, in :
Sievernich, Gereon/Budde, Hendrik (Hrsg.): Europa und der
Orient, 800–1900 (Ausst.-Kat.). Gütersloh 1989, S. 24–341

Walther, Wiebke: Tausendundeine Nacht. Eine Einführung.
München 1987

Showdown vorm Burgtor

Althoff, Gerd: »Demonstration und Inszenierung. Spielregeln der
Kommunikation in mittelalterlicher Öffentlichkeit«. Frühmittel-
alterliche Studien 27 (1993), S. 27–50, hier S. 37–40

Fried, Johannes: Canossa – Entlarvung einer Legende. Eine Streit-
schrift. Berlin 2012

Hasberg, Wolfgang/Scheidgen, Hermann-Josef (Hrsg.): Canossa.
Aspekte einer Wende. Regensburg 2012

Hehl, Ernst-Dieter: Gregor VII. und Heinrich IV. in Canossa 1077.
Paenitentia – absolutio – honor (= Monumenta Germaniae
historica. Studien und Texte, 66). Wiesbaden 2019

Pape, Matthias: »Canossa – eine Obsession? Mythos und Realität«.
Zeitschrift für Geschichtswissenschaft 54 (2006), S. 550–572

Weinfurter, Stefan: Canossa. Die Entzauberung der Welt.
München 2006

Genagelt – verschickt – umstritten

Hasselhorn, Benjamin/Gutjahr, Mirko: Tatsache! Die Wahrheit über
Luthers Thesenanschlag. Leipzig 2018

Ott, Joachim/Treu, Martin (Hrsg.): Luthers Thesenanschlag – Faktum
oder Fiktion (= Schriften der Stiftung Luthergedenkstätten in
Sachsen-Anhalt, 9). Leipzig 2008

Wolff, Uwe: Iserloh. Der Thesenanschlag fand nicht statt (= Studia
Oecumenica Friburgensia, 61). Basel 2013

Das unvollendete Weltwunder

Begley, Wayne E./Desai, Z. A. (Hrsg.): Taj Mahal. The Illumined Tomb. Cambridge/Mass. 1989

Begley, Wayne E.: »The Myth of the Taj Mahal and a New Theory of its Symbolic Meaning«. The Art Bulletin 61 (1979), S. 7–37

Gutberlet, Bernd Ingmar: Die Neuen Weltwunder. In 20 Bauten durch die Weltgeschichte. Köln 2010

Koch, Ebba: The Complete Taj Mahal and the Riverfront Gardens of Agra. London 2006

Kulke, Hermann/Rothermund, Dietmar: Geschichte Indiens. Von der Induskultur bis heute. München 2006

Nath, Ram: Private Life of the Mughals of India (1526–1803 A.D.). New Delhi 2005

Verma, Nirmala: History of India. Mughal Period. Jaipur 2006

Säckeweise schwarzes Gold

Heise, Ulla: Kaffee und Kaffeehaus. Eine Bohne macht Kulturgeschichte. Köln 2005

Jacob, Heinrich Eduard: Kaffee. Die Biographie eines weltwirtschaftlichen Stoffes (= Stoffgeschichten, 2). München 2006

Krieger, Martin: Kaffee. Geschichte eines Genussmittels. Köln 2011

Schivelbusch, Wolfgang: Das Paradies, der Geschmack und die Vernunft. Eine Geschichte der Genussmittel. Frankfurt/Main 20107

Teply, Karl: »Die Einführung des Kaffees in Wien«. Forschungen & Beiträge zur Wiener Stadtgeschichte. Bd. 6, Wien 1980

Der Satz der Sonne

Burke, Peter: Ludwig XIV. Die Inszenierung des Sonnenkönigs. Berlin 20093

Externbrink, Sven: Ludwig XIV. König im großen Welttheater. Paderborn 2021

Hartung, Fritz: »L'Etat c'est moi«. Historische Zeitschrift 169 (1949), S. 1–30

Wrede, Martin: Ludwig XIV. Der Kriegsherr aus Versailles. Darmstadt 2015

Anekdotisch überhöht

Blanning, Tim: Friedrich der Große, König von Preußen. Eine Biographie. München 2018

Gutberlet, Bernd Ingmar: Friedrich der Große. Eine Reise zu den Orten seines Lebens. Darmstadt 2011

Hahn, Peter-Michael: Friedrich der Große und die deutsche Nation. Geschichte als politisches Argument. Stuttgart 2007

Hofmann, Winfried: »Flegels haben wir genug im Lande«. Friedrich der Große in Zeugnissen, Berichten und Anekdoten. Berlin 1986

Humm, Antonia/Heilmeyer, Marina/Winkler, Kurt (Hrsg.): König & Kartoffel. Friedrich der Große und die preußischen »Tartuffoli«. Berlin 2012

Krausch, Heinz-Dieter: »Die Einführung der Kartoffel in Brandenburg. Legenden und Wirklichkeit«. Mitteilungsblatt der Landesgeschichtlichen Vereinigung für die Mark Brandenburg 109,3 (2008), S. 82–87

Kunisch, Johannes: Friedrich der Große. Der König und seine Zeit. München 2005⁵

Ordnung, Werner: Die Entwicklung des feldmäßigen Kartoffelanbaus in den Fürstentümern Bayreuth und Brandenburg (= Heimatbeilage zum Oberfränkischen Schulanzeiger, 330). Bayreuth 2007

Teuteberg, Hans J./Wiegelmann, Günter: »Einführung und Nutzung der Kartoffel in Deutschland«, dies., Unsere tägliche Kost. Geschichte und regionale Prägung (= Studien zur Geschichte des Alltags, 6). Münster 1986

Wienfort, Monika: »Gesetzbücher, Justizreformen und der Müller-Arnold-Fall«, in: Sosemann, Bernd/Vogt-Spira, Gregor (Hrsg.): Friedrich der Große in Europa. Geschichte einer wechselvollen Beziehung, 2 Bde. Stuttgart 2012, Bd. 1, S. 33–46

Die verhasste Festung

Schama, Simon: Der zaudernde Citoyen. Rückschritt und Fortschritt
  in der Französischen Revolution. München 1989
Schulin, Ernst: Die Französische Revolution. München 2004
Schulze, Winfried: Der 14. Juli 1789. Biographie eines Tages.
  Stuttgart 1989
Vuillard, Eric: 14. Juli. Berlin 2019
Wolzogen, Wilhelm von: »Dieses ist der Mittelpunkt der Welt«.
  Pariser Tagebuch 1788/89, hrsg. v. Eva Berié und Christoph von
  Wolzogen. Frankfurt/Main 1989

Das Märchen vom Kini

Botzenhart, Christof: Die Regierungstätigkeit König Ludwig II. von
  Bayern – »ein Schattenkönig ohne Macht will ich nicht sein«.
  München 2004
Häfner, Heinz: Ein König wird beseitigt, Ludwig II. von Bayern.
  München 2008
Herre, Franz: Ludwig II. Sein Leben – Sein Land – Seine Zeit.
  Stuttgart 1986
Hilmes, Oliver: Ludwig II. Der unzeitgemäße König. München 2013
Kommission für bayerische Landesgeschichte (Hrsg.): König Ludwig
  II. von Bayern. Krankheit, Krise und Entmachtung. München 2011
Merkt, Nikolaus: Ludwig II. von Bayern. Protokolle aus dem besonde-
  ren Ausschuss der Bayrischen Kammer der Abgeordneten.
  München 1987
Prinz, Friedrich: Ludwig II. Ein königliches Doppelleben. Berlin 1993
Tauber, Christine: Ludwig II. Das phantastische Leben des Königs von
  Bayern. München 2013

Nordamerika und seine Deutschen

Arand, Tobias: »Mythos Peter Minuit. Leben und Nachleben des
  Weseler Kolonialpioniers«. Jahrbuch Kreis Wesel 29 (2008),
  S. 45–54

Arndt, Karl J. R.: »German as the Official Language of the United States of America?«. Monatshefte 68 (1976), S. 129–150.

Baron, Dennis: The English Only Question. An Official Language for Americans?. New Haven 1990

Grimminger, Daniel Jay: Sacred Song and the Pennsylvania Dutch. Rochester 2012

Löher, Franz: Geschichte und Zustände der Deutschen in Amerika. Leipzig 1847

Ehrgeiz und Eisberg

Eaton, John P./Haas, Charles A.: Titanic –Triumph und Tragödie. Eine Chronik in Texten und Bildern. München 1997

Koldau, Linda Maria: Titanic. Das Schiff, der Untergang, die Legenden. München 2012

Spignesi, Stephen: Titanic – Das Schiff, das niemals sank. Chronik einer Jahrhundertlegende. München 2000

Störmer, Susanne: Titanic. Mythos und Wirklichkeit. Berlin 1997

Tibballs, Geoff: Titanic. Der Mythos des unsinkbaren Luxusliners. Bindlach 1997

Respekt per Verbrechen

Eger, Rudolf: Berühmte Kriminalfälle aus vier Jahrhunderten. Zürich 1949

Heidelmeyer, Wolfgang (Hrsg.): Der Fall Köpenick. Akten und zeitgenössische Dokumente zur Historie einer preußischen Moritat. Frankfurt/Main 1968

Löschburg, Winfried: Ohne Glanz und Gloria – Die Geschichte des Hauptmanns von Köpenick. Berlin 1998

Voigt, Wilhelm: Wie ich Hauptmann von Köpenick wurde. Mein Lebensbild. Leipzig/Berlin 1909.

Zuckmayer, Carl: Der Hauptmann von Köpenick. Ein deutsches Märchen. Berlin 1931.

Die kleine Dilettantenspionin

Collas, Philippe: Mata Hari. Ihre wahre Geschichte. München 2010

Gutberlet, Bernd Ingmar: Spione überall. Wie Agenten, Spitzel und Verschwörer Geschichte schrieben. Köln 2014

Hirschfeld, Gerhard: »Mata Hari: die größte Spionin des 20. Jahrhunderts?«, in: Wolfgang Krieger (Hrsg.): Spionage und verdeckte Aktionen von der Antike bis zur Gegenwart. München 2003, S. 151–169

Knightly, Phillip: Die Geschichte der Spionage im 20. Jahrhundert. Aufbau und Organisation, Erfolge und Niederlagen der großen Geheimdienste. Berlin 1990

Schirmann, Léon: Mata-Hari. Autopsie d'une machination. Paris 2001

Shipman, Pat: Femme Fatale. A Biography of Mata Hari. London 2007

Zarentochter aus dem Pommerschen

Heresch, Elisabeth: Zarenmord. Kriminalfall Jekaterinburg 1918 und die verschwundenen Juwelen der Romanows. München 2009

Massie, Robert K.: Die Romanows. Das letzte Kapitel. Berlin 1995

Rappaport, Helen: Ekaterinburg. The Last Days of the Romanovs. London 2008

Schlögel, Karl: Das russische Berlin – eine Hauptstadt im Jahrhundert der Extreme. Berlin 2019

Steinberg, Mark D./Chrustalev, Vladimir M.: The Fall of the Romanovs. Political Dreams and Personal Struggles in a Time of Revolution. New Haven 1995

Tanz auf dem Vulkan

Gay, Peter: Die Republik der Außenseiter. Geist und Kultur in der Weimarer Zeit: 1918–1933. Frankfurt/Main 1970

Laqueur, Walter: Weimar. Die Kultur der Republik. Berlin u. a. 1976

Merz, Kai-Uwe: Vulkan Berlin. Eine Kulturgeschichte der 1920er-Jahre. Berlin 2022[2]

Moreck, Curt: Ein Führer durch das lasterhafte Berlin. Das deutsche
  Babylon 1931. Berlin 2018 (Original: 1931)
Schräder, Bärbel: Die »goldenen« zwanziger Jahre. Kunst und Kultur
  der Weimarer Republik. Wien 1987

Wo sie abgeblieben sind

Meding, Holger M. (Hrsg.): Nationalsozialismus und Argentinien.
  Beziehungen, Einflüsse und Nachwirkungen. Frankfurt/Main 1995
Newton, Ronald C.: The ›Nazi Menace‹ in Argentina, 1931–1947.
  Stanford 1992
Schneppen, Heinz: Odessa und das Vierte Reich. Mythen der Zeitge-
  schichte. Berlin 2007
Schönwald, Matthias: Deutschland und Argentinien nach dem
  Zweiten Weltkrieg. Politische und wirtschaftliche Beziehungen
  und deutsche Auswanderung 1945–1955. Paderborn 1998
Stahl, Daniel: »Odessa und das ›Nazigold‹ in Südamerika. Mythen und
  ihre Bedeutungen«. Jahrbuch für Geschichte Lateinamerikas 48
  (2011), S. 333–360
Stahl, Daniel: Nazi-Jagd. Südamerikas Diktaturen und die Ahndung
  von NS-Verbrechen. Göttingen 2013
Steinacher, Gerald: Nazis auf der Flucht. Wie Kriegsverbrecher über
  Italien nach Übersee kamen. Frankfurt/Main 2010
Wiesenthal, Simon: Doch die Mörder leben. München 1967

Stammbaum der Demokraten

Balot, Ryan K. (Hrsg.): A Companion to Greek and Roman Political
  Thought. Chichester 2009
Bleicken, Jochen: Athenische Demokratie. Paderborn 2008[4]
Gschnitzer, Fritz: »Von der Fremdartigkeit griechischer Demokratie«,
  in: Kinzl, Konrad H. (Hrsg.): Demokratia. Der Weg zur Demokratie bei den Griechen (= Wege der Forschung, 657). Darmstadt
  1995, S. 412–431

Ober, Josiah/Charles Hedrick (Hrsg.): Dēmokratia. A Conversation on
Democracies, Ancient and Modern. Princeton 1996

Osborne, Robin: Athens and Athenian Democracy. Cambridge 2010

Pabst, Angelika: Die athenische Demokratie. München 2010

Demos und Despot

Angermann, Norbert/Klaus Friedland (Hrsg.): Novgorod. Markt und
Kontor der Hanse (= Quellen und Abhandlungen zur Hansischen
Geschichte, N.F. 53). Köln 2002

Birnbaum, Henrik: Novgorod in Focus. Selected Essays. Columbus 1996

Granberg, Jonas: Veche in the chronicles of medieval Rus: a study of
functions and terminology. Göteborg 2004

Janin, Valentin L.:»Novgorod – die soziale Struktur«, in: Angermann,
Norbert/Friedland, Klaus (Hrsg.): Novgorod. Markt und Kontor
der Hanse (= Quellen und Abhandlungen zur Hansischen Geschichte, N.F. 53). Köln 2002, S. 69–78

Jobst, Kerstin S.: Geschichte der Ukraine. Stuttgart 2015

Justenhoven, Heinz-Gerhard (Hrsg.): Kampf um die Ukraine. Ringen
um Selbstbestimmung und geopolitische Interessen. Baden-Baden
2018

Kappeler, Andreas: Kleine Geschichte der Ukraine. München 2022[8]

Paul, Michael C.:»Secular Power and the Archbishops of Novgorod
Before the Muscovite Conquest«, Kritika: Explorations in Russian
and Eurasian History 8,2 (2007), S. 231–270

Paul, Michael C.:»Was the Prince of Novgorod a ›Third-rate bureau-
crat‹ after 1136?«, Jahrbücher für Geschichte Osteuropas 56,1
(2008), S. 72–113

Plokhy, Serhii: Die Frontlinie. Warum die Ukraine zum Schauplatz
eines neuen Ost-West-Konflikts wurde. Hamburg 2022

Nullpunkt der Geschichte

Baltrusch, Ernst/Hegewisch, Morten/Meyer, Michael/Puschner, Uwe/
Wendt, Christian (Hrsg.): 2000 Jahre Varusschlacht. Geschichte

– Archäologie – Legenden (= Topoi – Berliner Studien der Alten Welt, 7). Berlin 2012

Dreyer, Boris: Orte der Varuskatastrophe und der römischen Okkupation in Germanien. Der historisch-archäologische Führer. Darmstadt 2014

Märtin, Ralf-Peter: Die Varusschlacht. Rom und die Germanen. Frankfurt/Main 2008

Münkler, Herfried: Die Deutschen und ihre Mythen. Berlin 2009

Timpe, Dieter: »Die ›Varusschlacht‹ in ihren Kontexten. Eine kritische Nachlese zum Bimillennium 2009«, Historische Zeitschrift 294 (2012), S. 593–652

Wiegels, Rainer (Hrsg.): Die Varusschlacht. Wendepunkt der Geschichte? (= Archäologie in Deutschland, Sonderheft). Stuttgart 2007

Winkler, Martin M.: Arminius the Liberator. Myth and Ideology. New York 2015

Wolters, Reinhard: Die Schlacht im Teutoburger Wald. Arminius, Varus und das römische Germanien. München 2008

Ritterlich auf den Vorteil bedacht

Boockmann, Hartmut: Der Deutsche Orden. Zwölf Kapitel aus seiner Geschichte. München 1982², 1994⁴

Labuda, Gerard: »Über die angeblichen und vermuteten Fälschungen des Deutschen Ordens in Preußen«, Fälschungen im Mittelalter, Bd. 4 (= MGH Schriften 33, IV). Hannover 1988, S. 499–521

Labuda, Gerard: »Die Urkunden über die Anfänge des Deutschen Ordens im Kulmerland«, Josef Fleckenstein (Hrsg.): Die geistlichen Ritterorden Europas, Sigmaringen 1980, S. 299–316

Mentzel-Reuters, Arno: »Max Perlbach als Geschichtsforscher« Preußenland 45 (2007), S. 39–53

Sarnowsky, Jürgen: Der Deutsche Orden, München 2007

Noch einmal davongekommen

Frings, Jutta (Hrsg.): Dschingis Khan und seine Erben. Bonn 2005
Jackson, Peter: The Mongols and the West, 1221–1410. London 2005
Schmilewski, Ulrich (Hrsg.): Wahlstatt 1241: Beiträge zur Mongolen-
    schlacht bei Liegnitz und zu ihren Nachwirkungen. Würzburg 1991
Weiers, Michael: Geschichte der Mongolen. Stuttgart 2004
Ziegler, Gudrun: Die Mongolen. Im Reich des Dschingis Khan.
    Stuttgart 2005

Gott blies und zerstreute

Fernández-Armesto, Felipe: The Spanish Armada. The Experience of
    War in 1588. Oxford 1988
Hutchinson, Robert: The Spanish Armada. London 2013
Klein, Jürgen: Elisabeth I. und ihre Zeit. München 2010
Martin, Colin/Geoffrey Parker: The Spanish Armada. London 1988
McDermott, James: England and the Spanish Armada. The necessary
    quarrel. New Haven 2005

Von Puritanern und Sklaven

Cook, Robert: Civil War America. Making a Nation, 1848–1877.
    London 2003
Cressy, David: Coming Over. Migration and Comunication between
    England and New England in the Seventeenth Century. Cambridge
    1987
Daniels, Roger: Coming to America. A History of Immigration and
    Ethnicity in American Life. New York 1990
Ford, Lacy K. (Hrsg.): A Companion to the Civil War and Reconstruc-
    tion. Chichester 2011
Lepore, Jill: Diese Wahrheiten. Eine Geschichte der Vereinigten
    Staaten von Amerika. München 2019
McPherson, James M.: »Who Freed the Slaves?«, Proceedings of the
    American Philosophical Society 139 (1995), S. 1–10

McPherson, James M.: Für die Freiheit sterben. Die Geschichte des
    amerikanischen Bürgerkriegs. Köln 2011
Middleton, Richard: Colonial America. A History, 1585–1776.
    Oxford 1996
Vickers, Daniel (Hrsg.): A Companion to Colonial America.
    Malden 2003

Parlament mit Heiligenschein

Asch, Ronald G./Duchhardt, Heinz (Hrsg.): Der Absolutismus –
    ein Mythos? Strukturwandel monarchischer Herrschaft in West-
    und Mitteleuropa (ca. 1550–1700) (= Münstersche Historische
    Forschungen, 9). Köln 1996
Cosgrove, Richard A.: »Reflections on the Whig Interpretation of
    History«, Journal of Early Modern History 4,2 (2000), S. 147–167
Freist, Dagmar: Absolutismus (= Kontroversen um die Geschichte).
    Darmstadt 2008
Henshall, Nicholas: The Myth of Absolutism. Change and Continuity
    in Early Modern Europe Monarchy. London 1993
Königsberger, Helmut G.: »Dominium Regale or Dominium Politicum
    et regale? Monarchies and Parliament in Early Modern Europe«,
    in: Bosl, Karl (Hrsg.): Der moderne Parlamentarismus und seine
    Grundlagen in der ständischen Repräsentation. Berlin 1977,
    S. 43–68
Schilling, Lothar (Hrsg.): Absolutismus, ein unersetzliches
    Forschungskonzept? Eine deutsch-französische Bilanz.
    München 2008

»Umsiedlung« mit Todesfolge

Akçam, Taner: Armenien und der Völkermord: die Istanbuler
    Prozesse und die türkische Nationalbewegung. Hamburg 2004
Akçam, Taner: The Young Turks' Crime Against Humanity. The
    Armenian Genocide and Ethnic Cleansing in the Ottoman Empire.
    Princeton 2012

Bloxham, Donald: The great game of genocide: the destruction of the Ottoman Armenians in international history and politics. Oxford 2005

Halaçoglu, Yusuf: Facts on the relocation of Armenians 1914–1918. Ankara 2002

Hosfeld, Rolf: Operation Nemesis. Die Türkei, Deutschland und der Völkermord an den Armeniern. Köln 2005

Hosfeld, Rolf: Tod in der Wüste. Der Völkermord an den Armeniern. München 2015

Lewy, Guenter: The Armenian Massacres in Ottoman Turkey. A Disputed Genocide. Salt Lake City 2005

Nichts gewusst, nichts getan, beste Absichten

Aly, Götz/Heim, Susanne: Vordenker der Vernichtung. Auschwitz und die deutschen Pläne für eine neue europäische Ordnung. Frankfurt/Main 2013

Aly, Götz: Macht, Geist, Wahn. Kontinuitäten deutschen Denkens. Berlin 1997

Auer, Peter: Von Dahlem nach Hiroshima. Die Geschichte der Atombombe. Berlin 1995

Bauer, Yehuda: Der Tod des Schtetls. Berlin 2011

Bender, Sara: »Not Only in Jedwabne. Accounts of the Annihilation of the Jewish Shtetlach in Northeastern Poland in the Summer of 1941«, Holocaust Studies 19,1 (2013), S. 1–38

Benz, Wolfgang: Deutsche Herrschaft. Nationalsozialistische Besatzung in Europa und die Folgen. Freiburg 2022

Cassidy, David C.: Beyond Uncertainty. Heisenberg, quantum physics, and the bomb. New York 2010

Cassidy, David C.: Farm Hall and the German Atomic Project. A Dramatic History. Cham 2017

Dietmar, Carl/Leifeld, Marcus: Alaaf und Heil Hitler. Karneval im Dritten Reich. München 2010

Euler-Schmidt, Michael/Leifeld, Marcus: Der Kölner Rosenmontags-
umzug 1823–2009. 2 Bde, Köln 2007ff

Gerlach, Christian: Der Mord an den europäischen Juden. Ursachen,
Ereignisse, Dimensionen. München 2017

Hamelmann, Berthold: Helau und Heil Hitler. Alltagsgeschichte der
Fasnacht 1919–1939 am Beispiel der Stadt Freiburg (= Alltag und
Provinz, 2). Eggingen 1989

Heer, Hannes/Streit, Christian /Heidenreich, Frank: Vernichtungskrieg im Osten. Kriegsgefangene und Hungerpolitik. Hamburg
2020

Herzog, Rudolph: Heil Hitler, das Schwein ist tot. Lachen unter Hitler
– Komik und Humor im Dritten Reich. Köln 2018

Hoffmann, Dieter (Hrsg.): Operation Epsilon. Die Farm-Hall-Proto-
kolle oder Die Angst der Alliierten vor der deutschen Atombombe.
Berlin 1993

Hürter, Johannes/Zarusky, Jürgen (Hrsg.): Besatzung, Kollaboration,
Holocaust. Neue Studien zur Verfolgung und Ermordung der
europäischen Juden (= Schriftenreihe der Vierteljahrshefte für
Zeitgeschichte, 97). München 2008

Jeggle, Utz: »Fasnacht im Dritten Reich«, in: Bausinger, Hermann
(Hrsg.): Narrenfreiheit. Beiträge zur Fastnachtsforschung.
Tübingen 1980, S. 227–238

Kundrus, Birte: »Dieser Krieg ist der große Rassenkrieg«. Krieg und
Holocaust in Europa. München 2018

Leifeld, Marcus: Der Kölner Karneval in der Zeit des Nationalsozialismus. Vom regionalen Volksfest zum Propagandainstrument der
NS-Volksgemeinschaft. Köln 2015

Longerich, Peter: »Davon haben wir nichts gewusst!« Die Deutschen
und die Judenverfolgung 1933–1945. München 2007

Matthaei, Renate: Der kölsche Jeck. Zur Karnevals- und Lachkultur in
Köln. Köln 2009

Schulze, Winfried (Hrsg.): Deutsche Historiker im Nationalsozialismus. Frankfurt/Main 2000

Süß, Dietmar: »Ein Volk, ein Reich, ein Führer«. Die deutsche
    Gesellschaft im Dritten Reich. München 2017
Verbrechen der Wehrmacht. Dimensionen des Vernichtungskrieges
    1941–1944, hrsg.v. Hamburger Institut für Sozialforschung.
    Hamburg 20213
Walker, Mark: Die Uranmaschine. Mythos und Wirklichkeit der
    deutschen Atombombe. Berlin 1990
Wette, Wolfram: Die Wehrmacht. Feindbilder, Vernichtungskrieg,
    Legenden. Frankfurt/Main 2002
Wolff-Poweska, Anna/Forecki, Piotr (Hrsg.): Der Holocaust in der
    polnischen Erinnerungskultur (= Geschichte, Erinnerung, Politik,
    2). Frankfurt/Main 2012

Phönix aus der Asche

Abelshauser, Werner: Deutsche Wirtschaftsgeschichte seit 1945.
    München 2004, Bonn 2005
Gutberlet, Bernd Ingmar: Tempo! Wie uns das Auto verändert hat.
    Berlin 2007
Herrmann, Ulrike: Deutschland, ein Wirtschaftsmärchen. Warum es
    kein Wunder ist, dass wir reich geworden sind. Bonn 2020
Klenke, Dietmar: »Die deutsche Katastrophe und das Automobil. Zur
    ›Heils‹geschichte eines nationalen Kultobjekts in den Jahren des
    Wiederaufstiegs«, in: Salewski, Michael/Stölken-Fitschen, Ilona
    (Hrsg.): Moderne Zeiten. Technik und Zeitgeist im 19. und 20.
    Jahrhundert, S. 157–174
Klump, Rainer: »Wirtschaftsordnung und Wirtschaftspolitik in der
    Bundesrepublik Deutschland (1949–1990)«, in: Schneider, Jürgen/
    Harbrecht, Wolfgang (Hrsg.): Wirtschaftsordnung und Wirt-
    schaftspolitik in Deutschland (1933–1993). Stuttgart 1996,
    S. 397–414
Lindlar, Ludger: Das mißverstandene Wirtschaftswunder. Tübingen 1997
Lupa, Markus: Das Werk der Briten. Volkswagenwerk und Besat-
    zungsmacht 1945–1949. Wolfsburg 2005

Mommsen, Hans/Grieger, Manfred: Das Volkswagenwerk und seine
    Arbeiter im Dritten Reich. Düsseldorf 1996.

Overy, Richard J.: »State and Industry in Germany in the Twentieth
    Century«, German History 12 (1994), S. 180–189

Prollius, Michael von: Deutsche Wirtschaftsgeschichte nach 1945.
    Göttingen 2006

Reich, Simon: The Fruits of Fascism. Postwar Prosperity in Historical
    Perspective. Ithaca 1990

Schneider, Mark C.: Volkswagen. Eine deutsche Geschichte.
    Berlin 2016

Stokes, Raymund G.: »Technology and the West German Wirtschafts-
    wunder«, Technology and Culture 32,1 (1991), S. 1–22

Tolliday, Steven: »Enterprise and State in the West German
    Wirtschaftswunder: Volkswagen and the Automobile Industry,
    1939–1962«, Business History Review 69 (1995), S. 273–350

Die bessere Hälfte

Faulenbach, Bernd: »Die DDR als antifaschistischer Staat«, in: Eckert,
    Rainer/Faulenbach, Bernd (Hrsg.): Halbherziger Revisionismus.
    Zum postkommunistischen Geschichtsbild. München 1996,
    S. 47–68

Groehler, Olaf: »Antifaschismus – Vom Umgang mit einem Begriff«,
    in: Herbert, Ulrich/Groehler, Olaf (Hrsg.): Zweierlei Bewältigung.
    Vier Beiträge über den Umgang mit der NS-Vergangenheit in den
    beiden deutschen Staaten. Hamburg 1992, S. 29–40

Grunenberg, Antonia: Antifaschismus. Ein deutscher Mythos.
    Reinbek 1993

Kappelt, Olaf: Braunbuch DDR – Nazis in der DDR. Berlin 2009

Leide, Henry: NS-Verbrecher und Staatssicherheit. Die geheime
    Vergangenheitspolitik der DDR (= Analysen und Dokumente, 28).
    Göttingen 2005

Melis, Damian van: »›Der große Freund der kleinen Nazis‹. Anti-
    faschismus in den Farben der DDR«, in: Timmermann, Heiner

(Hrsg.): Die DDR. Erinnerung an einen untergegangenen Staat (= Dokumente und Schriften der Europäischen Akademie Otzenhausen, 88). Berlin 1999, S. 245–264

Waibel, Harry: Diener vieler Herren. Ehemalige NS-Funktionäre in der DDR. Frankfurt/Main 2011

Das Volk steht auf

Apelt, Andreas H./Engert, Jürgen (Hrsg.): Das historische Gedächtnis und der 17. Juni 1953. Halle (Saale) 2014

Engelmann, Roger/Kowalczuk, Ilko-Sascha (Hrsg.): Volkserhebung gegen den SED-Staat. Göttingen 2005

Hettling, Manfred: »Umstritten, vergessen, erfolgreich. Der 17. Juni als bundesdeutscher Feiertag«, Deutschland-Archiv 33 (2000), S. 433–441

Kowalczuk, Ilko-Sascha: 17. Juni 1953 – Geschichte eines Aufstands. München 2013

Mitter, Armin/Wolle, Stefan: Untergang auf Raten. Unbekannte Kapitel der DDR-Geschichte. München 1993

Veen, Hans-Joachim (Hrsg.): Die abgeschnittene Revolution. Der 17. Juni in der deutschen Geschichte. Köln 2004

Wo ich bin, ist vorn

Lappenküper, Ulrich: Mitterrand und Deutschland. Die enträtselte Sphinx (= Quellen und Darstellungen zur Zeitgeschichte, 89). München 2011

Mitterrand, François: *Über Deutschland*. Frankfurt/Main 1996

Plato, Alexander von: Die Vereinigung Deutschlands – ein weltpolitisches Machtspiel. Bush, Kohl, Gorbatschow und die internen Gesprächsprotokolle. Berlin 2009[3]

Rödder, Andreas: Deutschland einig Vaterland. Die Geschichte der Wiedervereinigung. München 2009[2]

Schabert, Tilo: Wie Weltgeschichte gemacht wird. Frankreich und die deutsche Einheit. Stuttgart 2002

Spohr, Kristina: Wendezeit. Die Neuordnung der Welt nach 1989.
   München 2019
Thatcher, Margaret: Downing Street No. 10. Die Erinnerungen.
   Düsseldorf u. a. 1993

Strumpfbehost heldenhaft
Carpenter, Kevin: Robin Hood. Die vielen Gesichter des edlen
   Räubers. Oldenburg 1995
Crook, David: Robin Hood. Legend and Reality. Woodbridge 2020
Haller, Andreas J.: Mythische Räume der Gesetzlosigkeit in Erzählun-
   gen über Robin Hood, Klaus Störtebeker und Jesse James. Von der
   Typologie des Helden zur Topologie der Gesellschaft (= Helden
   – Heroisierungen – Heroismen, 12). Baden-Baden 2020
Holt, J. C.: Robin Hood. Die Legende von Sherwood Forest.
   Düsseldorf 1991
Johnston, Andrew James: Robin Hood. Geschichte einer Legende.
   München 2013

Roadmovie des Mittelalters
Mühlberger, Josef: Konradin von Hohenstaufen. Der letzte eines
   großen Geschlechts. Esslingen 1982
Müller, Andreas: Das Konradin-Bild im Wandel der Zeit. Bern/
   Frankfurt/Main 1972
Ullrich, Hans Uwe: Konradin von Hohenstaufen. Die Tragödie von
   Neapel. München 2004
Weigend, Friedrich/Baumunk, Bodo M./Brune, Thomas: Keine Ruhe
   im Kyffhäuser. Das Nachleben der Staufer. Ein Lesebuch zur
   deutschen Geschichte. Stuttgart 1978

Nationalhelden unter der Lupe

Bayerlein, Bernhard H. (Hrsg.): Deutscher Oktober 1923. Ein Revolutionsplan und sein Scheitern (= Archive des Kommunismus, 3). Berlin 2003

Bergier, Jean-François: Wilhelm Tell – Realität und Mythos. München 1990

Blatter, Michael/Valentin Groebner: Wilhelm Tell, Import – Export. Ein Held unterwegs. Baden 2016

Dattenböck, Georg: Fahndung nach dem Verfasser des Nibelungen-Liedes. Nordhausen 2014

Elsie, Robert: Historical Dictionary of Albania. Lanham 20102

Fuhrer, Armin: Ernst Thälmann. Soldat des Proletariats. München 2011

Görich, Knut: Friedrich Barbarossa. Der erste Stauferkaiser. München 2022

Györffy, György: »Erfundene Stammesgründer«, Fälschungen im Mittelalter (= Schriften der MGH, 33), Bd. 5. Hannover 1988, S. 443–450

Györffy, György: König Stephan der Heilige. Budapest 1988

Heinzle, Joachim: Die Nibelungen. Lied und Sage. Darmstadt 2012

Hemming, Andreas: »Die Rolle Skanderbegs im albanischen politischen Selbstverständnis. Zur politischen Mythologie in Albanien«, in: Tepe, Peter/Bizeul,Yves (Hrsg.): Politische Mythen im 19. und 20. Jahrhundert in Mittel- und Osteuropa (= Tagungen zur Osteuropa-Forschung, 24). Würzburg 2006, S. 349–365

Hodgkinson, Harry: Scanderbeg. London 1999

Hoppe, Bert: In Stalins Gefolgschaft. Moskau und die KPD 1928–1933 (= Studien zur Zeitgeschichte, 74). München 2007

Hösch, Edgar: Geschichte des Balkans. München 2017

Kaul, Camilla G.: Friedrich Barbarossa im Kyffhäuser. Bilder eines nationalen Mythos im 19. Jahrhundert, 2 Bde. Köln 2007

Kern, Florian: Der Mythos Anno Neun: Andreas Hofer und der Tiroler Volksaufstand von 1809 im Spiegel der Geschichtsschreibung (1810–2005) (= Konsulat und Kaiserreich. Studien und Quellen zum Napoleonischen Zeitalter, 1). Frankfurt/M. 2010

Kristó, Gyula: Die Arpaden-Dynastie. Die Geschichte Ungarns von 895 bis 1301. Budapest 1993

Laudage, Johannes: Friedrich Barbarossa. Eine Biographie. Regensburg 2009

Leo, Annette: »›Deutschlands unsterblicher Sohn …‹ Der Held des Widerstands Ernst Thälmann«, in: Satjukow, Silke (Hrsg.): Sozialistische Helden. Eine Kulturgeschichte von Propagandafiguren in Osteuropa und der DDR. Berlin 2002, S. 101–114

Macartney, Carlile Aylmer: The Origin of the Hun chronicle and Hungarian Sources (= Studies on the Early Hungarian Historical Sources, 6/7). Budapest 1951

Magenschab, Hans: Andreas Hofer. Zwischen Napoleon und Kaiser Franz. Graz 1984

Majer, H. G. (Hrsg.): Die Staaten Südosteuropas und die Osmanen (= Südosteuropa-Jahrbücher, 19). München 1989

Mazohl, Brigitte/Mertelseder, Bernhard (Hrsg.): Abschied vom Freiheitskampf? Tirol und »1809« zwischen politischer Realität und Verklärung (= Schlern-Schriften, 346). Innsbruck 2009

Meyer, Werner: 1291 – Die Geschichte. Zürich 1990.

Monteath, Peter (Hrsg.): Ernst Thälmann – Mensch und Mythos (= German Monitor, 52). Amsterdam 2000

Oppl, Ferdinand: Friedrich Barbarossa. Darmstadt 20094

Pizzinini, Meinrad: Andreas Hofer. Seine Zeit – sein Leben – sein Mythos. Innsbruck 2008

Róna-Tas, András: Hungarians and Europe in the Early Middle Ages. An Introduction to Early Hungarian History. Budapest 1999

Rosen, Klaus: Attila. Der Schrecken der Welt. München 2016

Sabrow, Martin (Hrsg.): Geschichte als Herrschaftsdiskurs. Der Umgang mit der Vergangenheit in der DDR (= Zeithistorische Studien, 14). Köln 2000

Schennach, Martin P.: Revolte in der Region. Zur Tiroler Erhebung
von 1809. Innsbruck 2009

Schmidt-Neke, Michael: »Skanderbegs Gefangene: Zur Debatte um
den albanischen Nationalhelden«, Südosteuropa. Zeitschrift für
Politik und Gesellschaft 58, 2 (2010), S. 273–302

Schmitt, Oliver Jens: Skanderbeg. Der neue Alexander auf dem
Balkan. Regensburg 2009

Storch, Wolfgang (Hrsg.): Die Nibelungen. Bilder von Liebe, Verrat
und Untergang. München 1987

Weber, Hermann: Der Thälmann-Skandal. Geheime Korrespondenzen
mit Stalin. Berlin 2003

Weigend, Friedrich/Baumunk, Bodo M./Brune, Thomas: Keine Ruhe
im Kyffhäuser. Das Nachleben der Staufer. Ein Lesebuch zur
deutschen Geschichte. Stuttgart 1978

Wies, Ernst W.: Kaiser Friedrich Barbarossa. Mythos und Wirklichkeit. Esslingen/München 1990

Wirth, Gerhard: Attila. Das Hunnenreich und Europa. Stuttgart 1999

Der Westen im Osten

Donnert, Erich: Peter der Große. Wien 1989

Duchhardt, Heinz: Europa am Vorabend der Moderne, 1650–1800
(= Handbuch der Geschichte Europas, 6). Stuttgart 2003

Figes, Orlando: Eine Geschichte Russlands. Stuttgart 2022

Hughes, Lindsey: Peter the Great and the West. New Perspectives.
Basingstoke 2001

Reinalter, Helmut/Harm Klueting (Hrsg.): Der aufgeklärte Absolutismus im europäischen Vergleich. Wien 2002

Stadelmann, Matthias: Die Romanovs. Stuttgart 2008

Torke, Hans-Joachim (Hrsg.): Die russischen Zaren 1547–1917.
München 20053

Winkler, Heinrich August: Geschichte des Westens. Von den Anfän-
gen in der Antike bis zum 20. Jahrhundert. München 2009

Ökologische Ahnenforschung

Gifford, Eli: The Many Speeches of Chief Seathl: The Manipulation of the Record for Religious, Political, and Environmental Reasons (= Occasional papers of Native American Studies, 1). Rohnert Park 1992

Gruhl, Herbert: Häuptling Seattle hat gesprochen. Der authentische Text seiner Rede mit einer Klarstellung: Nachdichtung und Wahrheit. Düsseldorf 1984

Kaiser, Rudolf: »Chief Seattle's Speech(es): American Origins and European Reception«, in: Swann, Brian/Krupat, Arnold (Hrsg.): Recovering the Word. Essays on native American literature. Berkeley 1987, S. 497–536

Lamar, Howard R.: The New Encyclopedia of the American West. New Haven 1998

Logan, William B.: The Pacific States (= The Smithsonian Guide to Historic America, 7). New York 1989

Schwantes, Carlos Arnaldo: The Pacific Northwest. An Interpretive History. Lincoln 1996

Der Autor

Bernd Ingmar Gutberlet, geb. 1966, ist Historiker. Er studierte in Berlin und Budapest und arbeitet heute als Publizist in Berlin. In vielen Büchern vermittelt er zwischen Wissenschaft und »interessierten Laien«, weil er findet, dass fundierte Recherche und komplexe Zusammenhänge nicht auf Kosten der Verständlichkeit und des Lesevergnügens gehen müssen. Neben seiner publizistischen Tätigkeit macht Gutberlet außerdem als Stadtführer in Berlin Geschichte zugänglich – so mit seiner »Berlin Pandemie-Tour«.

www.berlinfirsthand.de

Der Umwelt zuliebe

- produzieren wir zu über 90 % in Deutschland
- achten wir auf kurze Transportwege
- drucken wir auf Papier aus verantwortungsvollen Quellen

MIX
Papier | Fördert
gute Waldnutzung
FSC® C083411

FSC
www.fsc.org

© 2023 Europa Verlag in der Europa Verlage GmbH, München
Umschlaggestaltung: Hauptmann & Kompanie Werbeagentur, Zürich,
unter Verwendung eines Motivs von © ullstein Bild – Heritage Images
Redaktion: Franz Leipold
Layout & Satz: Robert Gigler, München
Gesetzt aus der Minion Pro
Druck und Bindung: cpi, Leck
ISBN 978-3-95890-502-3

Europa-Newsletter: Mehr zu unseren Büchern und Autoren
kostenlos per E-Mail!
www.europa-verlag.com